Doortje Kal
Gastfreundschaft

Paranus *goes Wissenschaft*

Wir danken herzlich allen Menschen und Institutionen,
die im Förderkreis PARANUS-Verlag unsere Arbeit unterstützen.
Das vorliegende Buch wurde besonders gefördert von der „Brücke Schleswig-Holstein gGmbH" und Dr. Michael Schiebel.

Die deutsche Ausgabe dieses Buches konnte dank eines Übersetzungszuschusses der Niederländischen Organisation für wissenschaftliche Forschung (NWO) realisiert werden.

Doortje Kal,
Dr., Jg. 1948, ergriff als Präventionsmitarbeiterin soziale Psychiatrie in den Niederlanden die Initiative für das Projekt *Kwartiermaken*, um die soziale Integration von psychiatrieerfahrenen Menschen zu fördern. 2001 promovierte sie mit der hier übersetzten (zum Teil philosophischen) Reflexion über dieses Projekt.
Seitdem leitet sie den Nationalen Stützpunkt *Kwartiermaken*, sie führte die präsentische Herangehensweise in der psychosozialen Versorgung ein und forschte u.a. zu dem Thema „Muslime und Psychiatrie".
Doortje Kal arbeitet außerdem an der Universiteit voor Humanistiek in Utrecht.

(Foto: Merel Schoutendorp)

Doortje Kal

Gastfreundschaft

Das niederländische Konzept *Kwartiermaken*
als Antwort auf die Ausgrenzung
psychiatrieerfahrener Menschen

Übersetzt von Rita Schlusemann

Amerkung der Übersetzerin:
Die Beschäftigung mit dem Thema *Kwartiermaken* begann auf Anregung von Robin Boerma als Projekt in einem Seminar an der Universität Leipzig, das die Übersetzerin als Dozentin für den Bereich Kulturstudien Niederlandistik durchführte. Für fundierte Vorarbeiten sei Constanze Dressler, Marina Kalz, Jan Rijckaert, Karin Troost und Franziska Wild sowie im Besonderen Gunter Mühl, Susanne Wawra und Antje Weber gedankt.

Die Originalausgabe dieses Buches erschien 2001 unter dem Titel „Kwartiermaken – Werken aan ruimte voor mensen met een psychiatrische achtergrond" bei Boom, Amsterdam.
Wir danken für die Lizenzrechte.

Bibliografische Information der Deutschen Nationalbibliothek
Die Deutsche Nationalbibliothek verzeichnet diese Publikation in der Deutschen Nationalbibliografie; detaillierte bibliografische Daten sind im Internet über http://dnb.d-nb.de abrufbar

© der deutschsprachigen Ausgabe
2. Auflage 2010 Paranus Verlag der Brücke Neumünster gGmbH
Postfach 1264, 24502 Neumünster
Telefon (04321) 2004-500, Telefax (04321) 2004-411
www.paranus.de

Übersetzung: HD Dr. Rita Schlusemann, Reinbek und Leipzig
Koordination der deutschsprachigen Ausgabe:
Hartwig Hansen, Hamburg
Umschlaggestaltung: Druckwerk der Brücke Neumünster gGmbH
unter Verwendung der Zeichnung „Suomi"
von Klaus H. Menne, Gütersloh
Druck und Bindung: Druckwerk der Brücke Neumünster gGmbH

ISBN 978-3-926200-67-7

Inhalt

Vorwort von Robin Boerma   7

1 Eine Frage des Unterschieds   10
1.1 Das Projekt *Kwartiermaken*   11
1.2 Spannungen im Feld der Rehabilitationstheorie   15
1.3 Fragen zur Kategorisierung / Problem der Benennung   22
1.4 Raum für den fremden Anderen bei Irigaray   25
1.5 Fragestellung und Aufbau   28

2 Dringlichkeit des *Kwartiermakens*   32
2.1 Das Recht, nicht gestört zu werden?   32
2.2 Geschichte des *Kwartiermakens*   38
2.3 Konversationsräume schaffen   40
2.4 Wahnsinn als Verhältnis zur Kultur – Erzählen und Übersetzen   44
2.5 Die Aktualität *Dennendals* und die sechziger Jahre   47
2.6 Von Figuren der Wahrheit zu Figuren des Mangels   49
2.7 „Mein ganzer Körper jubelt, wenn ich bald wirklich nach Hause kommen kann."   52
2.8 Schlussfolgerung   54

3 Ein gastfreundlicher Empfang   56
3.1 Die Sehnsucht, ein Mitglied der Welt zu werden   56
3.2 Ein dreifaches Problem   60
3.3 Philosophische Perspektiven   64
3.4 Das Organisieren von Gastfreundschaft in der Praxis   69
3.5 Ideologie der Normalität   78
3.6 Zusammenfassung   82

4 Andersdenken über Anderssein   84
4.1 Einführung   84
4.2 Ein Vokabular des Unterschieds   87
4.3 Andere Stimmen   91
4.4 Psychose-Seminare   99

4.5	*Multilog* – eine Stimmenvielfalt	106
4.6	Zusammenfassung	117

5 Normative Professionalität ... 118
5.1 Prolog ... 120
5.2 Die Beziehung zwischen dem Allgemeingültigen und dem Besonderen ... 122
5.3 Die Lebensführung der Klienten als Ausgangspunkt ... 126
5.4 Die Subjektwerdung ... 133
5.5 Burnout ... 141
5.6 Professionalität und gesellschaftliche Verantwortlichkeit ... 145
5.7 Zusammenfassung ... 147

**6 Freundschaftsdienst –
Jedes Mal, wenn sie kommt, bin ich froh** ... 149
6.1 Einführung ... 150
6.2 Anil und Emile ... 153
6.3 Das Konzept ‚soziale Unterstützung' ... 157
6.4 Das Präsenzverfahren ... 159
6.5 Freundschaft von Buddys ... 168
6.6 Verletzliche und sorgende Bürgerschaft ... 171
6.7 Zum Schluss ... 173

7 Beteiligte Bürger ... 175
7.1 Einleitung ... 175
7.2 Sich öffnende Bürgerschaft ... 177
7.3 Träge Fragen in einer schneller werdenden Gesellschaft ... 184
7.4 Arbeit – ein schwieriges Angebot ... 187
7.5 Bürgerschaft und Wohnen ... 189
7.6 Eine beteiligte Gesellschaft ... 199

Ausblick ... 201

Literatur ... 203
Internetseiten ... 214
Verzeichnis der Abkürzungen von Organisationen ... 214

Vorwort

Sollte es das Ziel der psychosozialen Versorgung sein, Psychiatrie-Erfahrene in einer einseitigen Bewegung an die gesellschaftlichen Systeme anzupassen, um an der Gesellschaft teilhaben zu dürfen? Muss sich nicht eher auch die Gesellschaft bewegen, sich öffnen und *Kwartiere*, d.h. Räume, für jeden bereitstellen, wie Doortje Kal es in diesem Buch erfrischend darlegt? Kennen gelernt habe ich das Buch im April 2003 auf einem Amsterdamer Kongress zum Austausch der Ansätze in der Sozialpsychiatrie in den Niederlanden und Deutschland. Durch den Titel neugierig geworden, war ich sehr angetan davon, endlich ein Buch zu finden, das sich zum Ziel setzt, die chronisch psychisch kranken Menschen so zu lassen, wie sie sind.

In Abgrenzung zum klassischen medizinischen Modell muss es das Prinzip der sozialpsychiatrischen Arbeit mit chronisch psychisch kranken Menschen sein, jeden Einzelnen in seinen Fähigkeiten und Ressourcen zu stärken. Oft kann der chronisch psychisch Kranke nicht geheilt werden und passt nicht in klassische Reha-Maßnahmen. Aber dennoch sollte es unser aller Bestreben sein, dass auch er oder sie ein Platz in der Gemeinde bekommt. Ich arbeite viel mit chronisch kranken Menschen und versuche, mit ihr oder ihm eine passende Wohnmöglichkeit in einer „normalen" Wohngegend zu finden. Wir versuchen eine sinnvolle Beschäftigung oder Tätigkeit zu finden, so dass jeder sich notwendig und wohl fühlen kann. Fortwährend bemühen wir uns um eine enge Abstimmung mit der Familie, den Vermietern, den Nachbarn, den Kommunen und den Sozialämtern. Ich habe die Erfahrung gemacht, dass manche Psychiatrie-Erfahrene, die in Wohnheimen scheiterten, weil sie nach Meinung mancher zu krank wären, sehr wohl in einer eigenen Wohnung mit abgestimmter Begleitung leben konnten.

Das Konzept *Kwartiermaken*, das in den 90er Jahren in den Niederlanden entwickelt wurde, bietet Antworten für die Kernfragen unseres Umgangs mit psychiatrischen Patienten. *Kwartiermaken* bedeutet die Förderung eines gesellschaftlichen Klimas, in welchem (mehr) Möglichkeiten für Psychiatie-Erfahrene und viele andere, die mit denselben Mechanismen der Ausgrenzung kämpfen, entstehen. Denn die Rückkehr von einer Randposition – in der Institution oder zu Hause bei den Grünpflanzen – zu einer Position mitten in der Gesellschaft ist ohne gesellschaftliche Anpassungen nicht möglich. Die Gesellschaft muss daran arbeiten, Raum für das Abweichende zu schaffen. *Kwartiermaken* ist das Arbeiten an Gastfreundschaft. Gastfreundschaft bedeutet eigentlich, einen Fremden willkommen zu heißen, ohne ihn zu kennen. In ihrem Buch ist Doortje Kal theoretisch und praktisch auf der Suche danach, wie eine Ethik entstehen kann, die zu Respekt sowie bürgerschaftlichem und professionellem Engagement für das Anderssein des Anderen anregt. Diese Änderung bezieht sich nicht nur auf die Einrichtungen der psychosozialen Versorgung, sondern betrifft jeden einzelnen Bürger der Gesellschaft, aber auch die Behörden, die Gemeinden, das Land und den Staat. Damit ergänzt dieses Konzept die dringend notwendige Wiederbelebung des Zusammenspiels zwischen Familie, Nachbarschaft und Kommune im regen Austausch mit Staat, Gesellschaft und Wirtschaft.

Doortje Kal beschreibt den *Kwartiermaker,* den *Wegbereiter* als denjenigen, der alles ankurbelt, als den Katalysator, den Motivierenden, den Inspirierenden, den Vermittler oder Makler, den Netzwerkentwickler und den Kampagnenführer. Der *Wegbereiter* regt ständig und überall dort, wo er oder sie das unter anderem durch die Hinweise der Zielgruppe für notwendig hält, dazu an, Möglichkeiten zu schaffen und zu erhalten, Psychiatrie-Erfahrene zu beteiligen.

Das Streben nach einer Normalisierung des Anderen ruft eine Spannung hervor, die Doortje Kal nach Lyotard als *Widerstreit* bezeichnet. Dabei ist es sehr wichtig, dass das Anderssein des Anderen als Anderssein benannt und kategorisiert wird, denn das Negieren des Anderssein holt die Betroffenen nicht weg von der Randposition. Auf die *Kategorisierung* kann verzichtet werden, wenn Raum geschaffen wurde, in dem der Andere sich als Anderer zeigen kann.

Diese theoretischen Reflexionen werden in konkreten Projekten wie dem Freundschaftsdienst lebendig, bei dem sich ein ‚normaler' Bürger ehrenamtlich um einen chronisch psychisch Kranken kümmert. Dabei geht es nicht um eine Therapie, sondern darum, mit diesem Freizeitaktivitäten zu unternehmen, wie ins Kino oder essen gehen, Fußballspiele im Stadion ansehen und dergleichen.

Doortje Kal stellt auch zwei Projekte in Amsterdam und Zoetermeer vor, bei denen die jeweilige Gemeinde eine *Sachbearbeiterin für Gastfreundschaft* einstellte. Diese arbeitet als Vermittlerin zwischen chronisch psychisch Kranken (‚Fremden') und den Bürgern (‚Gastgebern') und sucht z.B. bei einem Chor, einer Musik- oder Theatergruppe oder einem Sportverein einen Buddy (,Kumpel'). Spannend ist auch die Beschreibung der *präsentischen Verfahrensweise*, bei der der Profi den Alltag und das Wohl des Klienten in den Mittelpunkt stellt und die positive Seite eines alternativen und marginalen Lebensstils sucht. Dabei soll jeder Kontakt darauf ausgerichtet sein, das Selbstwertgefühl zu stärken. Das Selbstvertrauen wächst dadurch, indem man jemanden seine eigenen Möglichkeiten erfahren und spüren lässt, dass er oder sie dazugehört (die Bedeutung von *Empowerment*). Dabei legt der Präsenztätige ein großes Interesse für die Geschichten des Klienten an den Tag, ohne sich darin zu verlieren.

Kwartiermaken ist in den Niederlanden ein Begriff geworden, der sich auf kommunaler, regionaler und nationaler Ebene durchgesetzt hat. In den letzten Jahren sind in vielen Städten *Kwartiermaken*-Projekte entstanden und immer mehr Gemeinden stellen einen *Kwartiermaker* ein. Ich würde mir wünschen, dass sich das Prinzip des *Kwartiermakens*, das in den Niederlanden inzwischen auf staatlicher Ebene und in der psychosozialen Szene zu einer festen Größe geworden ist und das bei einem *Kwartiermakerfestival* im April 2005 mehr als 600 Besucher anlockte, auch in Deutschland auf breiter Ebene durchsetzt. Hierbei geht es nicht darum, dass jeder die ganze Welt zu verändern versucht, sondern um die Lebensqualität im Stadtviertel oder im Quartier. Wer möchte nicht gern gastfreundlich sein und gastfreundschaftlich behandelt werden?

Robin Boerma
(Johanniter-Krankenhaus Geesthacht)

1 Eine Frage des Unterschieds

*Mein Freund,
wie oft habe ich dir gesagt, dass ich mich ganz für den psychiatrisch gestörten Menschen einsetzen will. Und du schwatzt bloß und streichst mit der Hand über dein Kinn. Das ist bestimmt ein Tick von dir, das ewige Gezupfe. Und dann die Ausreden, die du erzählst. Dass ich nicht für die Versorgung psychisch oder psychiatrisch gestörter Menschen geeignet wäre, weil ich keinen Hauptschulabschluss habe. (...) Warum hilfst du mir dann nicht? Warum gibst du einer psychiatrischen Einrichtung nicht den Rat, mich anzunehmen? Du brauchst nur ein Wort zu sagen. (...) Du brauchst nur anzurufen und zu sagen, dass du jemanden hast, der sich ganz für die psychisch oder psychiatrisch gestörten Menschen einsetzen will, und ich habe mein Lebensziel erreicht. Wohl kannst du jetzt sagen, die Dinge sind ja nicht so einfach, aber das sind nur Ausflüchte und abgedroschene Phrasen. (...) Die Sache ist ganz einfach. Du brauchst nur anzurufen. So geht das nun mal im Leben. Die Sachen passieren nach Absprache. Und auf Fürsprache. Das ist es. Ich habe in meinem Leben noch nie Fürsprache gehabt. Deswegen sitze ich hier im Irrenhaus. (...)
Weißt du, worauf ich manchmal Lust habe? Dir dein stumpfsinniges Maul grün und blau zu schlagen. Denn jetzt hast du wieder eine andere Ausrede. „Sie müssen das selbst tun, Herr Keefman! (...) Wenn Sie Pfleger werden wollen, müssen Sie selbst dafür die notwendigen Schritte tun." Aber Freund, du weißt doch, dass ich so überhaupt kein Pfleger werden kann. (...) Ich möchte dich mal mit einer Hör- oder Sprachstörung sehen. (...) Du stellst dich nur dumm. Du tust so, als ob mit mir gar nichts los ist. Aber du weißt nicht, wie einsam einer ist, der taub ist. Und dann kannst du wohl sagen, ich sei gar nicht taub, aber dann bist du für mich kein Arzt. Dann weißt du einen Scheißdreck davon. Denkst du wirklich, dass ich in einer psychiatrischen Einrichtung arbeiten kann, wenn noch nichts an meinem Gehör getan worden ist? Psychiatrisch gestörte Menschen haben noch mehr als andere Menschen das Bedürfnis, verstanden zu werden.*
JAN ARENDS, 1972[1]

„Psychiatrisch gestörte Menschen haben noch mehr als andere Menschen das Bedürfnis, verstanden zu werden." Im vorliegenden Buch wird versucht, diesem Hilfeschrei Keefmans Gehör zu schenken. In seinen ‚sieben Monologen' schneidet Keefman – alias Schriftsteller und Dichter Jan Arends – Themen an, die überraschend viel mit dem Anlass für diese Studie und dieses Buch zu tun haben. Deswegen wird jedes Kapitel von einem Textausschnitt daraus eingeleitet.

1.1 Das Projekt *Kwartiermaken*

Das psychiatrische Versorgungssystem ist im Umbruch. In den Niederlanden ist der für Deutsche ungewohnte Begriff ‚Vergesellschaftlichung' gebräuchlich. Das meint, dass die psychiatrische Versorgung zunehmend deinstitutionalisiert wird.[2] Im Idealfall umfasst Vergesellschaftlichung zwei sich gegenseitig ergänzende Bewegungen. Für die psychiatrische Versorgung bedeutet es, dass Menschen mit langfristiger psychiatrischer Problematik nicht nur als psychiatrische Patienten, sondern auch als Bürger betrachtet werden. Klienten werden in ihrem gesellschaftlichen Dasein gesehen, ihrem normalen menschlichen Verlangen, dazuzugehören und Bedeutung zu haben. Die psychosoziale Versorgung richtet sich deswegen aktiv auf Quellen der Hilfe und des Stresses, die es in unserer Gesellschaft gibt. Es geht darum, dass die psychosoziale Versorgung die institutionelle Umgebung, in die sie nicht nur ihre Patienten, sondern auch sich selbst als Disziplin einbezieht, aufbricht.

Die zweite Bewegung betrifft die Gesellschaft, die ‚Welt der Normalen'. Diese stellt fest, dass manche Menschen zwar ‚anders' sind, findet aber nicht, dass sie deswegen nicht mehr arbeiten, bei der ehrenamt-

---

1 *Keefman* von Jan Arends wurde zunächst im Personalblatt der Willem Arntz-Stiftung veröffentlicht, zu der Zeit, als er dort als Patient war. *Keefman* sind im Grunde sieben Monologe, von denen hier Fragmente in der Reihenfolge, wie sie in seinem Werk erschienen sind, abgedruckt sind. *Keefman* erschien 1972 als Buch im Verlag *Bezige Bij.*
2 Von der niederländischen Regierung wurde im Oktober 2000 die *Taskforce Vermaatschappelijking Geestelijke Gezondheidszorg* (dt. *Kommission Vergesellschaftlichung psychosoziale Versorgung*) ins Leben gerufen, die am 23. Januar 2002 ihren Abschlussbericht vorlegte, in dem die Taskforce sich für eine ‚einladende Gesellschaft' einsetzt, die Menschen mit psychischen Nachteilen willkommen heißt und diesen Unterstützung in der Wohnumgebung, in der Arbeitswelt und im allgemeinen kulturellen und sozialen Lebensalltag anbietet (de Wilde, 2002).

lichen Arbeit helfen oder Freundschaften haben dürfen. Bürger und gesellschaftliche Organisationen bemühen sich darum, für Nicht-Standardmenschen von Bedeutung zu sein.

Um vor allem diese zweite Bewegung zu stimulieren und zu unterstützen, läuft seit 1997 in Zoetermeer ein Projekt: *Kwartiermaken*. Als Präventionsmitarbeiterin der sozialen Psychiatrie (von Riagg[3] in Haagrand) habe ich die Initiative dazu ergriffen. Im Frühjahr 1996 schrieb ich einen Projektantrag, der im Herbst 1996 vom damaligen *Beratungsausschuss Innovationsfonds* bewilligt wurde. Dadurch wurde es ermöglicht, einen im Gemeindewesen tätigen Sozialarbeiter (als *Kwartiermaker/Wegbereiter*) und auch einen Koordinator für das Teilprojekt Freundschaftsdienst einzustellen.

Den Projektantrag begründete ich folgendermaßen:

> Die Rückkehr von einer Randposition – in der Institution oder zu Hause hinter den Gardinen – in eine Position gesellschaftlicher Beteiligung ist ohne gesellschaftliche ‚Anpassungen' nicht möglich. Um diese Anpassung zu fördern, führten die Forscher Van Weeghel und Zeelen (1990) den Begriff ‚*Kwartiermaken*' ein. *Kwartiermaken* geht von einer aktiven Hinwendung zu den Wünschen und Möglichkeiten der Zielgruppe aus. Aber es ist schwierig, Menschen zu rehabilitieren, ihnen ihre Ehre wiederzugeben, wenn die Umgebung nicht mitarbeitet, wenn die Umstände nicht förderlich sind und immer wieder Ausgrenzung verursachen. Die Interessen der Betroffenen müssen immer wieder aufs Neue artikuliert und vertreten werden. *Kwartiermaken* ist die Förderung eines gesellschaftlichen Klimas, in dem (mehr) Möglichkeiten für Psychiatrie-Erfahrene und viele andere, die mit denselben Mechanismen der Ausgrenzung kämpfen, entstehen. (...) Der Deutlichkeit halber, der Projektleiter (*Kwartiermaker/Wegbereiter*) ist hierbei derjenige, der alles ankurbelt, der Katalysator, der Motivierende, der Inspirierende, der Vermittler oder Makler, der Netzwerkentwickler und der Kampagnenleiter. Er oder sie setzt Integration deutlich sichtbar auf die Tagesordnung, überall dort, wo er oder sie das, im Auftrag der Zielgruppe, für notwendig hält.

---

3 *Riagg* (*Regionaal Instituut Ambulante Geestelijke Gezondheidszorg*, dt. *Regionales Institut für ambulante psychosoziale Versorgung*). Das *Riagg Haagrand* gehört seit 2002 zu *Parnassia* (psycho-medizinisches Zentrum).

1 Eine Frage des Unterschieds

Kwartiermaken bedeutet wörtlich die Vorbereitung eines Aufenthaltsortes für eine Gruppe Neuankömmlinge. Was dabei hilfreich ist – so führte der Projektantrag weiter aus – ist ein Freundschaftsdienst:

Freundschaftsdienst ist eine Art ‚Buddyprojekt' für Psychiatrie-Erfahrene. Klienten und ehrenamtliche Mitarbeiter bilden feste Paare. Die ehrenamtlichen Mitarbeiter besuchen die Klienten regelmäßig, um dann zusammen die Hürden der Außenwelt abzubauen. (...) Die wichtigste Voraussetzung für die ehrenamtlichen Mitarbeiter ist eine Affinität zu der Zielgruppe. Freundschaftsdienst ermöglicht Begegnung und Unterstützung und ist daher integrierend. Der Freundschaftsdienst verstärkt die Verbundenheit mit der Zielgruppe, nicht nur von den ehrenamtlichen Mitarbeitern aus, sondern auch von den Institutionen und Instanzen aus, die man besucht, oder in der Öffentlichkeit. (...) In diesem Projekt sind ehrenamtliche Mitarbeiter so etwas wie Kommunikationsexperten, die für den Kontakt zwischen der Wirklichkeit des (ex-)psychiatrischen Patienten und der Wirklichkeit im Wohnviertel, der anderen Bewohner, der Institutionen, der Instanzen und Organisationen Raum schaffen.

Seit 1997 lief in Zoetermeer das Projekt *Kwartiermaken* auf unterschiedliche Weise. Die ehrenamtlichen Mitarbeiter des Freundschaftsdienstes – im ersten Jahr waren es 10, in den Folgejahren mindestens 20 – durchbrachen die Isolierung einer gleichen Zahl von ‚Freunden'. Der Koordinator des Freundschaftsdienstes warb ehrenamtliche Mitarbeiter – die Klienten meldeten sich fast von selbst –, sorgte für den Kontakt zwischen den ehrenamtlichen Mitarbeitern und den Klienten, organisierte Themenabende für die ehrenamtlichen Mitarbeiter und half, wenn es nötig war. Die *Wegbereiterin* steckte zusammen mit mir als Präventionsmitarbeiterin die Wege ab, in erster Linie, um mit den Klienten ins Gespräch zu kommen. In gemeinsamen Gesprächen mit Klienten, mit denen wir regelmäßig zu einer *Kaffeerunde* zusammenkamen, wurde über Wohnungsbaugesellschaften, über die Sozialarbeit und die Armutsproblematik geredet. ‚Gastfreundschaft' und ‚Andersdenken über Anderssein' wurden immer mehr die übergreifenden Slogans, ergänzt durch ‚Fürsorglichkeit' und ‚Empowerment'. Neben zahllosen, oft individuellen Gesprächen der *Wegbereiterin* mit den Beteiligten in den verschiedenen Bereichen gehörten auch die vielen kleineren und größeren Arbeitskonferenzen, die Zeitung des *Kwartiermakens* und später auch die *Multilog*-Treffen zu ihrer Arbeit.

Dieses Buch kann als ein selbstständiges ‚Teilprojekt' des Projekts *Kwartiermaken* betrachtet werden. Das bedeutet, dass es aus der Praxis des *Kwartiermakens* hervorgeht. In dieser Studie wird erprobt, wie Theorie und Forschung dazu beitragen können, eine andere Form der Wahrnehmung zu entwickeln, die Probleme auf das Wesentliche zurückzuführen oder sie gerade, wenn nötig, zu verkomplizieren. Man kann es als Wiedergabe einer Suche nach neuen Zusammenhängen und Mustern aus einem Denken heraus, das in der Erfahrung wurzelt, betrachten.

Bei dem *Untersuchungsgebiet* handelt es sich um die gesellschaftlichen Möglichkeiten der sozialen Integration von Psychiatrie-Erfahrenen. Für die Theoriebildung zur sozialen Integration dieser Gruppe ist die Rehabilitationstheorie maßgebend. Obwohl die psychiatrische Rehabilitationstheorie die Entwicklung vom Patienten zum Bürger als wichtigsten Ausgangspunkt wählt, wirft diese Theorie meines Erachtens doch Fragen auf. In der Rehabilitationstheorie scheint zu wenig Anerkennung für den *Rehabilitationskonflikt* zu existieren (Wulff, 1972). Bei dem Bestreben nach einer Integration von Menschen, die abweichen, ist dieser Konflikt inhärent. In dieser Theorie scheint es viel zu wenig Platz für den *Widerstreit* zu geben, der die Entwicklung des Patienten zum ‚Bürger mit Eigenheiten' ständig begleitet. Mit anderen Worten: In dieser Theorie gibt es zu wenig Aufmerksamkeit für das, was *gesellschaftlich* zur Diskussion steht, wenn die soziale Integration von Psychiatrie-Erfahrenen ernst genommen wird.

Im folgenden Abschnitt dieses Kapitels wird die bereits angedeutete Frage nach der *psychiatrischen Rehabilitation* ausgearbeitet. Ich will damit verdeutlichen, wie dringlich die Vorgehensweise des *Kwartiermakens* ist, um den Widerstreit aufzuzeigen.[4]

Im dritten Abschnitt untersuche ich einige offensichtliche Risiken, die mit der – meiner Studie innewohnenden – *Kategorisierung* von Psychiatrie-Erfahrenen einhergehen. Diese Risiken müssen in die Theoriebildung zu sozialer Integration einbezogen werden.

Im vierten Teil untersuche ich, wie die französische Philosophin Irigaray mit den Risiken der Kategorisierung umgeht. In meiner Erörterung ihrer Arbeit zeige ich, wie sie eine Kategorisierung im feministischen Bereich nutzbar zu machen weiß.

---

4 Der Begriff ‚Widerstreit' stammt von Lyotard (vgl. Kapitel 3.3), ich verwende ihn hier und im Folgenden auch in einer allgemeineren Bedeutung ‚Widerspruch' oder ‚Gegensätzlichkeit'.

Im fünften Abschnitt erfolgt die Darlegung der Zielsetzung und des Aufbaus dieser Arbeit.

1.2 Spannungen im Feld der Rehabilitationstheorie

Die (psychiatrische) Rehabilitationstheorie umfasst Ansätze, in denen die soziale Integration von Psychiatrie-Erfahrenen im Mittelpunkt steht. Rehabilitation heißt wörtlich ‚die Wiederherstellung der Würde des Menschen': Rehabilitation für Psychiatrie-Erfahrene, denen bisher nur ein Platz in einer Einrichtung und/ oder am Rande der Gesellschaft vergönnt war. Rehabilitation steht für das Schaffen von Möglichkeiten für den chronisch psychisch erkrankten Menschen, um vom Patienten zum Bürger zu werden. Der Altmeister des Rehabilitationskonzeptes, Douglas Bennett, formuliert es folgendermaßen:

In Wirklichkeit ist die Institutionalisierung mit der Desozialisation oder dem Rollenverlust im Alltagsleben einer Person identisch. (...) Wir müssen verhindern, dass Menschen mit psychischen Einschränkungen ihre sozialen Rollen verlieren. (...) Diese Rollenveränderung [vom Patienten zum Bürger, DK] sollte nicht unterschätzt werden. (...) Wenn nicht auch gleichzeitig viele Veränderungen in der Gesellschaft stattfinden, wird jemand auf diese Art und Weise leicht wieder in die Patientenrolle gedrängt (Bennett, 1997, S. 188, 189).

Der Begriff Rehabilitation bringt, sowohl von Seiten der Psychiatrie als auch von Seiten der Gesellschaft, die Bestätigung zum Ausdruck, dass es sich um eine ‚moralische Täuschung' der Menschen handelt, die dachten, in der psychiatrischen Anstalt je zu ‚gesunden'. Der Psychiater Detlef Petry hat immer wieder den *moralischen* Aspekt der psychiatrischen Rehabilitation hervorgehoben: „(...) das ständige Bekämpfen des Stigmas der Verrücktheit, der Ausgrenzung. Es ist immer noch so, dass psychiatrische Patienten in großem Maße in der Gesellschaft nicht akzeptiert werden. Es ist eine moralische Handlung der Genugtuung gegenüber jemandem, der ständig verleugnet wurde" (Petry und Nuy 1997, S. 119; auch Petry und Hansen, 2003). Doch muss man sich fragen, ob gerade diesem moralischen Aspekt genügend Aufmerksamkeit geschenkt wird.

Jan Pierre Wilken und Dirk den Hollander (1999) schreiben, dass Rehabilitation auf *Normalisierung* ausgerichtet sei und dass das möglichst normale Wohnen, Arbeiten, Lernen und Freizeitgestalten nicht heiße, dass jemandem mit psychosozialen Einschränkungen mehr Möglichkeiten geboten werden müssten als anderen Mitgliedern der Gesellschaft. Andernfalls besteht ihrer Meinung nach die Gefahr einer neuen Ausnahmeposition. Allerdings heiße Normalisierung auch nicht, „dass ein Klient in Bezug auf sein Verhalten völlig an die Gesellschaft angepasst werden muss, sondern dass die Gesellschaft dem Klienten ermöglicht, sich mit seinen Einschränkungen möglichst optimal am gesellschaftlichen Leben zu beteiligen" (Wilken und Den Hollander, 1999, S. 44). Ihre Position in Bezug auf die Normalität ist ambivalent, und diese Ambivalenz ist kennzeichnend für die Rehabilitationstheorie. Allzu verwunderlich ist das nicht, da eine Normalisierung zwei Seiten hat: eine emanzipierende und eine unterdrückende. Die Frage nach dem Verhältnis beider Seiten zueinander wird dadurch umso dringlicher. ‚Mitglied der Welt zu werden' ist ein zweifelhaftes Vergnügen in einer Welt, die nicht wirklich Raum für das Abweichende schafft.

In Rehabilitationsdefinitionen fehlt *die Beeinflussung der Umgebung* nicht. So vertreten Droës und Van Weeghel (1994) die Hypothese, dass der tiefste Kern der Rehabilitation darin bestehe, dem Klienten zu ermöglichen, aus der Gegenwart und der Vergangenheit einen persönlichen Lebensentwurf zu bilden. Es geht ihnen um einen umfassenden Prozess, wobei die Hilfeleistung, die Begleitung und *die Beeinflussung der Umgebung* einen Beitrag zur Wiederherstellung oder Erweiterung der Handlungsmöglichkeiten des Klienten in seinen Wohn-, Arbeits- und Lebensumständen leisten.

In seinem Artikel „Een maatschappelijk steunsysteem: venster op de wereld"[5] versucht der Forscher Jaap van Weeghel (1996) zu konkretisieren, was die Beeinflussung der Umgebung denn bedeuten könnte. Er weist darauf hin, dass viele Klienten in der psychosozialen Versorgung als Person und als Bürger erst dann zur Geltung kommen, wenn sie eine passende soziale *Nische* gefunden haben, eine, die ihren individuellen Wünschen und Fähigkeiten entspricht. Seine Aufzählung der „Elemente eines gesellschaftlichen Hilfesystems"[6] zeigt aber vor allem, was gute „soziale Psychiatrie" ist; wie die Umgebung beeinflusst werden könnte, bleibt unklar. Die von ihm im selben Artikel genannten – und von Warr

5 Dt.: „Ein gesellschaftliches Hilfesystem: Fenster zur Welt"

1 Eine Frage des Unterschieds

(1989) stammenden – Umgebungscharakteristika sind handfester.[7] Das soziale Umfeld kann eine einschränkende oder eine stimulierende Wirkung haben. Stimulierend sind Umgebungen, die die Möglichkeit bieten, sie (mit) zu beeinflussen, die einladen zu sozialem Kontakt, sozialer Hilfe und zum Gebrauch von Fähigkeiten, Umgebungen, die übersichtlich sind und in denen man sich physisch sicher und sozial anerkannt fühlt. Van Weeghel betont, dass Menschen mit ernster und langwieriger psychiatrischer Problematik für negative Einflüsse aus der Umgebung anfälliger als andere Menschen seien. Deshalb sei es besonders wichtig, dass ihnen andere helfen, gewünschte Lebensumgebungen zu wählen, einzurichten und zugänglich zu machen. Van Weeghel sieht es als gesellschaftliche Aufgabe der psychosozialen Institutionen an, dafür zu sorgen, dass geeignete Umgebungen in ausreichendem Maß ‚verfügbar werden'. Es sei die *Kwartiermaak*-Funktion der psychosozialen Versorgung, die ‚gesellschaftlichen Hilfsquellen' zu entdecken und zu schaffen. Letztendlich ist es – in der Terminologie Van Weeghels – „der Helfer, der dem Klienten zur Seite steht, der dafür sorgt, dass die Umgebung reagiert und dem Klienten hilft, die Umgebung im Zuge selbst gewählter Ziele zu nutzen" (Van Weeghel, 1996, S. 177). Bei Van Weeghel scheint es der Rehabilitation im Zusammenhang mit dem *Kwartiermaken* um Anpassung zu gehen, die mit einer guten Regie und guter Koordination

---

6 Elemente eines gesellschaftlichen Systems der Versorgung:
Das Bestimmen und Erreichen der Zielgruppe: a) Methoden, (potentielle) Klienten zu identifizieren, b) Strategien zur Kontaktaufnahme mit den Klienten (*outreaching*)
Versorgung im weiteren Sinne: (a) psychiatrische und psychotherapeutische Behandlung, (b) (somatische) Versorgung, (c) häusliche Pflege, Krisenintervention und Aufnahmezentren
Unterstützen des gesellschaftlichen Funktionierens: (a) Formen der Unterbringung und Wohnbetreuung, (b) Unterstützung beim Erwerb eines Einkommens, (c) Kontakt mit und Unterstützung durch Schicksalsgenossen, (d) Rehabilitationsprogramme, die auf das Funktionieren von Klienten in verschiedenen Lebensbereichen ausgerichtet sind, (e) Unterstützung von Angehörigen und anderen Menschen, die den Klienten umgeben
Grundbedingungen und Koordination: a) Protektion, Beherzigung von Belangen, Beschwerdeprozeduren, (b) Case-Management auf individueller Ebene, (c) Abstimmung der verschiedenen Elemente auf einer Programmebene (Van Weeghel, 1996)
7 Die neun Umgebungsmerkmale nach Warr (1989): (1) Möglichkeiten zur Beherrschung, Steuerung/Beeinflussung, (2) Möglichkeiten zur Anwendung von Fertigkeiten, (3) Extern angebotene Ziele, (4) Variationen des Handelns, (5) Transparenz der Umgebung und der sozialen Rollen, (6) Möglichkeiten zu zwischenmenschlichen Kontakten und sozialer Unterstützung, (7) Verfügbarkeit finanzieller Mittel, (8) Physische Sicherheit, (9) Anerkannte soziale Position

erreichbar ist (siehe auch Van Weeghel, 2000). Doch ist es auch so? Ist die psychosoziale Versorgung in der Lage, dem Klienten auf diese Weise ein Fenster zur Welt zu bieten?

Der Theologe und Seelsorger Guus van Loenen (1997) bietet in seinem Artikel „Van chronisch psychiatrische patiënt naar brave burger?"[8] eine kritische Exegese über *die Moral* der psychiatrischen Rehabilitation. Seine Sichtweise dient hier als Anlauf zu der Fragestellung meiner Arbeit. Van Loenen hinterfragt das Ziel, das innerhalb der Rehabilitationstheorie als selbstverständlich erachtet wird: optimales Funktionieren in einem so normal wie möglich gestalteten sozialen Rahmen. Rehabilitatoren beschäftigen sich seiner Meinung nach unendlich mit Rehabilitationstechniken, aber die Frage, welches *Ethos* zur Diskussion steht – eine Ansicht darüber, was Leben zu einem guten Leben macht – wird nicht gestellt. Zur Behandlung dieser ethischen Frage geht Van Loenen zuerst auf den Philosophen Michel Foucault zurück. Dieser habe gezeigt, wie „die große Einsperrung" (Foucault, 2003) eine Antwort auf die bürgerliche Gesellschaft war, die Rationalität, Ordentlichkeit und Arbeitsethos verlangte. Je mehr sich diese Gesellschaft konsolidierte, desto mehr fühlte sie sich von denjenigen belästigt, die ihre Moral, aus welchen Gründen auch immer, nicht teilten. Ziel des *Hôpital Général*, das 1665 gegründet wurde, war es, diesen Abweichungen ein Ende zu setzen, indem man Betroffene einsperrte und umzog. Das Krankenhaus diente so zur Unterstützung einer neuen gesellschaftlichen Ordnung. Im Jahre 1794 endete diese undifferenzierte Einsperrung von Abweichlern; Pinel brachte die Verrückten unter medizinische Aufsicht. Foucault kritisiert die Auffassung, dass diese Aktion als Befreiung angesehen werden müsse. Den Verrückten als Kranken zu betrachten, führt zwar zu einer milderen Vorgehensweise als der, die im *Hôpital Général* gehandhabt wurde, was aber bleibt, ist die Ablehnung, dem Irrationalen Bedeutung zuzuerkennen. Auch Pinel geht von vernünftigem Handeln, von Respekt vor der sozialen Ordnung und von der Akzeptanz der Arbeitspflicht aus. Seitdem wird das Gespräch mit dem Wahnsinn nicht mehr begonnen. Es gibt keine gemeinsame Sprache mehr, der Dialog ist unterbrochen. Die Vernunft hält ihren Monolog über den Wahnsinn und bringt ihn zum Schweigen. So viel zu Van Loenen über Foucault.

8 Dt.: „Vom chronisch psychiatrischen Patienten zum braven Bürger?"

1 Eine Frage des Unterschieds

Ein Vergleich mit der Rehabilitation außerhalb der Psychiatrie bietet Van Loenen eine zweite Möglichkeit, die Moral der psychiatrischen Rehabilitation zu überdenken. Er nimmt die Rehabilitation des renommierten Cineasten Joris Ivens durch die niederländische Regierung als Beispiel. Ivens traute sich zwischen 1947 und 1959 nicht mehr in die Niederlande, aus Angst vor einer Verurteilung wegen seiner Reportage *Indonesia Calling* (1946). Dieser Film berichtet über einen Streik im Hafen von Sydney, durch den erfolgreich der Transport von militärischem Material verhindert wurde, das für die niederländischen Truppen in Indonesien bestimmt war. Ivens wurde wegen dieser Reportage jahrelang von der niederländischen Regierung in seiner Arbeit behindert. Kennzeichnend für Ivens Rehabilitation, die erst 1985 erfolgte, waren erstens die Einsicht, dass Fehler gemacht wurden, zweitens die Neubewertung seiner Person und drittens die Rehabilitierung des Opfers.

Van Loenen weist darauf hin, dass in der psychiatrischen Rehabilitationstheorie zwar Platz für die Erkenntnis sei, dass Fehler in der Behandlung von chronischen psychiatrischen Patienten gemacht wurden. Diese Erkenntnis habe aber vor allem eine *funktionale* Bedeutung: Die Behandlung chronisch psychiatrischer Patienten werde noch bis heute abgelehnt, *weil sie kein Resultat zeitige*. Diese Identifikation des Guten mit dem Funktionalen sei kennzeichnend für eine technische Rationalität und interessiere sich nicht für Moral. Auch mit dem zweiten Rehabilitationsmerkmal – der Neubewertung der Person – ist es in der psychiatrischen Versorgung schwierig. Allerdings steht bei der Idee der Rehabilitation eine andere Würdigung des chronisch psychiatrischen Patienten im Mittelpunkt: Er soll nicht als Patient, sondern als Bürger (mit gleichen Rechten und Pflichten) behandelt werden. Aber ist die Psychiatrie in ihrer gegenwärtigen Form nicht gerade deswegen entstanden, weil eine Kategorie von Menschen nicht den Ansprüchen des Bürgerseins genügen konnte? Und möchte der psychiatrische Patient überhaupt als Bürger neu bewertet werden?

Und letztendlich das dritte Merkmal: die Genugtuung. Joris Ivens erhielt bei seiner Rehabilitation Geld, und von ihm wurde im Gegenzug nichts verlangt. Der psychiatrische Patient dagegen wird nicht rehabilitiert, sondern muss sich (selbst) rehabilitieren. Er muss lernen, allerlei Bedingungen zu erfüllen, um den Status des Bürgers zu erreichen. Van Loenen schließt daraus, dass die psychiatrische Rehabilitation die Erfahrung des Wahnsinns nicht berücksichtige und würdige.

Man hat keinen Blick für das Unvernünftige, sondern schaut buchstäblich in die andere Richtung: nicht zur Krankheit, sondern zur Gesundheit, nicht zur Unfähigkeit, sondern zur Wachstumsmöglichkeit, nicht zum Unterschied, sondern zur Übereinstimmung mit Menschen, die ihre Ziele selbst wählen und realisieren. Dahinter verbirgt sich das westliche Ideal der autonomen Selbstbestimmung. Anfangs ging man davon aus, dass chronisch psychiatrische Patienten von diesem Ideal ausgeschlossen seien. Die psychiatrische Rehabilitation bemüht sich aber, dieses Ideal nachträglich auch für sie realisierbar zu machen. Damit wird das Leben des Patienten möglichst nach dem Leben eines durchschnittlichen Bürgers modelliert (Van Loenen, 1997, S. 755).

Van Loenens schroffe Schlussfolgerung lässt wenig Platz dafür, dass die Rehabilitationstheoretiker bis zu einem gewissen Grad Recht haben. Das Streben nach Normalisierung hat ja in erster Linie damit zu tun, dass psychiatrische Patienten in ihren *normalen* Bedürfnissen nach Wohnen (*privacy*), guter Arbeit (die die jeweiligen Kompetenzen berücksichtigt), einem ausreichenden Einkommen, nach gleichwertigen und intimen Beziehungen etc. ernst genommen werden. In der psychosozialen Versorgung war das Interesse für diese Lebensbereiche lange Zeit nicht ausreichend. Aus dieser Perspektive heraus beinhaltet das Streben nach Normalisierung eine Kritik an medizinischen Spezialisten, die ihre Kunden zu sehr auf ihre Krankheit reduzieren. So darf auch der Ausdruck ‚Menschen mit Möglichkeiten' nicht in erster Linie als ein *beschreibender* Terminus gedeutet werden, der sich auf die Eigenschaften von Individuen bezieht, sondern als ein *würdigender* Begriff, der eine bestimmte Haltung ausdrückt. Dasselbe gilt für die Einführung des Begriffs ‚Bürgerschaft' in der sozialen Versorgung (Reinders, 2000).

Van Loenen konzentriert sich auf die *Kehrseite* des Strebens nach Normalisierung. Er meint, solange nicht erkannt werde, dass die Rehabilitation genau auf dem Ethos basiere, das in der Zeit der Aufklärung zur Ausgrenzung der Kategorie ‚psychiatrischer Patient' geführt habe, bestehe das Risiko, dass die Rehabilitation nichts anderes als ein neuer Versuch sei, dem Patienten beizubringen, doch noch ein *braver* normaler Bürger zu werden. Es sei wichtig, die Grundwerte innerhalb der Vorgehensweise der Rehabilitation nicht als selbstverständlich vorauszusetzen und sie damit über die Diskussion – in erster Linie mit dem Patienten selbst – zu erheben. Außerdem gibt es laut Van Loenen andere Möglichkeiten, psychiatrische Patienten zu rehabilitieren. In seiner

1 Eine Frage des Unterschieds

Rehabilitationsalternative versteht er die Wiederherstellung des Dialogs zwischen Verstand und Wahnsinn und die Rehabilitation „der Erfahrung des Wahnsinns" als erste Aufgabe der Psychiatrie. Rationalität und Irrationalität können sich gegenseitig vertragen und miteinander im Gespräch sein. Das Abweichende zu akzeptieren und ihm einen Platz zu schaffen, anstatt es eliminieren zu wollen, lindert (auch) das Leiden. Zweitens sollte man nicht vom Wiedergewinnen der Würde durch Können und besseres Funktionieren sprechen. Die Würde soll sich auf das Menschsein gründen, nicht auf Leistungen. Dem chronisch psychiatrischen Patienten wurde zu Unrecht die Würde abgesprochen, und sie muss ihm zurückgegeben werden. Neben dem Leid der psychiatrischen Störung hat der psychiatrische Patient mit dem Leid der Ausgrenzung zu kämpfen. Eine Hilfeleistung zum Durchbrechen der Isolation, indem die Umgebung Rücksicht auf den Patienten nimmt, ist der dritte Aspekt von Van Loenens Alternative (Van Loenen, 1997).

In meinen Studien zu den gesellschaftlichen Möglichkeiten sozialer Integration richte ich den Blick auf Van Loenens „Kehrseite der Normalisierung". Damit ist das Forschungsgebiet enger eingegrenzt. Eine Rehabilitationstheorie, die jene Mechanismen vernachlässigt, welche zur Ausgrenzung der *Kategorie* ‚psychiatrischer Patient' führen, zwingt diese Patienten zu einer unterdrückenden, braven Bürgerschaft. Ich vertrete den Standpunkt, dass das Streben nach einer Normalisierung ‚des Anderen' eine Spannung hervorruft; ich bezeichne diese Spannung als *Widerstreit*. Das Wiederherstellen der Begegnung (oder des Dialogs) zwischen Verstand und Wahnsinn geht Hand in Hand mit dem Widerstreit. Ich meine, dass die Rehabilitationstheorie diesen Widerstreit nur unzureichend erkennt und nicht theoretisch ausarbeitet. In meiner Forschung steht gerade dieser Widerstreit im Mittelpunkt. Dieses geschieht vor dem Hintergrund des (ewigen) Dilemmas zwischen einer radikalen Stellungnahme, die dazu verdammt ist, in einer machtlosen Reinheit stecken zu bleiben, und einer Handlung, die eventuell kompromittierend ist und bei der zu Gunsten von Resultaten möglicherweise dem, was bekämpft wird, nachgegeben wird. Dieses Dilemma kommt schon allein in der Kategorisierung der Gruppe der Psychiatrie-Erfahrenen zum Ausdruck. Eine Kategorisierung kann zu einer Etikettierung und dem Festschreiben der Menschen auf ihre psychiatrische Problematik führen. Jedoch führt die Verleugnung ihres Andersseins in der Praxis ebenfalls zur Ausgrenzung. Erste Überlegungen über diese Risiken und Schwierigkeiten stelle ich im nächsten Abschnitt an.

1.3 Fragen zur Kategorisierung / Problem der Benennung

a. Ist Verrücktheit etwas Spezielles?
Du denkst doch nicht etwa, dass ich verrückt bin? (Arends, 1972)

Die erste unangenehme Frage, die sich hier aufdrängt, ist, ob es sinnvoll ist, die Integration einer bestimmten Zielgruppe zu problematisieren und ein spezielles Projekt dafür einzurichten. Fördert ein solches Verfahren nicht gerade die Trennung und somit die Hervorhebung der betreffenden Gruppe? Tun wir nicht genau das, was wir verhindern wollen? Ist es nicht besser, sich für die Integration aller Menschen einzusetzen? Untergräbt in einem solchen Projekt nicht gerade die Art und Weise des Sprechens über die Mühe, die manche Menschen haben, am gesellschaftlichen Leben teilzunehmen, ihr Bedürfnis nach Respekt? Werden Psychiatrie-Erfahrene durch *Kwartiermaken* – oder durch welches Rehabilitationsprojekt auch immer – nicht zu sehr über einen Kamm geschoren? Wer sind eigentlich die Menschen, an die wir uns richten? Unter den Menschen mit psychiatrischen Problemen gibt es doch beträchtliche Unterschiede? Betont ein solches Integrationsprojekt nicht zu sehr den Unterschied zwischen den so genannten Normalen und Nicht-Normalen? Übersieht man dadurch nicht das gemeinsame Bedürfnis aller Menschen, irgendwo dazuzugehören und von Bedeutung zu sein? Gibt es eigentlich etwas Bestimmtes an Psychiatrie-Erfahrenen, das ein gesondertes Projekt rechtfertigt? Hier gibt es das Risiko des Essentialismus.

b. Verrücktheit als das Verhältnis zweier Variablen?
$B=f[(M+Fe)U]$ *Eine Behinderung ist eine Funktion der Beziehung zwischen Menschen mit einer Funktionseinschränkung und ihrer Umgebung. Man wird nicht behindert geboren, sondern behindert gemacht* (Van Wijnen, 1996).

Verrücktheit, in der Rehabilitationstheorie meist als „die psychiatrische Behinderung" bezeichnet, existiert nach dieser Formel, wenn sie unter dem Einfluss der Umgebung zu Stigmatisierung und Ausgrenzung führt. Die Formel unterstreicht, dass das Maß, in dem sich der Betroffene seiner Behinderung bewusst ist, stark von den Reaktionen der Umgebung abhängt. Im Projekt *Kwartiermaken* wird weniger über psychiatrische Diagnosen gesprochen, sondern hauptsächlich über das ‚Anderssein' der Zielgruppe. Anderssein gibt ein Verhältnis an, ein Verhältnis zu etwas, das den Anderen als anders erscheinen lässt. Im Verhältnis des Anderen zu diesem Etwas, beziehungsweise der Normalität, liegt dann das Problem. Damit wird die Normalität zur Diskussion gestellt, und damit stößt die Norm des ‚Normalen' auf Kritik. Wenn wir sagen, dass Verrücktheit ein Verhältnisproblem ist, wird sofort deutlich, dass der Ausgangspunkt für Veränderung oder Verbesserung *in diesem Verhältnis* gesucht werden muss. Indem aufgezeigt wird, dass es sich um ein Interaktionsproblem in der Beziehung zur sozialen, gesellschaftlichen und kulturellen Umgebung handelt, wird die Verantwortlichkeit der Umgebung deutlicher (siehe auch Meininger, 1997). Oder wird Verrücktheit mit dieser Formel zu sehr relativiert? Hier gibt es das Risiko des Relativismus.

c. Der Verrückte als Eichpunkt?
Der Verrückte ist ein Orientierungszeichen, an dem der moderne Mensch sehen kann, wie weit er sich von zu Hause entfernt hat und wie er den Weg zurück nach Hause finden kann (frei nach Fennis, 1975).

Läuft *Kwartiermaken* nicht Gefahr, durch die Auffassung, dass es bei Verrücktheit um eine Beziehung geht – durch die sie die Normalität zur Sprache bringt –, zu romantisch über ‚Verrückte' und andere Abweichler zu sprechen? Freilich lässt die bunte Ansammlung von Randfiguren in unserer Gesellschaft erkennen, worauf die Moderne hinausgelaufen ist. Freilich kann festgestellt werden, dass die technologischen Entwicklungen das Integrationspotential der Gesellschaft nicht erhöht haben. Freilich konfrontieren Abweichler das technologische Zeitalter der unbegrenzten Möglichkeiten mit Wehrlosigkeit und der Endlichkeit des Machbaren. Freilich zeigen die Menschen am Rand die Dysfunktionalität der vorherrschenden Werte und der rationalen Normen des Fortschritts. Aber sind damit die Irrationalen und die am wenigsten Angepassten auch der beste Maßstab für eine Veränderung? Und ist nicht zudem der Schritt vom Märtyrer zum Opfer sehr klein und kommen wir damit nicht vom Regen in die Traufe? Anders ausgedrückt: Wird der ‚Verrückte' in einem Projekt wie dem des *Kwartiermakens* nicht einfach von einem (heroischen) Maßstab, an dem das Debakel der Gesellschaft gemessen werden kann, zu einem bedauernswerten Opfer, das dadurch seiner eigenen Würde und des Selbstrespekts beraubt wird? Ist dieses nicht die Folge jeglicher Kategorisierung? Kann *Kwartiermaken* am *Empowerment*, d.h. an einem positiven Selbstbild und Selbstvertrauen, arbeiten, und kann es überhaupt Bürgerschaft fördern, sowie zur gleichen Zeit immer noch vom Anderssein der Gruppe von Menschen, für die sie einzutreten behauptet, ausgehen? Hier droht die Gefahr der Romantisierung.

d. Ist der Verrückte nicht einfach krank?

Krankheit allein als biomedizinisches Problem zu betrachten, ist genauso idiotisch wie die Krankheit nur als Produkt gesellschaftlicher Verhältnisse zu sehen (Van den Hoofdakker, 1995).

Viele ‚Verrückte' geben an, glücklich zu sein, wenn sie – oft nach einer längeren Suche – endlich über ihre psychiatrische Diagnose informiert werden. Wie frustrierend war die Suche danach, was ihnen fehlte, und wie groß die Erleichterung darüber, dass da nun etwas zu behandeln war. Krankheit entschuldigt: ‚Ich bin nicht verrückt, ich bin krank.' Täte die psychosoziale Versorgung nicht gut daran, getreu ihrem Motto zu handeln und diese ‚Kranken' so gut wie möglich zu behandeln? Setzt *Kwartiermaken* nicht (zu) einseitig am zweiten Teil der oben genannten Dummheit an; und ist das nicht genauso schlimm wie das, was sie der psychiatrischen Versorgung vorwirft, nämlich die einseitige Betonung der Verrücktheit als Krankheit? Hier gibt es die Falle des Denkens in Dichotomien.

Die oben aufgeworfenen Fragen in Bezug auf die Kategorisierung des psychiatrischen Patienten sind als Risiken des Essentialismus, des Relativismus, des Romantizismus und des dichotomen Denkens identifiziert worden. In meiner Studie suche ich die Auseinandersetzung mit diesen Risiken. Sie sind mit meiner Studie verbunden und haben Konsequenzen auf die Art und Weise, in der ich über die Umweltbeeinflussung reflektiere. Mit Hilfe der französischen Philosophin und Psychoanalytikerin Luce Irigaray zeige ich in einem ersten Ansatz, wie ich mit den Risiken umzugehen gedenke. Irigarays Denken über die ‚Subjektwerdung' der Frau in einer von Männern dominierten Gesellschaft beinhaltet eine wichtige Analogie zu der Entwicklung ‚vom Patienten zum Bürger' in einer von Normalität beherrschten Welt. Irigaray zeigt, wie die Kategorisierung einer bestimmten Gruppe positiv eingesetzt werden kann, gerade, um eine eigene Position des Individuums in einer Gruppe zu ermöglichen, über die brave Bürgerschaft hinaus.

1.4 Raum für den fremden Anderen bei Irigaray

Seit den achtziger Jahren ist Irigaray in der Frauenbewegung, in Frauenstudien, unter Philosophen und Theologen eine viel diskutierte Theoretikerin. Sie ist inspirierend, weil ihre radikale Kritik gleichzeitig Bausteine für ‚eine andere Zukunft' liefert. Irigaray versucht, eine philosophische Theorie zu entwickeln, in der Raum für den fremden Anderen ist. Der Andere ist für sie an erster Stelle die Frau, aber sie ist davon überzeugt, dass Raum für die Frau auch Raum für andere Ausgegrenzte bringt (Van den Ende, 1999). Beim Lesen ihrer Theorie bezüglich der Unmöglichkeit der Frau, in einer von männlichen Normen beherrschten Gesellschaft und angesichts der daraus folgenden Ausgrenzung ‚Subjekt zu werden', springt einem die Analogie ins Auge.

In der gängigen maskulinen Vorstellung, so Irigaray, kommen Frauen nicht zur Geltung. Sie sind mehr Objekt als Subjekt. Irigaray versucht, eine neue Art des Denkens zu eröffnen, bei dem die Frau (als Andere) besser zum Ausdruck kommt und ‚Subjekt' werden kann. Sie strebt nicht nach *Gleichheit* zwischen den Geschlechtern, sondern nach *Gleichberechtigung*, in der Frauen es als wertvoll empfinden (können), Frau zu sein. Das erfordert das erneute Überdenken und Transformieren jahrhundertlang bestehender soziokultureller Werte (Irigaray, 1993).

In derselben Art und Weise, in der Irigaray über die herrschenden maskulinen Vorstellungen spricht, kann auch über *eine Normalitätsvorstellung* gesprochen werden, die dem Verrückten oder dem Nicht-Normalen, dem, was von der Norm abweicht, den Raum nimmt, sich auszudrücken. Ich bin auf der Suche nach einem anderen Denken und einer anderen Darstellung, in der der Andere sich ‚als Anderer' zeigen kann. Für mich ist ‚der Andere' derjenige, der nicht in die Normalitätsdarstellung passt. Im Projekt *Kwartiermaken* ist das in erster Linie der ‚chronisch psychiatrische Patient', dem es nicht ermöglicht wird, ‚normal' am gesellschaftlichen Geschehen teilzunehmen. Es wird übrigens nicht gesagt: „Sie dürfen nicht mitmachen." Es wird nicht erkannt, dass etwas Zusätzliches nötig ist, um zu ermöglichen, dass ‚jemand mit einer Macke' mitmachen kann (Van Houten, 2000). An zweiter Stelle betrifft es ‚andere Andere', die gegen ihre Ausgrenzung kämpfen: Ältere, Menschen mit körperlichen oder geistigen Behinderungen, Migranten und ihre Nachkommen und andere, deren Produktivität für die Gesellschaft angezweifelt wird.

Irigaray wird allerdings des biologisch fundierten Essentialismus bezichtigt, das heißt, dass sie die Frau auf ihr biologisches Geschlecht festlegt. Demselben Verdacht können sich *Kwartiermaker* aussetzen, die das Anderssein ihrer Zielgruppe betonen. Wenn das Anderssein von Frauen oder ‚Verrückten' an die erste Stelle gestellt wird, kann das einer Stereotypisierung und Diskriminierung Vorschub leisten, und das frustriert gerade die Forderungen nach gleicher Behandlung. Eine Feministin wie Simone de Beauvoir sträubte sich deshalb gegen die Betonung der Verschiedenheit. Sie zeigte in ihrer Arbeit, wie den Frauen in der westlichen Kultur Jahrhunderte hindurch negativ bewertete Unterschiede zugeschrieben wurden. Sie strebte gerade nach den gleichen Möglichkeiten für Frauen, Subjekt zu werden; Frauen sollten sich von ihrem Status als Andere, als zweites Geschlecht befreien (Vintges, 1992). Andere Feministinnen – darunter auch Irigaray – glauben, dass in diesem ‚Gleichheitsfeminismus', in dem wirtschaftliche, politische und sexuelle Unabhängigkeit im Mittelpunkt stehen, der Mann und die maskuline Ordnung doch die Norm bleiben. Den *Differenzdenkenden* geht es um eine Neubewertung der weiblichen Stimme in Politik und Kultur. Irigaray glaubt, dass dafür eher ein grundsätzlicher Umbruch notwendig ist. Es geht Irigaray um eine Veränderung der herrschenden Ordnung zugunsten einer Kultur, in der Raum für das spezifisch Weibliche ist.[9] Ihre Strategie ist es, von einem gewissen Essentialismus auszu-

---

9 Die Psychoanalyse ist für Irigaray ein wichtiges Instrument im Kampf für eine andere Ordnung: Wenn man das Un(ter)bewusste akzeptiert, wird die Hegemonie des rationalen, bewussten Subjekts ins Wanken gebracht. Dann ist der Primat des Bewusstseins nicht länger aufrechtzuerhalten. Ausgehend von diesem Un(ter)bewussten, dem „Äußeren" der artikulierten Beweisführung, trachten Theoretikerinnen der sexuellen Differenz zu einer Kritik des Dominanten zu gelangen. In diesem Buch beschäftige ich mich nicht mit der analytischen Theorie und ihren feministischen Lesarten.

1 Eine Frage des Unterschieds

gehen, um eine Gegenposition entwickeln zu können. Von Biologismus kann man bei ihr letztendlich nicht sprechen; sie bezeichnet die Frau als Frau, gerade um ihre Position beweglich lassen zu können (Halsema 1998).

Im Projekt *Kwartiermaken* wird eine vergleichbare Strategie verfolgt. Gerade im Hinblick auf das Schaffen von Möglichkeiten für eine ‚andere Bürgerschaft', eine ‚Bürgerschaft mit einem Raum, anders zu sein', werden Menschen mit einer chronisch psychiatrischen Problematik als Kategorie benannt. Das Negieren des Andersseins holt die Betroffenen nämlich nicht aus ihrer Randposition. Es ist notwendig, die Gruppe als Kategorie zu benennen, um die ausgrenzende Wirkung der Normalitätsdarstellung zur Sprache bringen zu können. Es kann als Zwischenschritt gesehen werden. Auf die Kategorisierung kann verzichtet werden, wenn Raum geschaffen wurde, wenn neue Orte entstanden sind, in denen der Andere sich als Anderer zeigen kann. Die neuen Orte stehen im Kontrast zu den traditionellen Orten, die die Frau an der Spüle kennt und den psychiatrischen Patienten in der Anstalt oder isoliert zu Hause. Kurzum: Die Kategorisierung wird vom *Kwartiermaken* eingesetzt, um Menschen mit psychiatrischer Problematik in ihrem Anderssein zeigen zu können, ohne dass sie mit einer Unterbringung oder Ausgrenzung dafür bezahlen müssen. Die Kategorisierung muss Aussicht auf Integration bieten und vor einer gleichmachenden Assimilation bewahren, in der es keine Anerkennung der Unterschiedlichkeit gibt.

Irigaray stellt in ihrer Theorie das *universelle* Subjekt – eine Art allgemein gültigen oder Standard-Menschen – zur Debatte, zugunsten des ‚anderen Subjektes' und damit auch des Anderen eines jeden Subjektes. Es geht ihr um eine Untergrabung der unterdrückenden *Fiktion*, es bestehe ein universelles Subjekt. Wenn man von einem universellen Subjekt ausgeht, bekommt Gleichheit die Bedeutung von ‚identisch sein'. Unterschied und Gleichheit erscheinen dann als unvereinbare Gegensätze. Wenn wir das universelle Subjekt hinter uns lassen, können Unterschied und Gleichheit nebeneinander gesehen werden. Es ist wichtig zu erkennen, dass Irigarays Projekt nicht auf Dichotomisierung ausgerichtet ist: Sie möchte gerade jede dichotomisierende (Gegensätze festlegende) Zäsur, beispielsweise zwischen Männern und Frauen, zerstören. Ihre ‚Frauensprache' gibt auch Männern andere Ausdrucksmöglichkeiten. Irigaray strebt eine Sprache an, mit der intersubjektive Kommunikation möglich ist, bzw. mit der Subjekt-Subjekt-Beziehungen entstehen können. Ihre Arbeit ist immer auf eine doppelte Bewegung ausgerichtet: Sie versucht, Kritik und Konstrukt zusammenzuhalten. Die Analyse der Kultur und die Konstitution einer neuen kulturellen Ordnung hängen bei Irigaray immer eng miteinander zusammen. Dabei ist sie übrigens nicht auf eine bloße Festschreibung der Zukunft aus: „Sich im Jetzt um die Zukunft zu kümmern, bedeutet sicher nicht, diesen Fortschritt zu programmieren, sondern zu versuchen, die Zukunft entstehen zu lassen." (Irigaray, zitiert bei Halsema, 1998, S. 75)

Nach dieser ersten Reflexion über die ins Auge springenden Risiken von Essentialismus, Relativismus, Romantizismus und dichotomem Denken, die *„Kwartiermaken* für eine bestimmte Gruppe" betreffen, folgt jetzt die Fragestellung und der Aufbau dieses Buches.

1.5 Fragestellung und Aufbau

Diese Untersuchung wendet sich den Möglichkeiten sozialer Integration von Psychiatrie-Erfahrenen zu.[10] An die Rehabilitationstheorie anschließend ist der Ausgangspunkt der, dass soziale Integration zwingend die Beeinflussung der Umwelt notwendig macht. Ich meine, dass innerhalb der Rehabilitationstheorie die Aufmerksamkeit für den Widerstreit, der mit dem Streben nach sozialer Integration einhergeht, fehlt. Dadurch

---

10 Im Allgemeinen handelt es sich um Menschen mit langwierigen psychischen Problemen, die mit Ausgrenzung zu kämpfen haben. Steht bisweilen die psychische Problematik nicht mehr so im Vordergrund, spielt die Ausgrenzung, als Folge des Andersseins, doch noch eine Rolle. In dieser Studie wird darum meist von Psychiatrie-Erfahrenen gesprochen. Empirische Forscher gehen in Bezug auf die Einrichtungen der psychiatrischen Versorgung oft von Patienten aus, die langfristig (länger als zwei Jahre) in Einrichtungen für öffentliche psychosoziale Versorgung verweilen und bei denen eine psychiatrische Diagnose über Funktionsstörungen (z.B. Konzentrationsstörungen) und soziale Einschränkungen gestellt wurde. Diese Umschreibung ist für meine Untersuchung zu eingeschränkt; ein Teil der Menschen mit psychiatrischer Problematik empfängt keine Unterstützung – bekommt also auch keine Diagnose –, führt aber ein Leben am Rande der Gesellschaft. Im Übrigen spreche ich in dieser Studie regelmäßig von anderen, die mit Ausgrenzung zu kämpfen haben, wie Menschen mit einer körperlichen oder geistigen Behinderung oder einer chronischen Krankheit, Suchtkranke, Ältere und Migranten oder Gefangene.

bekommt die Umweltbeeinflussung einen zu eingeschränkten Stellenwert, und die Kehrseite der Normalisierung wird vernachlässigt. Der Wunsch nach Integration des Nicht-Normalen fordert etwas von ‚der Normalität'. Es ist mein Bestreben zu untersuchen, was gesellschaftlich notwendig ist, um soziale Integration zu ermöglichen, die nicht auf Anpassung hinausläuft, bei der das Anderssein ausgelöscht wird.

Die Frage ist, was eine derartige Integration von der normalen Gesellschaft, von ihren Institutionen und Bürgern fordert. Einsicht in diese Frage liefert ein Beitrag zur Theoriebildung bezüglich der Rehabilitation, in der „die Kehrseite der Normalisierung" eingearbeitet worden ist. Das soll auch außerhalb der Rehabilitationstheorie Relevanz haben, z.B. auf dem Gebiet von Prävention und öffentlicher psychosozialer Versorgung.

Meine Hypothese lautet also:

Das Streben nach sozialer Integration von Psychiatrie-Erfahrenen konfrontiert die empfangende Gesellschaft mit einem Widerstreit. Um eine Integration, die nicht auf eine einseitige Anpassung hinausläuft, zu unterstützen, ist es notwendig, Raum für ‚den fremden Anderen' zu schaffen, wobei akzeptiert werden muss, dass dieser Andere in gewissem Maße fremd und dadurch ‚lästig' bleibt. Diese Aktivität des ‚Raum schaffen für' wird mit dem Begriff *Kwartiermaken* angedeutet. Im Hinblick auf den Zugang für und zu den Anderen kommt beim *Kwartiermaken* ein Zwischenschritt zur Geltung: Der gewohnte Gang der Dinge muss aufgeschoben und zum Gegenstand der Reflexion gemacht werden, damit das in der Gesellschaft nicht Gängige zur Geltung kommen kann.

Meine Untersuchung bewegt sich auf drei Ebenen:

1) Sie beginnt mit der Praxisentwicklung des Projekts *Kwartiermaken*, mit dem ausdrücklichen Ziel zu ergründen, was zur Diskussion steht, wenn man ‚Raum für den fremden Anderen' schafft. Diese Praxis des *Kwartiermakens* spielt immer eine Rolle als Quelle der Inspiration und als Triebfeder, um die Fragestellung zuzuspitzen. Das ist auch die Ebene, zu der ich immer wieder zurückkehre.
2) Die Ebene der Rehabilitationstheorie, einer kritischen Psychiatrie und Psychologie.

3) Die Ebene der philosophischen Theoriebildung über ‚den Anderen'. Es geht hier um das Differenzdenken und die Hermeneutik. Weiterhin spielen ‚die Theorie der Präsenz' und die der ‚Sorgeethik' eine Rolle.

Die Rehabilitationstheorie stützt sich auf Voraussetzungen der Bürgerschaft, die sie jedoch nicht verantwortet oder begründet. Sowohl aus der Praxis des *Kwartiermakens* heraus als auch über philosophische Reflexionen unternehme ich den Versuch, die Grundlagen dieser Theorie weiterzuentwickeln. In den Kapiteln bewege ich mich dazu von der einen zu der anderen Ebene. Ich verbinde die Ebenen miteinander und mache sie füreinander produktiv. Der (Mehr-)Wert meiner Untersuchung soll u.a. in dieser Verbindung liegen.

Aufbau
Das nächste Kapitel „Dringlichkeit des *Kwartiermakens*" beginnt mit der Frage, ob es ein Recht gibt, „nicht gestört zu werden". Die Wichtigkeit des *Kwartiermakens* wird mit der verneinenden Antwort auf diese Frage unterstrichen. Danach wird Einblick in die Geschichte des *Kwartiermakens* und verwandter Forschungsschwerpunkte gegeben. Ich zeige, wie in diesen Untersuchungen mit dem Widerstreit, der mit der sozialen Integration einhergeht, umgegangen wird, und wie ich im Anschluss daran einen neuen Schritt mache.

Im Kapitel 3 „Ein gastfreundlicher Empfang" werden drei Stichworte ausgearbeitet, die in der ganzen Untersuchung wichtig bleiben: die Nicht-Erklärbarkeit des Leidens, das mit Fremdheit einhergeht; der ‚fremde Gast', der um Gastfreundschaft bittet; und der Aufschub des Gängigen, der notwendig ist, um Raum für den fremden Anderen zu schaffen. An diesem Gerüst entlang wird ein Verfahren entwickelt, um mit dem Widerstreit konkret umzugehen. Dieses Kapitel behandelt innerhalb des Projekts *Kwartiermaken* das Teilprojekt „Wege zum Wohlbefinden außerhalb der Psychiatrie".

Im Kapitel 4 „Andersdenken über Anderssein" steht die Sprache im Mittelpunkt. Es wird die Hypothese aufgestellt, dass der dominante biomedizinische Diskurs einem nuancierten und differenzierten Bild über Verrücktheit, sowohl bei der Person mit psychiatrischer Erfahrung als auch bei dem in der Versorgung Tätigen und in der Gesellschaft im Wege steht. Es wird vorgeschlagen, dass dieser Diskurs unterbrochen

1 Eine Frage des Unterschieds

werden muss, und zwar zugunsten eines Idioms, das einem Anderen Raum verschafft, das Wort zu ergreifen, und das ein Andersdenken über das Anderssein fördert. Die Praxis des *Kwartiermakens*, über die ich hier nachdenke, ist die des *Multilogs*.

Das Kapitel 5 „Normative Professionalität" behandelt den Widerstreit in verschiedenen professionellen Praktiken. Man kann den Raum, der für die Begegnung zwischen dem Profi und dem Klienten notwendig ist, nicht auf einen technischen Aspekt von Professionalität reduzieren, so lautet die Hypothese. Das führt zu einer Vernachlässigung des Menschen hinter dem Klienten, und darüber hinaus zu einer Vernachlässigung des Menschen hinter dem Profi. Um sowohl den Menschen des Klienten als auch den des Profis ‚zum Leben zu erwecken', stehen Kompetenzen einer ganz anderen Art zur Diskussion. Durch die Behandlung von Themen wie Berücksichtigung von Lebenswelt, Subjektwerdung, Burnout und gesellschaftliche Verantwortung verleihe ich dem Begriff der normativen Professionalität Konturen. Das Fallbeispiel in diesem Kapitel ist die Armut.

Im Kapitel 6 „Freundschaftsdienst" wird über ein Teilprojekt des *Kwartiermakens* reflektiert: nämlich über den *Freundschaftsdienst*. Beim Freundschaftsdienst ist der Widerstreit in die Praxis der Bürgerschaft einbezogen. Gestützt durch ‚die Präsenztheorie' wird die Wirksamkeit des Freundschaftsdienstes demonstriert. Die Art und Weise, in der die ehrenamtlichen Mitarbeiter des Freundschaftsdienstes ihren ‚Freunden' nahe sind, zeigt einen Umgang mit dem Widerstreit, der für Bürger und Profis (darunter auch die Menschen aus der psychosozialen Versorgung) als Beispiel dient.

Im Kapitel 7 „Beteiligte Bürger" wird der Begriff Bürgerschaft so definiert, dass Aspekte von Verletzlichkeit und Fürsorglichkeit aufgenommen werden. Es wird dargelegt, dass ohne ein Feingefühl für die Spannung, die ‚der Unterschied' darstellt, und ohne sich um den Widerstreit zu kümmern, die Entwicklung vom Patienten zum Bürger auf eine Bürgerschaft hinausläuft, in der kein Platz für das Anderssein des Patienten-Bürgers ist. Das kann zur Isolation führen. Die Frustration, die das mit sich bringt, legt die Möglichkeit einer Bewegung zurück zum Patientensein nahe. Die praktische Umsetzung des *Kwartiermakens*, über die ich reflektiere, ist die des Teilprojekts „Wohnen und Psychiatrie".

2 Dringlichkeit des *Kwartiermakens*

Und wenn ich der Sohn eines Arztes gewesen wäre! Dann hätte ich das Hörgerät längst gehabt. Für den Sohn eines Arztes wird so ein Zettel ohne Probleme ausgestellt, und dann zahlt die Krankenkasse. Aber für mich werden keine Zettel ausgestellt. (...)
Ich durchschaue dich. Du willst gar nicht, dass ich mich für meinen psychiatrisch gestörten Mitmenschen einsetze. Dafür scheine ich dir zu schmutzig. Das sollten die immer gut gepflegten und gesunden Mädchen tun, die keine Probleme haben. (...)
So bist du auch. Denn du spielst immer den Heiligen, der es in allem so gut meint, aber ich durchschaue dich. Du möchtest aus mir einen Arbeiter machen. Weil alles so bleiben soll, wie es ist. Es darf sich nichts verändern. (...)
Wer garantiert mir, dass ich in diesem Umschulungskurs, wo du mich hinschicken willst, angenommen werde? Das ist auch von den Behörden. Du weißt genauso gut wie ich, dass die vor Ausreden platzen.

JAN ARENDS, 1972

In diesem Kapitel steht das Verhältnis zwischen der vorliegenden Studie und ähnlicher kritischer Forschung im Mittelpunkt. Nach einem geschichtlichen Abriss über das *Kwartiermaken* zeige ich, dass die Gedanken, die meiner Studie zugrunde liegen, durch verschiedene Studien gestützt werden. Es soll deutlich werden, woran die Studie anknüpft und in welchen Punkten sie sich von anderen unterscheidet. Es wird auch dargelegt, was andere (vorläufig) offen ließen. Ich beginne aber damit, die Dringlichkeit meines Projektes anhand eines Trimbos-Vortrags von Paul Schnabel aus dem Jahre 1992 zu erläutern.

2.1 Das Recht, nicht gestört zu werden?

Um das neue Jahr einzuläuten, organisiert das *Trimbos*-Institut, das 1992 noch *Nederlands centrum Geestelijke volksgezondheid* (Dt.: Niederlän-

2 Dringlichkeit des Kwartiermakens

disches Zentrum für seelische Volksgesundheit) hieß, jedes Jahr einen so genannten *Trimbos*-Vortrag. Im Jahr 1992 übernahm der Professor für psychosoziale Versorgung Paul Schnabel diese Aufgabe. Er nannte seinen Vortrag viel sagend: „Das Recht, nicht gestört zu werden", und unterstrich die Bedeutung mit dem Untertitel „Zu einer neuen Soziologie der Psychiatrie". Schnabel rechnet hierin mit dem Gedankengut seines Lehrmeisters Trimbos ab, durch den er als Soziologe dem Zeitgeist gemäß die Antipsychiatrie kennen lernte. Schnabel erinnert an die Aufmerksamkeit, die sich in den siebziger Jahren auf das ‚Leid' richtete, das andere den Verrückt-Gewordenen antaten. Die Antipsychiatrie sehe die Patienten vor allem als ‚soziale Erfindung', stark verbunden mit der Existenz der Einrichtung. Eine andere Bezeichnung würde demzufolge zu einer anderen Identität und einem anderen Erleben führen.

Das Stigma des psychiatrischen Patienten kann nicht nur aufgehoben werden, es ist sogar eine moralische Pflicht, das zu tun, denn es ist in jeder Hinsicht für den einzelnen Menschen schädlich, in die Rolle eines psychiatrischen Patienten gedrückt zu werden: Sie werden durch andere nicht mehr als gleich oder gleichwertig betrachtet, sie werden nicht mehr ernst genommen, und in letzter Instanz verlieren sie auch noch ihre Freiheit, zu sein, wo sie sein wollen, und zu tun, was sie wollen. Der kürzeste Weg, das Phänomen ‚psychiatrischer Patient' abzuschaffen, ist die Auflösung der psychiatrischen Krankenhäuser. Dort werden keine Patienten geheilt, sondern geschaffen (Schnabel, 1992, Seite 9, 10).

So Schnabels Zusammenfassung vom ‚Kern' der Antipsychiatrie. Schnabel meint – und darin stimme ich mit ihm überein –, dass psychiatrische Störungen, gleich wie sie auch entstanden sein mögen, wenn sie denn einmal da sind, nicht einfach wegdefiniert werden können: Psychiatrische Patienten werden durch eine Ortsveränderung nicht einfach sich in Acht nehmende und angepasste Bürger. (Es ist übrigens die Frage, ob wir das wollen bzw. wollen sollen.)

Um den Weg zu „einer neuen Soziologie der Psychiatrie" einschlagen zu können, will Schnabel dessen ungeachtet etwas über die Verflechtung von psychischem Leid mit „dem Sozialen" sagen. Deswegen kehrt er die Perspektive der Theoretiker, die die Etikettierung anprangern, um. Diese richten ihre Aufmerksamkeit darauf, welche dramatischen Folgen eine Etikettierung von abweichendem Verhalten für den einzelnen Menschen hat, der sich dieses Verhaltens schuldig macht. Dahingegen geht Schnabel mit seiner neuen Soziologie von der Erschütterung aus, die abweichendes Verhalten in der Umgebung Betroffener hervorruft, in der Familie, bei den Freunden, auf der Arbeit. Die Triebfeder ist nicht mehr – wie bei der ‚Antipsychiatrie' – die moralische Entrüstung über Stigmatisierung und Ausgrenzung des Patienten, sondern Verständnis für das Entsetzen, mit dem andere ihren Partner, Freund oder Kollegen verrückt werden sehen.

Was bringt Menschen dazu, die Identität von jemandem, der ihnen lieb oder zumindest nahe ist, zu ‚verderben', indem sie ihm das Stigma ‚verrückt' oder ‚gestört' auferlegen? Schnabel sagt deutlich: Der psychiatrische Patient ist ein Spielverderber. Er ist unberechenbar, unverständlich und oft mindestens *sozial* gefährlich und aggressiv. Er stört den normalen Lauf des Alltäglichen und bringt dadurch die sozialen Netzwerke – die auf diesem normalen Lauf beruhen – in Gefahr. Schnabel benutzt in diesem Zusammenhang den Ausdruck „soziale Vernichtung" (S. 18). Wenn soziale Vernichtung auftrete, könne nicht mehr mit einem gemeinschaftlich geteilten Vertrauen gerechnet werden. Die Folge sei ein Chaos im Netzwerk.

Die Reaktion auf das Verhalten des Patienten kann in seiner Vehemenz verstanden werden, wenn man sie als Versuch versteht, das Gleichgewicht im sozialen Netzwerk herzustellen. Die soziale Welt ist eine äußerst verletzliche Welt, die ausschließlich auf gegenseitiger Kongruenz von Erwartungen basiert, die Menschen voneinander haben. Die Verletzung der gemeinschaftlichen Regeln des Beziehungsnetzwerks, das durch diese Regeln gebildet wird, hat soziale Folgen für den Spielverderber: man geht auf Distanz. Das Netzwerk schrumpft, und schließlich ist Einsamkeit das Schicksal des psychiatrischen Patienten. Oder, wie Schnabel es sagt: „Ein psychiatrischer Patient ist jemand, der deutlich macht, dass ihm die Verantwortung für das Wahren der gemeinsamen Normalität bezüglich sozialer Kontakte nicht mehr überlassen werden kann. Und ‚Vertrauen' ist gerade die Basis, auf die das soziale Leben gegründet ist." (S. 20, 21).[11] Umfragen bei Angehörigen – sagt Schnabel

11 Schnabel ist sich des Verhältnisaspekts bewusst, der der Normalität anhaftet. Normalität ist etwas, das gemeinsam gestaltet werden muss. Aus diesem Grund geht es niemals um abweichendes Verhalten an sich, sondern um das Verhalten in Beziehung zur Position aller relevanten Betroffenen. Bei allen Anwesenden ist bei regelwidrigem Verhalten eine akute Identitätsuntersuchung notwendig.

2 Dringlichkeit des Kwartiermakens

– zeigen immer wieder aufs Neue, dass von einer überstürzten Etikettierung oder von einer schnellen Ausgrenzung überhaupt keine Rede sein kann. Dazu geht man erst über, wenn die (normale) Identität der übrigen Beteiligten gerettet werden soll (zusammengefasst in der Aussage: Bin ich verrückt oder du?). Schnabel erinnert an die zunehmenden Probleme einer Gesellschaft, die Identitäten zuweist, besonders, wenn sie einen Statusverlust und eine Aberkennung von Autonomie beinhalten. Das widerstrebt unserem Gefühl für Gleichheit und Gleichwertigkeit. Deshalb sagen wir nicht, worum es geht. Aber wenn wir nicht zu einer solchen Etikettierung übergehen, meint Schnabel, werden die Normalen selbst gestört:

Sie können meine Ausführungen als Ideologiekritik an einer Theorie über psychische Problematik betrachten, die dem Ernst psychischer Störungen und der Bedeutung dieser Störungen für das soziale Leben des Patienten und seiner direkten sozialen Umgebung Unrecht tut. Ich habe versucht deutlich zu machen, dass der soziale Einfluss psychischer Störungen sehr groß ist, meiner Meinung nach viel größer als der körperlicher Krankheiten. Denn wenn es um den Körper geht, bleibt das Gemeinschaftliche zwischen dem Patienten und seinem Partner, Angehörigen, Freunden und Kollegen unberührt, während psychische Störungen unvermeidlich gerade das Gefühl von Gemeinschaftlichkeit angreifen. Psychische Störungen bedeuten eine Aushöhlung des sozialen Lebens. Mit aller Macht versuchen die Beteiligten dieses sozialen Gefüges zu verhindern, dass der fruchtbare Boden in einer Flut von unverständlichem und gefühllosem Verhalten fortgespült wird. Manchmal gibt es keine andere Wahl als diejenigen, welche jenes Verhalten zeigen, als psychisch gestört zu bezeichnen. Auf diese Weise versuchen sie, die gemeinschaftliche Basis des sozialen Lebens zu schützen und damit auch ihre eigene Identität, als Verantwortliche für den Erhalt und die Pflege der Normalität. Schutz gegen Verrücktsein heißt Sorge für das Sozialleben, aber auch Selbstschutz, und ist in diesem doppelten Sinne als die Ausübung des Rechts auf Ungestörtheit zu sehen (Schnabel, 1992, S. 25, 26).

Es ist Schnabel gelungen, ein *realistisches* Bild dessen zu skizzieren, was einmalig oder manchmal wiederholt im Leben des psychiatrischen Patienten und im Leben der Menschen in seiner direkten Umgebung geschieht. Was dem vorausging, ist meistens wichtig, aber darauf möchte ich die Aufmerksamkeit jetzt nicht lenken. Ich möchte auf das, was danach passiert, aufmerksam machen. Aber bevor Missverständnisse entstehen, sei betont, dass viele Angehörige tatsächlich nicht so einfach eine Etikettierung ihrer Nächsten vornehmen. Außerdem habe ich die Erfahrung gemacht, dass sie nach und trotz, oder vielleicht gerade dank, der Etikettierung nach Möglichkeiten suchen, soziale Bindungen zu erhalten. Wenn das nicht gelingt, ist es für sie sehr wichtig, darauf vertrauen zu können, dass andere – seien es Profis oder nicht – durchhalten werden und immer wieder versuchen, Kontakte zu knüpfen.[12] Schnabel sagt, wie es ist: Bei dem Kontakt zu Menschen mit psychiatrischer Problematik kann im sozialen Bereich viel schief gehen. Auch hier bin ich seiner Meinung. In meiner Studie ist dieser Widerstreit das zentrale Thema. Schnabel findet mit dieser Feststellung aber eine Rechtfertigung für Ausgrenzung: das Recht, nicht gestört zu werden (siehe auch: Prins, 2000).

Mit *Kwartiermaken* suchen wir aus der Erfahrung des Widerstreits heraus nach Möglichkeiten für soziale Einbindung. Dieses impliziert, dass die Normalität in der Perspektive von *Kwartiermaken* nicht ohne weiteres heilig sein kann: Gerade die Normalität wird einer genaueren Betrachtung unterzogen. Denn, was passiert nach der Etikettierung? Der psychiatrische Patient hat einen Stempel aufgedrückt bekommen und wird nicht oder wird behandelt, mit oder ohne Erfolg. Menschen mit ‚Psychiatrieerfahrung' erleben, dass auf die ‚Phase ihrer akuten Verrücktheit' eine oft nie enden wollende Phase sozialer Isolierung und gesellschaftlicher Marginalisierung folgt. Schnabel benennt dieses wohl, aber es stört ihn offenbar nicht. Er verabsolutiert die Normalität. Das wurde auch deutlich in seiner Arbeit (2000) *De multiculturele illusie – een pleidooi voor aanpassing en assimilatie*[13]. Schnabel stellt Anpassung hier als Bedingung für Integration dar. Die vorausgesetzte (westliche) Normalität dürfe nicht angegriffen werden. Er meint, je vollwertiger die Position des Ausländers in der Gesellschaft werde – aber wir können hier auch ruhig psychiatrische Patienten anführen –, desto ‚erfüllter von den

---

12   Hinzu kommen die Erfahrungen in Beziehungen, die wegen (sexuell, physisch oder psychisch) misshandelnden und missbrauchenden Eltern und anderen Familienangehörigen gestört sind. Hiermit beschäftigt sich Polstra (1997) in seiner Studie zu Teilnehmern an einem Projekt zur Koordination von psychosozialer Versorgung in Groningen. Busschbach und Wiersma (1999) berichten, dass es bei ungefähr der Hälfte der von ihnen untersuchten ‚chronischen' Teilnehmern keinen Kontakt zu den Eltern gab.

13   Dt.: *Die multikulturelle Illusion – ein Plädoyer für Anpassung und Assimilation*

Werten der niederländischen Gesellschaft' werde dieser sein und ist in diesem Zusammenhang also auch immer besser angepasst. Er betrachtet den Kampf des Instituts für multikulturelle Entwicklung *Forum* sowohl gegen Anpassung als auch gegen Segregation als zwecklos. Menschen sollten das Erleben ihrer Eigenheit nur auf ihren Privatbereich beschränken (Schnabel, 2000).

Die so genannten sozialen Vernichter bei Schnabel kommen jetzt in großer Zahl in Tagesstätten (oder auch so genannten offenen Treffs, u.a. von Kirchen) freiwillig zusammen, manchmal sogar mit sechzig oder achtzig Personen gleichzeitig. Das Bedürfnis nach sozialer Begegnung ist groß. Es gibt nur wenige Plätze, wo man so viel Nachsicht und Toleranz – sogar für den größten Unruhestifter – erlebt, auch von älteren und in bestimmter Hinsicht sehr verletzlichen Menschen; einfach, weil man aufeinander eingeht. Man weiß, was es bedeutet, nicht willkommen zu sein, und erkennt den soeben genannten Widerstreit.[14] Schnabel kommt mit seiner einseitigen, eingeschränkten und generalisierenden Definition einem Legitimationsbedürfnis für Segregation entgegen. Bei der Antipsychiatrie verneint er gerade den Widerstreit, worauf diese und verwandte Bewegungen – wie unvollkommen sie auch sind – aufmerksam machen: die Notwendigkeit eines anderen Umgangs mit Verrücktheit, nicht, um die Verrücktheit zu negieren, nicht, um sie verschwinden zu lassen, sondern um die Isolation aufzuheben. In seiner Darlegung versäumt er, die kritische Reflexion über die Gesellschaft, die die Antipsychiatrie anhand der Geschichte des psychiatrischen Patienten lieferte, zu erwähnen.

Kees Trimbos fasste die Kritik der Antipsychiatrie an der Psychiatrie so zusammen: Die Psychiatrie lasse sich als lautloses Entsorgungssystem gesellschaftlichen Unrechts gebrauchen, sie fördere die Ausgrenzungsreaktion der Gesellschaft auf Verhaltensauffälligkeit, unterstütze das Entstören oder die Anpassung an eine unzulängliche Gesellschaft und leugne den Wert des Verrücktseins in einem bestimmten Kontext. Der psychiatrische Patient erleide mehr Schaden durch die Gesellschaft, als dass er ihr Schaden zufüge (Trimbos, 1975). Mit dem „Instituut voor Preventieve en Sociale Psychiatrie"[15] ermöglichte er sogar eine Radi-

---

14 In großem Umfang kann man in Gruppen von Leidensgenossen, klientengesteuerten Projekten und Patientenplattformen in der psychosozialen Versorgung positive Fähigkeiten erkennen.
15 Dt.: *Institut für präventive und soziale Psychiatrie*

kalisierung der Kritik. Diesen kritischen Impuls der Antipsychiatrie möchte ich festhalten. Das Recht, nicht gestört zu werden, erkenne ich nicht an. Dem Entwurf des Projektes *Kwartiermaken* – oder Schaffung eines Raumes für den fremden Anderen – liegt gerade die Akzeptanz des Widerstreits zugrunde. Auch Schnabel erkennt diesen Widerstreit an, verwendet ihn aber als Argument für einseitige Anpassung.

2.2 Geschichte des *Kwartiermakens*

Das Projekt *Kwartiermaken* fiel nicht vom Himmel. Zunächst lief in den Jahren 1992 bis 1995 schon ein Projekt *Kwartiermaken* in Amsterdam mit dem Namen *Integratie van ex-psychiatrische patiënten (IEP)*.[16] Anlass für *IEP* war eine überfüllte Tagesstätte, die als Heimathafen für Menschen galt, die sich anderswo nicht willkommen fühlten. Die Tagesstätte bot den Besuchern, Teilnehmer genannt, außer einem Wohnzimmer mit billigem Kaffee, Tee und Erfrischungsgetränken auch materielle Angebote wie Dusche, Waschmaschine, kleine Mahlzeiten und einmal pro Woche warmes Essen, Hilfe bei der Einteilung des Haushaltsgeldes und andere soziale Hilfe, sowie edukative, kreative und rekreative Aktivitäten und außerdem viel ehrenamtliche Arbeit. In der Tagesstätte stand das Rehabilitationsziel im Mittelpunkt: dank einer respektvollen Begegnung und eines auf ihre Wünsche zugeschnittenen Angebotes bei den Menschen wieder Lebensfreude zu erwecken und ihnen Vertrauen in ihr eigenes Können zu geben. Die Tagesstätte sah sich auch als einen Stützpunkt, um sich auf den Weg in die Stadt machen zu können, und als einen Ort, um dorthin zurückzukehren, falls dies nötig oder erwünscht war. Die Besucher machten sich aber nicht auf den Weg in die Stadt. Sie fanden es schwierig und wollten es auf keinen Fall allein. Sowohl die Präventionsabteilung der Amsterdamer Gesundheitsbehörde *Riagg* als auch die Tagesstätte sahen es als ihre Aufgabe, in der Stadt zugunsten einer Integration von Menschen mit psychischen Problemen eine tolerante Infrastruktur zu fördern. Deswegen wurde *IEP* ins Leben gerufen (siehe auch Kal, Haitsma u.a., 1995). Zwischen der Psychiatrie und der Gesellschaft sollte eine Brücke geschlagen werden.

---

16 Dt.: *Integration (ex-)psychiatrischer Patienten*

2 Dringlichkeit des Kwartiermakens

Das Projekt *Kwartiermaken* in Zoetermeer kann als eine Fortsetzung des *IEP* gesehen werden. Daneben kann es als regionale Implementierung des eher von mir in der Funktion einer Präventionsmitarbeiterin durchgeführten Projektes „Gesellschaftliche Kontexte der seelischen (Un-)Gesundheit" aufgefasst werden. Ansatz dieses Projektes war es, nachlassende Aufmerksamkeit für ‚krankheitserregende' gesellschaftliche Kontexte wieder auf die Tagesordnung der psychosozialen Institutionen als auch auf die gesellschaftlicher Organisationen und Entscheidungsträger zu setzen. Plädiert wurde für eine psychosoziale Versorgung, welche die gesellschaftlichen Entwicklungen nicht als Nebenerscheinungen im Leben des Klienten sieht, sondern als essentielle Quelle seines oder ihres Wohl- oder Unwohlseins. Erst wenn der gesellschaftliche Kontext einen Platz in den psychosozialen Institutionen bekommt, wird der psychiatrische Patient auch als Bürger ernst genommen. Die psychosoziale Versorgung lässt durch ihren biomedizinischen Blick den Einfluss der Kultur und der wirtschaftlichen Struktur außen vor. So macht sie sich mitschuldig an der Individualisierung der Probleme, die mindestens teilweise eine gesellschaftliche Herkunft haben und deswegen auch auf gesellschaftlichem Niveau bewältigt werden müssen. Dieses „Projekt des gesellschaftlichen Kontextes" führte zu der Veröffentlichung des Bandes *Het uitzicht van Sisyphus*[17] (Baars und Kal, 1995) mit Beiträgen aus verschiedenen Fachgebieten, sowie zu einer landesweiten Konferenz und zu zahlreichen Folgevorträgen und -veröffentlichungen. Der Bedarf an einer Art von Implementierung des Sisyphusprojektes in die Präventionspraxis führte im Jahre 1996 zum Projektentwurf „Soziale Integration".

Mit diesem Entwurf beabsichtigte ich, *konkrete* Aktivitäten in Angriff zu nehmen, um innerhalb der Gesellschaft mehr Platz für Psychiatrie-Erfahrene zu schaffen: fürsorgliches Vorgehen der Wohnungsbaugesellschaften, Verfügbarkeit und Zugänglichkeit der sozial-kulturellen Arbeit, Zugänglichkeit und Anerkennung der ehrenamtlichen Arbeit, Interesse der Gemeindeorgane wie Sozialer Dienst und Arbeitsamt. Zusammenfassend soll *Kwartiermaken* an einer unterstützenden Infrastruktur arbeiten, in der soziale Partizipation gefördert, Verbundenheit bei der Zielgruppe vergrößert und Ausgrenzungsmechanismen kritisiert werden. *Kwartiermaken* soll versuchen, zu Praktiken anzuregen,

---

17 Dt.: *Die Aussicht des Sisyphus.*

in denen die Beziehungen zwischen Menschen aus der Psychiatrie und anderen im Mittelpunkt stehen. *Kwartiermaken* müsste ein Gegengewicht gegen eine Kultur der Versachlichung, der Monetarisierung (Ökonomisierung) und Objektivierung bilden, weil Psychiatrie-Erfahrene sich in einem derartigen Klima nicht wirklich entfalten können.

In dieser Studie wird näher untersucht, was bei diesem Versuch, in der Gesellschaft Respekt und Aufmerksamkeit für die Zielgruppe auszulösen, auf verschiedenen Ebenen zur Diskussion steht. Der Schritt vom Sisyphusprojekt zu *Kwartiermaken* ist, der Präventionstheorie folgend, ein Schritt aus der primären in die tertiäre Prävention. Primäre Prävention versucht zu verhindern, dass Menschen in ernsthafte psychische Probleme geraten. Sekundäre Prävention versucht, dass diese nicht schlimmer werden. Für die tertiäre Prävention ist die Lebensqualität von Menschen mit ‚chronisch psychiatrischer Problematik' das wichtigste Anliegen. Ich bin der Überzeugung, dass tertiäre und primäre Prävention Berührungspunkte haben oder kreisförmig miteinander verbunden sind. In dem Maße, wie die Gesellschaft zu chronisch psychiatrischen Patienten gut ist, wird sie dieses auch zu Menschen sein, die aus irgendeinem Grund für psychiatrische Problematik empfänglich sind.

Der Rest des Kapitels ordnet, wie gesagt, meine Forschung innerhalb verwandter Forschungen ein, die mit der Anerkennung von Widerstreit Aspekte des *Kwartiermakens* schon diskutiert haben.

2.3 Konversationsräume schaffen

Im Jahre 1991 promovierte der Psychologe Harrie van Haaster mit einem Forschungsprojekt zu Methoden der Kompetenzerweiterung in den psychosozialen Versorgungseinrichtungen. Er nannte sein Buch *Wartaal*[18]. Im Mittelpunkt steht die These, dass die Koordination zwischen Klienten, Hilfeleistenden und Forschern angepasst werden müsse und dass eine Kompetenzerweiterung bei jeder der beteiligten Gruppen notwendig sei. Dazu soll ein geeigneter „Konversationsraum" geschaffen werden. In diesem Konversationsraum kann auch eine andere Sprache entstehen, Van Haaster nennt sie „Betroffenensprache". Damit wehrt er

---

18 Dt.: *Verwirrte Sprache*

2 Dringlichkeit des Kwartiermakens

sich gegen die Monopolstellung der Helfer- oder Expertensprache. Die Betroffenensprache ihrerseits hilft, Konversationsraum zu schaffen. In seinem Projekt hat Van Haaster sich auf die Suche nach Betroffenensprachen und nach Methoden begeben, welche die Ausbildung einer solchen Sprache fördern können. Van Haasters Ziel ist es, die in vielerlei Hinsicht sozial konstruierte Dualität zwischen ‚Vernünftigen' und ‚Verrückten' zu zerstören. Die (Betroffenen-)Sprache soll eine andere Wechselwirkung ermöglichen; der Vernünftige soll eine weniger dominante Position zugewiesen bekommen. Verrückte werden zu oft als passive Nutzer der psychosozialen Einrichtungen betrachtet. Die Verschiedenheit, die sie mitbringen, wird – an erster Stelle von der psychosozialen Versorgung selbst – zu wenig effektiv genutzt, so dass Möglichkeiten zur Vitalisierung übersehen und nicht genutzt werden.

Mit *Wartaal* entwickelte Van Haaster eine Kritik an dem Wissen, das die positivistische Forschung in der Psychiatrie erbringt; er hat einen Beitrag zum Aufbau neuen psychiatrischen Wissens leisten wollen. Letzteres gelingt ihm, indem er Methoden beschreibt, wie Klienten einbezogen werden, um Kontrolle über psychiatrische und nicht-psychiatrische Abläufe in einer Tagestätte zu erwerben – ohne dafür ihre ‚Verrücktheit' aufgeben zu müssen (S. 40).

Van Haasters Forschung fand in der bereits erwähnten Tagestätte in der Vondelstraat in Amsterdam statt. Er experimentierte dort mit der Schaffung neuer Konversationsräume: zusammen mit den größten Unruhestiftern erarbeitete er eine Methode für die Erstellung einer Hausordnung (diese wurde ein Regelkatalog der Tagestätte), Besucher verfassten eine Informationsbroschüre für Neue, und die Kompetenzförderung bedeutete nicht länger Wissensvermittlung für Klienten; Klienten schulten die Hilfeleistenden im Umgang mit Menschen mit psychiatrischer Problematik. Van Haaster will mit seiner Forschung die bestehenden Gedanken über die Grenze zwischen Normalität und Abweichung untergraben. Übrigens bedeutet seine positive Anerkennung der Abweichung, nämlich als Quelle von Variation, nicht die Negierung des Leidens der Individuen. Er betont jedoch, dass es neben dem Leiden an der Abweichung auch noch ein Leiden an der Normalität gibt. Laut Van Haaster gelangen viele Forscher zur unberechtigten Schlussfolgerung, dass verwirrte Sprache und Verwirrung umso weniger entstehen, je *strukturierter* die Umstände werden und je mehr – meistens von der Leitung (in diesem Falle der Tagesstätte) aufgestellte – Regeln es gibt. Mit dieser Einschränkung von Freiheit droht eine neue Gefahr. Die Möglichkeiten der Interaktion werden nämlich entsprechend eingeengt, mit der Folge, dass Möglichkeiten der gemeinsamen Kontrolle über die Lage zunichte gemacht werden. Die positiv beabsichtigte Strukturierung macht die Sprache, die in diesen Situationen gesprochen werden kann, ‚ärmer'. Die Teilnehmer werden von Strukturen abhängig, die *andere* ihnen auferlegen, ohne dass sie darauf selbst einen Einfluss haben. Die Sprachen, die Van Haaster anstrebt, werden dagegen vom Respekt für das Vage, das Unerwartete und Doppeldeutige gekennzeichnet – aber auch von einer dauernden Wechselwirkung zwischen Klienten und (in diesem Fall) Fachkräften, damit immer wieder eine neu zu schaffende Ordnung hergestellt werden kann.

In der Psychiatrie wird oft eine vorsichtige und reservierte Haltung in den Beziehungen mit Schizophrenen propagiert: Vorbild eines solchen Plädoyers ist die Theorie der *expressed emotions*[19]. Diese Theorie rührt nach Van Haaster jedoch von Forschungsergebnissen her, die sich eigentlich auf die Folgen der *negativen, ablehnenden* oder *zu sehr beschützenden* Reaktionen auf schizophrenes Verhalten beziehen: Dem Patienten wird dann kein eigener Raum gelassen. Van Haaster interpretiert die Forschungsergebnisse anders. Er sieht sie als Unterstützung für das Knüpfen ehrlicher, persönlicher Kontakte, für emotionales Engagement und Offenheit ohne zu viel Schutz. Er kritisiert Forschung, die ‚allgemeine Eigenschaften' des psychotischen Diskurses festlegt, während es sich seines Erachtens eigentlich um situative Eigenschaften mit einem Mangel an Interaktionsmöglichkeiten für psychotische Patienten handelt. Die Gesellschaft selbst bilde ein Problem, wenn sie alle Äußerungen des für schizophren Gehaltenen als Phänomen der Schizophrenie interpretiere. Ausgehend von Watzlawick (2003) verschiebt Van Haaster den Akzent vom Patienten auf pathogene Systeme. Die Gesellschaft ist in gewissem Maße ein solches pathogenes System. Watzlawick nennt ein System pathologisch, wenn es nicht in der Lage ist, Regeln für die Änderung seiner eigenen Regeln aufzustellen. So können inadäquate oder destruktive Arten der Interaktion endlos bestehen bleiben.[20] Van

---

19 Die Theorie der *expressed emotions* beschreibt den Einfluss der andauernden Kritik und dem übertriebenen Engagement der Angehörigen.

2 Dringlichkeit des Kwartiermakens

Haaster bewerkstelligt so – nach dem Vorbild von anderen – eine Verschiebung der Defizite der Patienten hin zu den *Defiziten der Struktur* der Interaktion zwischen Klienten und Umgebung. Dieses nennt er die Entscheidung für „eine andere Strukturierung".

Die alte Wissenschaftsausübung mit ihren Hierarchien – oder in Hierarchie gestellten Dichotomien – des Normalen und des Abweichenden, von Theorie und Praxis und von der angewandten und Grundlagenforschung, führt zu Reduktion, Isolierung und Verschwendung von Unterschiedlichkeit. Dahingegen beabsichtigt Van Haaster mit seiner Forschung die Konstruktion einer spezifischen Kultur. Ihm geht es um die Konstruktion von Umgebungen, in denen Klienten herausgefordert werden, die eigenen Kompetenzen zur Problemlösung anzuwenden. Die Umgebung liefert hier Hilfsmittel zur Entwicklung der Kompetenzen, damit die Klienten dank einer gestärkten lokalen Interaktion kompetenter werden können.[21] Wissenschaftler und Hilfeleistende sollen nach Van Haaster Architekten der kulturellen Erneuerung und der Verbesserung von Angeboten und Umgebungen werden, in denen Menschen, denen es an bestimmten Hilfsmitteln fehlt, dennoch überleben können. Aufmerksamkeit für Interaktion heißt, dass verwirrte Sprache, mehr als bisher, als Form der Kommunikation betrachtet wird. Verwirrte Sprache ist Teil der Wechselwirkung mit der Umgebung. Deswegen sollte dem Klienten in seinen Versuchen geholfen werden, besser mit der Umgebung zu kommunizieren. Ihm solle die Gelegenheit geboten werden, die eigene Geschichte in seiner eigenen (verworrenen) Sprache zu erzählen. Van Haaster strebt Strukturen an, in denen die individuelle Variation möglichst groß sein kann, während auf der kollektiven Ebene Sicherheit und Halt fortbestehen. So kommt ein Kontext zustande, der den Konversationswert verworrener Sprache verstärkt. Kontakte knüpfen, Begegnung, Anschluss, Interaktion, Austausch und Kommunikation sind nach Van Haaster für den Patienten viel bestimmender als die

---

20 In der Weiterführung dieser Vision kann – wie in der Antipsychiatrie – eine psychotische Krise (auch) als die Lösung eines Problems gesehen werden: der Psychotische schafft den zusätzlichen und notwendigen Konversationsraum.
21 Van Haasters Sichtweise zu Forschung beschreibt eine zunehmende Austauschbarkeit der Rollen von Forschern, Klienten und denjenigen, die in der psychosozialen Versorgung tätig sind, wobei die Reglementierung untereinander minimal und die gegenseitige Unterstützung so groß wie möglich ist; alles zugunsten einer gemeinsamen Kompetenzsteigerung.

Frage, welche Probleme er hat oder wer er eigentlich ist. Sicherheit und Geborgenheit werden viel eher von sozialen Netzen und Kommunikationskanälen geboten, als Steg, um vom Ufer auf das Schiff und wieder zurück zu gelangen. Im Hinblick darauf ist es sinnvoll, die Schwellen zur Gesellschaft niedriger zu machen und die Koordination zwischen den Hilfeleistenden untereinander darauf zu konzentrieren. Eine ‚offenere Gesellschaft' wird die Folge sein. Dabei müssen auch Hilfsquellen, die nicht der Kontrolle der Profis unterstehen, sichtbar gemacht werden. Auf diese Weise würde der Patient sich unterstützt wissen, wenn er versucht, Anschluss zu finden.

Damit beschreibt Van Haaster bereits einige Elemente für das Programm *Kwartiermaken*. Optionen für eine ‚offene Gesellschaft' und Aussagen hinsichtlich des Verlangens der Klienten nach Kontakt und Anschluss sind eine wichtige Triebfeder für meine Untersuchungen. Van Haaster sieht den unterbrochenen Dialog zwischen Narren und Weisen prinzipiell als Beziehungsproblem. Er bezeichnet dies übrigens vor allem als Problem, das durch eine bessere Koordination zu lösen ist. Er scheint dabei weniger den Blick auf den damit einhergehenden ‚Widerstreit' zu richten. Dasjenige, was den Dialog zwischen Narren und Weisen wachrüttelt, bedarf meines Erachtens mehr als einer ‚besseren Koordination'. Der von Van Haaster beabsichtigte (gemeinsame) Konversationsraum bedarf eines weittragenden Einsatzes.

2.4 Wahnsinn als Verhältnis zur Kultur – Erzählen und Übersetzen

Ein paar Jahre später erschien die Dissertation *Zwervers, knutselaars en strategen*[22] der medizinischen Anthropologin Els van Dongen (1994). Während Van Haaster eine optimistische Vision der kommunikativen Richtung, in die sich die Psychiatrie entwickelt, vorschwebt, erinnert Van Dongen daran, dass das medizinische Modell innerhalb der westlichen Psychiatrie immer mehr Wurzeln geschlagen hat. Die Entwicklung von Psychopharmaka und die damit verbundene wissenschaftliche Forschung und die Verfeinerung der diagnostischen Techniken spielen dabei

---

22 Dt.: *Landstreicher, Bastler und Strategen*

2 Dringlichkeit des Kwartiermakens

eine wichtige Rolle. Die Psychiatrie ist in starkem Maße eine ‚Hightech-Wissenschaft' geworden. Das wachsende biomedizinische Wissen über psychotisches Leiden, die zunehmende Spezialisierung, die Entwicklungen in medikamentösen Behandlungen und die verfeinerten therapeutischen Gesprächstechniken bieten jedoch keine vollständige Lösung in Bezug auf den Umgang mit psychotischen Menschen. Innerhalb des medizinischen Modells werden das Erleben und die Bedeutungsgebung psychotischer Menschen ignoriert oder unterbewertet. Van Dongen meint, dass die Geschichten psychotischer Menschen in der psychiatrischen Versorgung vor allem als Geschichten „aus einer anderen Welt" aufgefasst würden. Demgegenüber betont sie, dass psychotische Menschen keinen „anderen kulturellen Raum" haben, um ihre Situation im Kontakt mit anderen zur Sprache zu bringen. Sie entwickeln keine andere Kultur. Menschen mit Psychosen brechen den Kontakt mit der kulturellen Wirklichkeit nicht ab; auch sie beziehen sich auf Werte, Normen, Auffassungen, Überzeugungen und Ideen aus der Gesellschaft, aber sie tun es auf besondere Weise. Dadurch richten sie die Aufmerksamkeit auf die Art und die Einschränkungen der dominanten Kultur.

Van Dongen betrieb ihre Forschung in der ‚psychiatrischen Krankenpflege'. Ihre zentrale These lautet, dass, wenn die Geschichten der subjektiven Bedeutungsgebung von psychotischen Menschen unzureichend zur Sprache kommen, dieses nicht nur dem Heilungsprozess im Wege stehe, sondern uns auch die Möglichkeit nehme, uns auf die Schattenseiten unserer Kultur zu besinnen. Die Folge ist, dass wir auch nicht sehen, so argumentiert sie, dass diese Schattenseiten für empfindliche Menschen zerstörerisch wirken. Menschen mit psychiatrischer Problematik leben in widersprüchlichen und fast unversöhnlichen Welten, in welchen sie versuchen, ihre Geschichte glaubwürdig zu machen. Die Periode, die einer Klinikaufnahme vorausgehe, ist für viele von „Prozessen der Marginalisierung und sozialem Tod" gekennzeichnet, schreibt Van Dongen. In ihrer Untersuchung wird das – was Foucault „ausgeschlossenes Sprechen" nennt – erhellt. Die Psychiatrie erkennt schon, dass die Realität kulturell aufgebaut ist, aber diese Einsicht hat keine Konsequenz für die Behandlung. Außerdem erkennt sie ihr eigenes Fachgebiet nicht als Teil der Kultur. Da die Erlebniswerte auf Störungen in der Wahrnehmung, im Denken, in der Kognition und dem Sprechen zurückgeführt werden, wird die Subjektivität der Menschen verletzt. Van Dongen sieht die Psychiatrie somit auch als eine kulturkonservierende und -konsolidierende Institution. Sie bringe nichts Neues zustande, sondern wiederhole die Rede der Nicht-Normalität. Trotz ihrer scheinbaren Neutralität sei die Psychiatrie ein moralisches Subsystem der dominanten Kultur. Die medizinische Herangehensweise an den Wahnsinn verkleinere den intersubjektiven Raum und mache unsichtbar, wie das Erleben und Erfahren von Menschen mit Psychosen in der gegebenen Kultur Form annehme. Dadurch würden Menschen mit Psychosen auf sich selbst zurückgeworfen (Van Dongen, 1994).

Van Dongen stellt den medizinischen Anthropologen nach Annemiek Richters als Erzähler ‚kleiner Geschichten' dar. Nach Richters wendet sich der medizinische Anthropologe den Klagen, Syndromen oder Symptomen eines Menschen zu, und Dritte werden darüber informiert. In dieser Rolle nütze der Anthropologe ‚kleine Geschichten' als eine implizite Kritik an all den ‚großen Geschichten', die eine Vernachlässigung und Unterdrückung des Unterschieds, der Heterogenität und des Pluralismus zulassen. Richters betont ebenso, dass der medizinische Anthropologe dadurch mit seiner Arbeit noch nicht fertig ist. Durch die Aufmerksamkeit für eine (mikro-)kontextuelle Bedeutungsgebung entstehe das Risiko, dass sich eine Verwahrlosung des (makro-)politisch-ökonomischen Kontextes von Gesundheit, Krankheit und Pflege einschleiche; es werde schon viel erzählt, aber wenig übersetzt, im Sinne von interpretiert. Das Unwohlsein habe nicht ohne weiteres ermittelbare Gründe. Geschichten erfordern eine Übersetzung. Der Zusammenhang mit makro-ökonomischen und soziokulturellen Aspekten, die in den Geschichten stecken, müsse identifiziert werden. Darin und in deren Artikulation stecke die politisch-ethische Dimension der medizinisch-anthropologischen Arbeit (Richters, 1991).

Die Beiträge der medizinischen Anthropologinnen Richters und Van Dongen geben nicht nur Einblick in die Beschränkungen des biomedizinischen Modells. Sie ermutigen auch zum Erzählen anderer Geschichten über die Psychiatrie. Diese anderen Geschichten stammen in erster Linie von Menschen mit Psychosen. Um diesen Geschichten gerecht zu werden, müssen wir jedoch nach Umsetzungen in einem gesellschaftlichen Handeln suchen, in welchem man sich für den Unterschied und die Pluralität einsetzt. In ihrer Kulturkritik wird der Widerstreit in großem Maße berücksichtigt.

2.5 Die Aktualität *Dennendals* und die sechziger Jahre

Dennendal war eine fortschrittliche Klinik für geistig Behinderte in Den Dolder, die 1974 gewaltsam von der Polizei geräumt wurde. Die Auffassung in Dennendal über Selbstentfaltung kombinierte zwei widersprüchliche Ideen: das Streben nach Gleichheit und die Anerkennung des Abweichenden, mit anderen Worten ‚des Anderen'. Gerade diese Doppelseitigkeit gab dem Streben nach Selbstentfaltung enorme Dynamik.

In ihrer Dissertation identifiziert Evelien Tonkens die Bewegung von *Nieuw-Dennendal*, wie die Mitarbeiter Dennendal umtauften, als ein Streben nach Selbstentfaltung. Sie untersucht, wie dieses Streben aufgefasst werden muss, wie es sich entwickelt hat und was damit in den vergangenen Jahrzehnten weiter geschehen ist. Tonkens unterscheidet vier Dimensionen des Strebens nach Selbstentfaltung in *Nieuw-Dennendal*:

1) Die gesellschaftlichen Strukturen wurden als Hindernis für die Selbstentfaltung angesehen. Der Betreuer hielt sich darum mit Äußerungen über den Charakter des zu begleitenden Individuums zurück und richtete seine Aufmerksamkeit vor allem auf die Gesellschaft.
2) Das moralische Übergewicht der Fachleute im Hinblick auf abstraktes Wissen und Moral wurde angezweifelt. Die Gesellschaftsordnung war ein Problem geworden und damit die Fachleute, die ihre Position dieser Ordnung zu verdanken hatten.
3) Ordnung wurde als Behinderung der Selbstentfaltung angesehen; das Durchbrechen der Ordnung galt als Bedingung für die Selbstentfaltung.
4) Solange geistig Behinderte die Selbstentfaltung nicht selbst einforderten, durften das nur Wortführer tun, die sich mit deren Position identifizierten. Tonkens stellt diese identifizierende Wortergreifung der paternalistischen Wortergreifung der fünfziger Jahre gegenüber, als der Profi für den zu Betreuenden das Wort ergriff – und wusste, was das Beste für ihn war.

Nieuw-Dennendal zielte auf Vielfältigkeit ab. Genau wie Monokulturen in der Natur wurde die Monokultur der Einrichtung abgelehnt. An der Grenze zwischen Ökosystemen findet man die schönsten Vegetationen, da blühen die Blumen, da gibt es die Sonne der Weide und den Schatten des Waldes. Sieht man einen Soldaten in einem Café, ist da nichts dabei. Sind dort dreißig, ist es ein Café für Soldaten. So ist auch ein geistig Behinderter ein normaler Mensch, aber dreißig gelten als ein Haufen Verrückter. Wenn man also geistig Behinderten die Chance geben will, einfach nur Menschen zu sein, darf man sie nicht isolieren, sondern muss sie unter die nicht geistig behinderte Bevölkerung mischen. Genauso lautet die Philosophie von *Nieuw-Dennendal*, und somit entstand die Idee von Gemeinschaften für geistig Behinderte und sanftmütige nicht geistig Behinderte. Vielfältigkeit statt Monokultur an einem Ort, an dem sich die Welten von behinderten und anderen Menschen begegnen. Die angestrebte Vielfältigkeit würde den Dennendalern zufolge auch den nicht geistig Behinderten und vielleicht auch der ganzen Gesellschaft gut tun:

Geistig Behinderte sind in vielerlei Hinsicht Außenseiter der Gesellschaft, Varianten des menschlichen Seins, die anders an uns appellieren als ein nicht behinderter durchschnittlicher Mensch. Das ist gut für uns und es würde vielleicht auch gut für die Gesellschaft sein. (...) Bei geistig Behinderten erblickst du Dinge, die dich berühren, von welchen du dir bewusst wirst, dass du sie verloren hast und aufgegeben hast, um den Kopf über Wasser zu halten (Tonkens, 1999, S. 105).

In den sechziger Jahren wurde laut Tonkens der Grundstein für eine vielseitige Erneuerung gelegt. Darauf wird immer noch aufgebaut. Die fehlende Integration wird nicht so sehr den geistig Behinderten zugeschrieben als den gesellschaftlichen Strukturen und Institutionen. Der aus ihrer Sicht im Nachhinein etwas scharfe Gegensatz zwischen der verwerflichen Gesellschaft und den vorbildlichen geistig Behinderten lieferte den Ansatz dafür, die Marginalisierung der geistig Behinderten zu kritisieren. Heutzutage ist es völlig selbstverständlich und legitim, von „einem vollwertigen Ort für Menschen mit geistiger Behinderung in der Gesellschaft" zu sprechen. Gesellschaftliche Institutionen müssen sie und ihre Familien darin unterstützen (Tonkens, 1999). Es gibt keinen anderen Bereich, in dem die sechziger Jahre so viel auf die Beine gestellt haben wie gerade in der Versorgung geistig Behinderter, meint Tonkens.

Die völlige Selbstverständlichkeit des Gedankens an einen vollwertigen Ort für Menschen mit einer geistigen Behinderung, die Tonkens suggeriert, wird heutzutage nicht an irgendein Programm gekoppelt, um die Gesellschaft mit ihren normalen Durchschnittsmenschen auf diese anderen abzustimmen, während dies jetzt vielleicht viel nötiger ist als vor 25 Jahren. Die Rehabilitation dieser 1960er Jahre – sie waren nicht unbedeutend, nicht pervers, und der Preis war auch nicht zu hoch – entwickelt Tonkens nicht weit genug. Die ‚Sanftmütigen', mit welchen die Rehabilitation der ‚geistig Behinderten' so stark verbunden war, bekommen in der Gesellschaft von heute keinen Inhalt; eine Gesellschaft, die Platz für die ‚Anderen' hat und ihnen Platz einräumt, bekommt zu wenig Profil.

2.6 Von Figuren der Wahrheit zu Figuren des Mangels

In der Dissertation von Inge Mans *Zin der zotheid*[23] (1998) wird dem Widerstreit mehr Aufmerksamkeit geschenkt. Mans hat in ihrer Forschung zu fünf Jahrhunderten der Versorgung für geistig Behinderte herausgestellt, dass der „integrierende Ort für geistig Behinderte in der Gesellschaft" – wie er momentan angestrebt wird – einen großen Unterschied zu früher aufweise. In der mittelalterlichen Kultur und in der Renaissance wurden Menschen, die von Geburt an geistig behindert waren, nicht ausschließlich als ‚Sorgenkinder' angesehen. Dieses kam daher, dass der Begriff Narrheit in dieser Zeit nicht so sehr auf einen individuellen Mangel hindeutete, wohl aber auf eine menschliche Schwäche, die *jedem Menschen* angeboren war, und nicht nur geistig Behinderten. Einerseits war die Trennlinie zwischen Menschen, die von Geburt an behindert waren, und anderen dadurch nicht so scharf; andererseits waren Narren, die von Geburt an behindert waren, durch die unverhohlene und naive Weise, mit der sie ihre Verrücktheit zur Schau trugen, deutlich anders als andere. Sie bildeten die Verkörperung menschlicher Unwissenheit, und damit zeigten sie den sich für klug haltenden Menschen ‚eine Wahrheit'. Wie fremd, übernatürlich oder unmenschlich Narren auch schienen und wie sehr ihre Wahrheit auch aus einer anderen Welt zu stammen schien, die andere Welt war doch unlösbar mit ‚dieser' Welt verbunden.

Das änderte sich, als Narren und Narrheit im Laufe des 17. Jahrhunderts durch das Aufkommen einer neuen, bürgerlichen und u.a. in

---

23   Dt.: *Der Sinn der Narrheit*

den Niederlanden kalvinistischen Moral in Misskredit gerieten. Statt den Menschen als *Inbegriff* eines unvollkommenen Ganzen zu sehen, wurden Narren und Verrückte das *Gegenstück* dessen, was der Mensch sein sollte: Falls er nicht vollkommen war, dann sollte er doch nach Vollkommenheit streben. In den bürgerlichen Spielen der Renaissance wurden Narren als die Schiffbrüchigen einer Gesellschaft dargestellt, in der ein Mensch nun einmal seinen Verstand gebrauchen müsse, wenn man nicht an der eigenen Narrheit untergehen wolle. Und so veränderte sich der geborene Narr im Laufe der Geschichte von einer Personifizierung der Wahrheit zu einer Personifizierung des Mangels. Die letztendliche Folge dieser Entwicklung ist – wir überspringen ein paar Jahrhunderte – ein ganzes Bauwerk wissenschaftlicher Diagnosen und Definitionen, pädagogischer und professioneller Begleitung in speziellen Wohn-, Gemeinde- und Bildungseinrichtungen. Mans setzt hier Fragezeichen. Die geistig Behinderten würden zu einer abgesonderten Gruppe gemacht, die außerhalb des normalen gesellschaftlichen Lebens stehe: je ausgeprägter und sachkundiger die Hilfeleistung, desto größer die Segregation. Eine paradoxe Entwicklung sei im Gange: Geistig Behinderte bekämen einerseits die Chance, sich mehr zu ‚normalen Menschen' zu entwickeln (und zu integrieren), aber andererseits würden stets mehr Menschen als nicht normal betrachtet, und ihnen drohe die Ausgrenzung. Wenn die Norm von ‚normal' und ‚nicht normal' nicht verändert werde, sei in der schneller werdenden Gesellschaft nicht wirklich Platz für ‚geistig Zurückgebliebene'.

‚Verrückt' zu sein ist ungefähr das größte Schreckgespenst, das uns in der Informationsgesellschaft begegnen kann. Darum steht eine Integrationsbewegung, die sich nicht mit dem Ausbau des gesellschaftlichen Engagements für das Leben von geistig Behinderten beschäftigt, laut Mans zu Recht in der Kritik. Mans betont auf der anderen Seite, dass das Leben in einer Einrichtung nicht so ideal ist, wie manche Gegner der Integration meinen: Es kommt regelmäßig vor, dass geistig Behinderte vernachlässigt werden. Ein Viertel – 8.000 der 32.000 in den Niederlanden in Einrichtungen verbleibenden geistig Behinderten – wird noch immer regelmäßig abgesondert, eingesperrt oder fixiert.[24] Gruppenleiter

---

[24] Die Zahlen sind von 1997 und heute etwas geringer. Die Tendenz, dass Helfende immer weniger Zeit für „echte Sorge und Zuwendung" haben, setzt sich jedoch immer stärker durch.

sind den Großteil ihrer Zeit mit dem Haushalt, mit Gutachten, Versammlungen und dergleichen beschäftigt. Mans unterstützt somit auch das Streben nach Integration, unterstreicht aber, dass nur Veränderung des Lebens der ‚Anderen' zu einem besseren Leben der Behinderten führen kann.

Ferner stellt Mans die Frage, *warum* Menschen ihr Leben zugunsten von geistig Behinderten verändern wollen. Die Motivation für Integration rühre immer aus der Bedeutung, die sie für die geistig Behinderten habe. Gründe wie z.b. Verbundenheit – etwas, was Eltern und Helfende oft nennen –, anders gesagt, die Bedeutung von geistig Behinderten für die Anderen, würden nie genannt. Ein jeder, der Behinderte aus der Nähe miterlebt, kennt jedoch die Erfahrung, die *Nieuw-Dennendaler* wie folgt formulierten: „Wenn Beziehungen entstehen, fällt das geistig Schwache in den Schützlingen von ihnen ab, und man kann eindeutig von zwei Menschen sprechen, die sich gegenseitig im Kern ihres Menschseins berühren" (S. 308). In ihrer Abhängigkeit legen geistig Behinderte eine große soziale Fähigkeit an den Tag, und genau in ihrem intellektuellen Unvermögen entwickeln sie die Fähigkeit, ‚mit ihrem Herzen zu sehen' und die oft so verschlossenen Herzen anderer zu öffnen.[25] Das ist alles von großer Bedeutung; in den Worten Mans':

> Liegt der Sinn der geistigen Behinderung vielleicht darin, dass sie so deutlich zeigt, dass das Leben erst und gerade dann Sinn bekommt, wenn es ein Zusammenleben ist? In dem Moment, in dem ich mit geistig Behinderten zusammen bin, wird die Frage nach dem Sinn der geistigen Behinderung eine unsinnige Frage. (…) [Gerade dann bin ich,] ohne es zu wissen, überzeugt vom Sinn der geistigen Behinderung. Der Sinn ist, dass nicht nach dem Sinn ihres oder meines Lebens gefragt wird, sondern dass das Leben der Sinn ist: Lust in der Sonne zu sitzen, Lust, zusammen in der Sonne zu sitzen, Lust, mit niemandem zu tun zu haben, Lust, die unsinnigsten Dinge zu tun (Mans, 1998, S. 314).

Der Aufruf von Inge Mans zur Vergrößerung des gesellschaftlichen Engagements und zur Veränderung der Leben der ‚normalen Anderen' als Voraussetzung für eine Integration bildet den Ansatzpunkt für das *Kwartiermaken* und für die vorliegende Studie. Den Widerstreit zwischen den Bedürfnissen der ‚geistig Zurückgebliebenen' und der schneller

---

25 Vgl. Mans nach Vanier, 1992

werdenden Gesellschaft sieht Mans ganz deutlich. Die von ihr beschriebenen fünf Jahrhunderte Kulturgeschichte von Verrückten, Einfältigen und geistig Behinderten, in der – oft gelenkt durch gute Absichten – die Segregation nur stärker wurde, zwingt sowohl zur Aufmerksamkeit für unbeabsichtigte Wirkungen sowie zu einer radikalen, in diesem Fall fundamentalen Annäherung. *Kwartiermaken* ist ein heikles und zugleich dringendes Unterfangen.

2.7 „Mein ganzer Körper jubelt, wenn ich bald wirklich nach Hause kommen kann."[26]

Soziale Ausgrenzung ist die ungewollte Entfernung aus der Gesellschaft. Es ist an der Gesellschaft, den Rückweg möglich zu machen. Diese Hypothese vertritt Marius Nuy (1998) in seiner Dissertation *De odyssee van thuislozen*[27]. Er versucht, mit einem *moralischen* Vokabular ein Gegengewicht zu sozialen Prozessen der Ausgrenzung und Marginalisierung zu bieten. Dieses macht er, indem er die moralischen Aspekte von *Obdachlosigkeit* entwirrt – im Besonderen den Aspekt der gesellschaftlichen und sozialen Verantwortung. Es gibt eine Kathedrale des Wissens in Bezug auf Obdachlosigkeit, stellt Nuy fest, aber Wissen allein löst nichts. Es gibt viel Hilfeleistungen und staatliche Versorgung, aber auch das erweist sich als nicht ausreichend. Dies ist der Grund, warum Nuy die Problematik von Menschen ohne ein Zuhause in *moralischen* Begriffen zu beschreiben versucht.

Die Vielseitigkeit der verletzlichen Gruppierungen bildet in gewisser Weise einen Spiegel der Bedingungen in der Gesellschaft: eine allgemeine Versachlichung der Dienste und ein beunruhigendes Maß fehlender seelischer Geborgenheit. Deshalb ist eine Veränderung der Bedingungen zugunsten der verletzlichen Gruppen geboten, so Nuy. Die Quelle des *Kwartiermakens* liegt, so Nuy, in der Überzeugung, alle erdenklichen Möglichkeiten im gesellschaftlichen Kontext zu mobilisieren und zu nutzen. Das große Übel der Gesellschaft besteht nach Nuy darin, dass Menschen mit Einschränkungen als sozial überflüssig betrachtet

---

26 Nuy, 1998, S. 47
27 Dt.: *Die Odyssee der Obdachlosen*

werden. Stets erhebt sich die Frage, wer wen in Schwierigkeiten bringt, behauptet er. Der permanent wehende Wind der Modernisierung, bei dem viele nicht mithalten können, die verführerischen Kreditangebote und die allzu schnell einschreitenden Inkassobüros, der konsumorientierte Charakter der Gesellschaft – Nuy hält all diese Phänomene für die soziale Marginalisierung mit verantwortlich. Trotzdem will er nicht den Anschein erwecken, dass Obdachlosigkeit auf ein sozioökonomisches Problem zu reduzieren sei. Er entscheidet sich auch nicht für die Beeinflussung der sozialen Umstände oder der Persönlichkeit. Person und Umstände stehen in einer ununterbrochenen Wechselbeziehung zueinander; abwechselnd geben Umgebung und Person den Ton an.

Letzten Endes mündet die Darstellung Nuys in ein kräftiges Plädoyer für eine *Sorge, die sich ‚einmischt'* –, indem ungefragt Hilfe angeboten wird. Personen mit vielfältigen Problemen werden seiner Ansicht nach durch ein fragmentiertes Hilfesystem ausgeschlossen. Das bürokratische System lege Menschen, die die Versorgungssysteme ablehnen, entlassene Patienten und unmotivierte Obdachlose auf Kriterien und Regeln fest, die oft keine Lösung bieten, da die gesellschaftlichen Rückstände zu komplex sind und sich gegenseitig verstärken. Wenn man die Versorgung nicht in Anspruch nehme, hänge das mit der nicht adäquaten Art und Weise zusammen, wie diese angeboten werde. In bestimmten komplexen Situationen ist Sorge, die sich einmischt, nach Nuy eine nützliche und wünschenswerte Form von Sorge, die jedoch an ethische Grundsätze gebunden ist. Er hält eine sichere und bestimmte Bevormundung mit einer Sorge, die sich einmischt, für gerechtfertigt. Wenn man sich nicht kümmert und Unterstützung und eventuelle Versorgung unterlässt, ist das menschenunwürdig und kaschiert Gleichgültigkeit – wie subtil auch immer. Durch Sorge, die sich einmischt, wird wenigstens versucht, eine bestimmte Situation erträglich zu machen. Sich einmischende Sorge suggeriert Zwang, doch Zwang hält Nuy für nicht hilfreich; er vergrößere das Misstrauen und führe erneut zur Ablehnung von Sorge. Eine direkte Konsequenz von kontinuierlichem Kontakt sei hingegen, dass das isolierte, traurige Wesen zu einem Menschen werde, dessen Geschichte immer bedeutsamer wird. Damit richtet sich Nuy auch gegen einen übertriebenen Autonomiegrundsatz. Wenn sich individuelle Verantwortung in einem unbeherrschbaren Zahlungsproblem und unabwendbarer Kündigung festfährt, ist die Gewährleistung von koordiniertem Beistand notwendig. Der Erfolg ist abhängig von der

Fähigkeit zur Zusammenarbeit, von der Flexibilität im Hinblick auf starre Regeln und dem Mut, davon abzuweichen. Wenn der Hilfeleistende überdies nach dem Rehabilitationsgedanken arbeitet, handelt es sich um eine vollständige Akzeptanz der Person als Mitmenschen, und man ist darauf aus, nicht außerhalb, sondern innerhalb der Gemeinschaft eine Umgebung zu schaffen, in der das Individuum so viel wie möglich es selbst sein kann. Genau dieser Rehabilitationsprozess appelliert laut Nuy indirekt an die Gemeinschaft, Raum für Menschen mit Handicaps zu schaffen und diesen ‚Fremden' zuzugestehen, dass sie dazugehören, sich gastfreundlich gegenüber individuellen Eigenarten zu geben und das scheinbar Unvereinbare zu vereinen.

In seinem umfangreichen Buch ist Nuy leidenschaftlich auf der Suche nach einem Bezugsrahmen, der dazu führt, dass wir Verantwortung ergreifen, um Menschen in (extrem) Besorgnis erregenden Situationen aus ihrer Sackgassen zu führen. Er meint, dass es im Kontext einer modernen individualisierten Gesellschaft außergewöhnlich schwierig sei, für andere, die sich in Schwierigkeiten befinden, Verantwortung zu übernehmen. Menschen flüchteten in Isolation, um ihre letzte Würde zu bewahren, und das setze diejenigen, die sich einmischen, so gut wie schachmatt. Dennoch muss soziale Besserstellung laut Nuy keine Illusion mehr sein. Die Tragik des Lebens zu erkennen, kann nicht bedeuten, dass Sorge unterlassen werden kann. Nuys Suche endet an einem Ort, an dem der Obdachlose sich nicht als Außenseiter fühlt, wo er als Mensch anerkannt und willkommen geheißen wird, wo er teilnehmen kann, kurz: wo er nach Hause kommt.

2.8 Schlussfolgerung

Mit „dem Recht, nicht gestört zu werden", ist in diesem Kapitel die Notwendigkeit von einem Umgang mit Gegensätzlichkeit – der Spannung zwischen dem ‚Normalen' und dem ‚Nicht-Normalen' – in den Blickpunkt gerückt worden. Danach wird das Verhältnis meiner Untersuchung zu verwandter Forschung beleuchtet. Bei den genannten Forschern steht stets das Verhältnis zwischen dem Klugen und dem Verrückten im Mittelpunkt. Alle schlagen einen Raum für ‚die Anderen' vor: einen Gesprächsraum, einen Raum, um Sprache zu finden, ein gemischtes Wohnviertel oder einen integrierten Platz, an dem man wirk-

2 Dringlichkeit des Kwartiermakens

lich zusammenlebt und man sich gastfreundlich gegenüber individuellen Eigenarten verhält. Alle appellieren an einen gesellschaftlichen Kontext, der einer Veränderung bedarf, um ein verändertes Verhältnis zwischen den Klugen und den Toren zu ermöglichen. Bei allen wird die Klugheit der Klugen angezweifelt. Nuy nimmt in seiner sozialwissenschaftlichen und ethischen Abhandlung über Obdachlosigkeit eine etwas andere Position ein. Er bringt die gesellschaftliche Verantwortung, den anderen einzubeziehen, *letztendlich* in einer speziellen Form von sozialer Versorgung zum Ausdruck: *der Sorge, die sich einmischt*. Meiner Meinung nach sieht er damit die Herangehensweise an den durch ihn erkannten Widerstreit etwas zu einseitig bei der Betreuung.

Eine Untersuchung, die von der Praxis *ausgeht* – wie die des Projektes *Kwartiermaken* –, mit dem ausdrücklichen Ziel zu erfragen, was *gesellschaftlich* zur Diskussion steht, wenn man versucht, Raum für den ‚fremden Anderen' zu schaffen, hat noch nicht stattgefunden. Abgesehen vom methodischen Unterschied verwende ich, anders als die genannten Forscher, ausdrücklich den festgestellten Widerstreit, und zwar auf zwei Ebenen. Ich analysiere die Konsequenzen des Widerstreits auf der Ebene des Verhältnisses Bürger und Patient/Bürger und auf der Ebene des Verhältnisses von Psychiatrie-Erfahrenen und der schnelllebigen Gesellschaft.

In den folgenden Kapiteln versuche ich darzulegen, was nötig ist, um Menschen mit psychiatrischen Problemen Raum zu bieten, Raum im Ort und in der Zeit, Raum in der Sprache, Raum in der Existenz als Bürger.

3 Ein gastfreundlicher Empfang

Wenn Karten gespielt wird, dann für die Patienten, würde ich mir denken. Aber wenn Keefman mitspielen will, brauchen sie auf einmal keinen vierten Mann mehr. Oder sie haben keine Lust. Oder sie haben keine Zeit. Oder sie müssen Medizin austeilen. Das ist auch so etwas, diese abscheuliche Medizin. Oder glaubst du, dass jemand Karten spielen kann, wenn er mit Drogen vollgepumpt ist? Ist es ein Wunder, dass ein Mensch sich wegwirft, wenn er die Hälfte des vorhandenen Organons aufgefressen hat? (...) Weißt du, dass meine Taubheit von all dieser Medizin schlimmer wird? (...)
Nein, mein Freund, du hättest mich nicht in deine Zwangsjacke stecken lassen sollen. Damit bist du völlig auf dem Holzweg. Oder hast du vielleicht gedacht, dass ich umgänglicher werde, wenn ich in der Zwangsjacke stecke? (...) Wenn ein Bauer seine Tiere so festbindet, kommt der Tierschutz.

JAN ARENDS, 1972

3.1 Die Sehnsucht, ein Mitglied der Welt zu werden

Das Wohlbefinden nimmt bei vielen Klienten zu, wenn sie in einer Umgebung leben, die allgemeinen, gesellschaftlich akzeptierten Standards entspricht. Solch eine Umgebung wirkt sich offenbar positiv auf ihre Persönlichkeit aus, ihre Selbstwahrnehmung und ihre Selbstachtung nehmen gewissermaßen die Farbe dieser höher bewerteten Umgebung an (Van Weeghel, 1996, S. 176).

Eine Reform der psychosozialen Versorgung soll Klienten helfen, aus dem Kreis der psychosozialen Institutionen auszubrechen, formulierte der Klientenrat dieser Institutionen Anfang 1995 in Den Haag. Außerdem soll sie Klienten helfen, ihre Zeit außerhalb der psychosozialen Institutionen zu verbringen.

Studien zum sinnvollen Tagesablauf und zur Arbeit für Menschen mit psychiatrischer Problematik zeigen, dass diese *außerhalb* der psychoso-

3 Ein gastfreundlicher Empfang

zialen Institutionen nur wenige Anknüpfungspunkte finden, Aktivitäten zu entfalten. 1996 sind im Umkreis von Zoetermeer und in den umliegenden Gemeinden von Den Haag Klienten, Besucher und Teilnehmer regionaler Projekte der Institutionen der psychosozialen Versorgung über ihren Tagesablauf befragt worden. Es hat sich gezeigt, dass sich die Klienten größtenteils zu Hause oder in den genannten Institutionen aufhielten. Vor allem die Psychiatrie spielte im Tagesablauf eine große Rolle. Nur eine kleine Gruppe von Klienten nahm aktiv am gesellschaftlichen Leben teil. Die Klienten nutzten nur in geringem Umfang die gesellschaftlichen Angebote und Einrichtungen. Ein Drittel der befragten Klienten hielt die Zahl der Stunden, die sie pro Woche aktiv waren, für (viel) zu gering (Ten Cate, 1996).

Aus einer Amsterdamer Studie zum Tagesablauf von Menschen mit psychischen oder psychiatrischen Problemen geht hervor, dass ein Vierte' der 143 Befragten die Zeit nicht gut zu nutzen wusste. Außer Behinderungen als Folge psychiatrischer Probleme war Geldmangel eine wichtige Ursache dafür. Die Klienten aus Amsterdam forderten auch mehr Aufmerksamkeit für die Frage, wie sie ‚den gesellschaftlichen Widerstand' überwinden könnten. Klienten meiden die Tagesstätten, weil sie außerhalb der ‚Welt der psychosozialen Institutionen' bleiben wollen, weil sie die Bevormundung satt haben, weil andere Besucher ‚zu psychiatrisch' sind und das Angebot nicht ihren Wünschen entspricht. Das Letztgenannte wird u.a. von den gebildeteren Klienten als Problem gesehen (De Haan u.a., 1997).

In einer 1997 landesweit durchgeführten Studie zum Tagesablauf bestätigten 400 Besucher in 14 Tagesstätten, dass die Gesellschaft nur unzureichende Möglichkeiten der Betätigung bietet. Neben der großen Anerkennung für die Funktion der Tagesstätten als Anlaufstelle und Treffpunkt hat bestimmt die Hälfte der Besucher das Bedürfnis, Aktivitäten außerhalb der Tagesstätte zu entwickeln. Sie möchten, dass man ihnen dabei hilft. Nur eine Minderheit erlebt, dass die Tagesstätten das auch tun. Die Beteiligten meinen, dass die Tagesstätten ihre Aufmerksamkeit mehr auf die Vorbereitung und Unterstützung einer Zukunft außerhalb der Tagesstätte richten sollten. Außer der individuellen Vermittlung halten Forscher *Kwartiermaken* für sehr wichtig, um eine Atmosphäre zu schaffen, die es leichter macht, die Rahmenbedingungen zu verbessern. Übrigens finden (längst) nicht alle Klienten mit langfristigen und ernsthaften psychischen Problemen den Weg zu den Tagesstätten oder zu anderen Einrichtungen. Nach 15 Monaten wiederholte man diese landesweite Studie. Drei Viertel der beim ersten Mal befragten Probanden nahmen an einem Folgeinterview teil. Der Großteil davon, nämlich 87%, besuchte noch immer die Tagesstätte.

Die Tagesstätten scheinen somit immer noch sehr wichtig für das Sozialleben ihrer Besucher zu sein. Zehn Prozent der Menschen spricht außerhalb der Tagesstätten mit niemandem.[28] Besucher schätzen die ungezwungene und akzeptierende Atmosphäre der Tagesstätten. Aber nur einem Drittel der Besucher, die gern Aktivitäten außerhalb der Tagesstätten entfalten möchten, war dieses auch gelungen. Zwei Drittel konnte diesen Wunsch also nicht realisieren. 30% der Gruppe, die schon einmal anderweitig aktiv war, hat damit wieder aufgehört. Vermutlich sind diese Zahlen hoch gegriffen, denn Besucher, die mehr Hilfe benötigen, weniger aktiv sind und ein eingeschränktes soziales Netzwerk haben, hatten sich kaum an der Studie beteiligt (Van Hoof u.a., 2000).

Es sieht so aus, als ob viele Klienten mit langfristiger psychiatrischer Problematik ihre sozialen Kontakte und ihren Tagesablauf nicht einfach außerhalb der Tagesstätten gestalten können. Neben den 16.000 registrierten Besuchern (durchschnittlich 150 pro Tagesstätte bei insgesamt 110 Tagesstätten) gibt es viele chronisch psychiatrische Klienten, die weder die Tagesstätten nutzen noch andere Einrichtungen. Diejenigen, die eine Tagesstätte besuchen, sehen die Tagesstätte nicht nur als Anlaufstelle, sondern auch als Ort des Einstiegs in die Gesellschaft. Man möchte in der Tagesstätte gern darauf vorbereitet werden, ‚den Schritt nach draußen' machen zu können. Aus der Folgestudie geht einmal mehr hervor, dass die Tagesstätten diese Brückenfunktion noch viel zu wenig erfüllen. Das Forschungsergebnis zeigt, dass nur ein Viertel der so genannten ‚Casemanagement-Klienten' in den letzten vier Jahren eine Tagesstätte besuchte, weniger als die Hälfte davon länger als ein halbes Jahr. Und das, obgleich ein Großteil der Beteiligten behauptet, sie hätten wenig oder nichts zu tun (Kroon u.a., 1998). Die Casemanagement-Gruppe wird aus ‚relativ schlecht funktionierenden Klienten' gebildet; durchschnittlich haben sie eine schlimmere psychiatrische Geschichte – ausgedrückt in der Zahl von Einweisungen – als die Tagesstättenbesucher.

---

28 In einer umfassenden Studie in Groningen stellte sich heraus, dass ‚soziale Kontakte' zu den am meisten genannten Wünschen chronisch-psychiatrischer Patienten gehören (Busschbach und Wiersma, 1999).

3 Ein gastfreundlicher Empfang

Psychiatrie-Erfahrene finden nicht leicht Anschluss an das Leben *außerhalb* der psychosozialen Institutionen. Sie sitzen entweder zu Hause oder in der Tagesstätte. Meistens tun sie weder das eine noch das andere freiwillig. Sie wollen in der Regel doch etwas anderes, aber sie schaffen es nicht, das zu realisieren.

Kwartiermaken soll den *gesellschaftlichen* Anschluss vereinfachen. Die Gemeinwesenarbeit, zum Beispiel in Stadtteil- oder Gemeindezentren ist dabei ein wichtiger Bereich. Sie setzt sich ja zum Ziel, Menschen einzuladen, an kulturellen und sozialen Aktivitäten teilzunehmen; sie möchte Menschen die Möglichkeit bieten, einander zu begegnen und (soziale) Kontakte zu knüpfen. Der ‚offene Treff' ist als Ort mit geringer Hemmschwelle bestens dafür geeignet, die Integration von einzelnen Menschen und Gruppen in der Gesellschaft zu fördern und soziale und kulturelle Isolierung zu verhindern (Spierts und De Boer, 2000). Außerdem sind in der Gemeinwesenarbeit Menschen tätig, „deren Sachverstand im alltäglichen Leben liegt", und das hat Vorteile. Die Psychiatrie-Erfahrene und Forscherin Wilma Boevink (1998) formuliert das so:

> In der Psychiatrie Beschäftigte sind oft auf die individuelle Pathologie fixiert und haben die Tendenz, Dinge, die in deinem Leben passieren, auf deine Diagnose zurückzuführen. Uns nützen gerade die Experten, deren Sachverstand im alltäglichen Leben liegt.

Wenn es dem Projekt *Kwartiermaken* gelingt, die Stadtteil- und Gemeindezentren für Psychiatrie-Erfahrene leichter zugänglich zu machen, wird die Welt für sie ein Stück größer. Aus diesem Grund hat *Kwartiermaken* im Bereich der Gemeinwesenarbeit viel unternommen. Dieses Kapitel basiert auf den Erfahrungen der *Wegbereiterin*. Aufgrund dieser Erfahrungen wird der Widerstreit, der mit der Integration des ‚Fremden' einhergeht, ernst genommen. Um an den Reibungen nicht zugrunde zu gehen (Schnabels Angst, s. Kapitel 2.1), wird *Kwartiermaken* als eine Möglichkeit genutzt, die bisherige Normalität der Angebote in Stadtteil und Gemeinde zu unterbrechen. Die philosophischen Reflexionen beabsichtigen, die Einsicht in den Charakter dieser Unterbrechung zu vergrößern.

Thematik – Psychiatrie-Erfahrene möchten gern am gesellschaftlichen Leben teilnehmen. Sie stoßen dabei auf Probleme, die mitunter schwer zu benennen sind. Was nötig ist, um einen offenen Empfang, der dem ‚Fremden' Raum bietet, zu gewährleisten, ist nicht immer einfach festzustellen. Welche Zwischenschritte erforderlich sind, soll näher betrachtet werden. Eine philosophische Reflexion über die Begriffe ‚nicht ausdrückbares Leiden', ‚Gastfreundschaft' und ‚Aufschub' bietet eine Perspektive für das Grundmuster des *Kwartiermakens*.

Jeder der drei folgenden Abschnitte ist in diese drei Stichpunkte untergeteilt. Abschnitt 3.2 bietet eine Einführung in diese Themen, Abschnitt 3.3 eine philosophische Ausarbeitung und in Abschnitt 3.4 folgt ein Rückbezug auf die Praxis. Als Abrundung erfolgt in Abschnitt 3.5 eine Reflexion über zwei populäre Denkarten bei den Diensten der Gemeinwesenarbeit.

3.2 Ein dreifaches Problem

Ich sehne mich danach, Mitglied der Welt zu werden. (…) Alle werden dann voller Freude sein und rufen: „Jan, Jan, du bist einer von uns. Du gehörst jetzt zur Welt." (…) Ich finde, dass ich nach allem, was ich durchgestanden habe, dieses Fest miterleben darf. Aber es dauert so lange (Silver, 1996, S. 31).

Warum ist Jan noch kein Mitglied der Welt? Jan:
Am gesellschaftlichen Leben nehme ich schon eine ganze Weile teil, aber mir fehlt noch immer eine Fähigkeit, über welche die anderen wohl verfügen: die Fähigkeit, Gedanken zu lesen. Darauf warte ich ständig. Dann wird nämlich das große Versöhnungsfest stattfinden, dann werde ich als Mitglied in die Welt aufgenommen. (Silver, 1996, S. 31).

Ziel von *Kwartiermaken* ist es, Raum zu schaffen für den Fremden, den Anderen, den Unerkennbaren, für den, der kein Ziel im Leben hat, für Jan, dem die Fähigkeit, Gedanken lesen zu können, fehlt (…). Es sind tatsächlich sehr vage Andeutungen. ‚Das Lesen von Gedanken' übersetzte die Projektmitarbeiterin des *Kwartiermakens* mit dem ‚Kennen gesellschaftlicher Kodes' (Scholtens, 1998). Wenn man diese nicht kennt oder nicht mit ihnen zurechtkommt, steht man im Abseits. Jan muss also geholfen werden, die Kodes kennen zu lernen. Damit beschäftigt sich der Betreuer, z.B. im Kurs ‚soziale' Fähigkeiten. Jan muss lernen,

3 Ein gastfreundlicher Empfang

die Gedanken ‚der anderen' zu lesen. Vielleicht wäre es jedoch auch gut, wenn auch ‚die Gesellschaft' Jans Gedanken besser lesen lernte. Die Förderung *gegenseitigen* Gedankenlesens, vor allem der Gedanken der Menschen, die ‚anders' sind, ist ein wichtiges Ziel des Projektes *Kwartiermaken* in sozialen und ehrenamtlichen Organisationen. Manchmal braucht man dazu einen Vermittler, einen Freund oder Mentor, manchmal werden sogar noch mehr Zwischenschritte erforderlich sein. Ziel ist es, Jan das Fest des Dazugehörens zu bereiten, selbst wenn er die Gedanken der ‚anderen' nicht gut lesen kann. Außer Jan, der nicht imstande ist, Gedanken zu lesen, gibt es übrigens auch Menschen, die betonen, sie seien in ihren Beziehungen so verletzbar, weil sie so ‚feinfühlig sind' und vielleicht die Gedanken der anderen zu gut lesen können. Es ist kein Zufall, dass der Verein der Schizophreniepatienten in den Niederlanden *Anoiksis* heißt, griechisch für ‚offener Geist'.

Der folgende Text wurde im Frühjahr 1999 auf einem Arbeitstreffen von allen, die in den verschiedenen Bereichen der psychiatrischen Versorgung aktiv sind, vorgelesen. Er soll als Reflexion der Erfahrungen des *Kwartiermakens* betrachtet werden und dient als Einführung in die drei zentralen Themen dieses Kapitels.

Die Berichte des Projekts *Kwartiermaken* in Nachbarschafts- oder Sportvereinen handeln oft von der Bedeutung, sich irgendwo ‚willkommen' zu fühlen. *Kwartiermaken* ist im Wesen ‚das Organisieren von Gastfreundschaft'. Dieser Punkt wird von drei Seiten beleuchtet.

(a) Leiden, das sich nicht ausdrücken lässt – Wir bitten um Gastfreundschaft bei den Vereinen, bei den sozialkulturellen und ehrenamtlichen Organisationen. Aber für wen? Für Verrückte? Für Menschen mit psychiatrischer Problematik, ehemalige Psychiatriepatienten, für ‚Menschen, bei denen etwas nicht stimmt' oder für Menschen, die ‚anders' sind? Aber sind wir nicht alle anders? Was ist bei unserer Zielgruppe anders als andere Unterschiede, die zwischen Menschen bestehen? Damit sind wir auf eine erste ‚Schwierigkeit' des Projekts *Kwartiermaken* gestoßen. Eigentlich handelt es sich hier um etwas, das sich kaum erklären lässt, aber trotzdem einer Erklärung bedarf. Den Unterschied zu ignorieren, würde den Betroffenen Unrecht tun. Ihr Leiden besteht teilweise aus dieser Ignoranz. Aber wir versagen auch oft entsetzlich bei

der Beschreibung des Unterschiedes. Dies ist die paradoxe Aufgabe, die den Projekten *Kwartiermaken* und Freundschaftsdienst bevorsteht. Ich bewundere die Projektmitarbeiterin des *Kwartiermakens* und den Koordinator des Freundschaftsdienstes dafür, dass sie diese schwere Aufgabe übernommen haben. Sie haben keinen Halt in psychiatrischer – und damit einengender – Terminologie gesucht, um den psychiatrischen Patienten zu begegnen. Ich bitte Sie darum, diesem Vorbild zu folgen. Wie *unbestimmt* ‚das Andere' sein kann, erläutert die Schriftstellerin Sevtap Baycılı:

> (...) Alle Menschen um mich herum führen ihr Leben so, als sei ihre Existenz doch mit einem gewissen Ziel verbunden. Die Mehrheit also, Menschen, die keine Antwort geben, wenn ich ihnen die Frage stelle, aber sich doch so verhalten, als habe ihr Leben ein Ziel, verfügt wahrscheinlich über etwas, das ich nicht habe (Baycılı, 1997, S. 19).

(b) Gastfreundschaft – Das lateinische Wort *hostis* heißt sowohl Gast als auch Feind.[29] Damit lässt sich die Problematik der Gastfreundschaft auf eine bestimmte Weise aufzeigen. Zwischen die Worte Gast und Feind kann man sehr gut das Wort ‚Fremder' oder ‚Fremdling' schieben. Ein Fremder kann Angst haben, dass man ihn für ‚verrückt' hält oder als Gestörten betrachtet. Möglicherweise kann er die Sprache nicht sprechen, kennt die Kodes nicht, beherrscht die Umgangsformen nicht, ist unbeholfen, läuft Gefahr, sich nicht verteidigen zu können, weil er nicht weiß, wie er das machen soll. Können wir es dem Fremden zumuten, die Sprache zu lernen, sich wie die anderen zu benehmen, bevor er willkommen geheißen wird? Ist er dann noch ein Fremder? Ist dann noch die Rede von Gastfreundschaft? Gastfreundschaft heißt auch, dass ich zu denen gastfreundlich bin, die ich nicht richtig kenne, die sich nicht ganz

---

29 Es gab Zweifel bezüglich der Korrektheit der niederländischen Übersetzung des Buches von Derrida. Der Übersetzer des (bei Boom erschienenen) Buches *Jacques Derrida over gastvrijheid* (Essayreihe) verweist in einer Fußnote (S. 34) auf E. Beneviste, welcher in seinem *Le vocabulaire des institutions indo-europeennes* (Paris 1969, 88f.) die lateinische Wortgruppe analysiert, die die Grundlage der Begriffe *hospitalité* (Gastfreundschaft, abgeleitet von *hospes*) und *hôte* (Gast, Gastherr, abgeleitet von *hostis*) ist. Er schreibt dann: *hostis* bedeutet auch *Fremder, Feind* und verweist außerdem auf eine wechselseitige Verbindung. (...) Auch das griechische Wort *xenos* hat eine Entwicklung von ‚Gast' zu ‚Fremder' durchlaufen, hat aber, im Gegensatz zu *hostis*, niemals die Bedeutung ‚Feind' angenommen.

zu erkennen geben, die vielleicht anonym bleiben. Bei Gastfreundschaft handelt es sich eigentlich um ein Willkommenheißen, ohne Fragen zu stellen. Aber sehe ich dann nicht, dass eine solche bedingungslose Gastfreundschaft auch zu Problemen führen kann? Doch. Wenn wir um einen ‚Raum für das Anderssein' bitten, wenn wir darum bitten, den Anderen willkommen zu heißen, dann bedeutet es tatsächlich auch immer eine Form von Einschränkung. Was man dafür zurückbekommt, muss man abwarten. Es ist sehr gut möglich, dass die Gastfreundschaft ausartet. Es kommt vor, dass, wenn psychiatrische Patienten Obdachlosen Gastfreundschaft gewähren, sie sich dann im eigenen Haus nicht mehr zu Hause fühlen und selbst anfangen umherzustreifen. Gastfreundschaft kennt Grenzen. Man möchte Herr im eigenen Haus, in der Einrichtung, im Club oder in der Organisation sein, so dass man empfangen kann, wen man möchte. Man will keine Geisel der eigenen Gäste werden. Das ist auch nicht die Absicht. Hier besteht also ein Spannungsfeld, über das wir uns stetig austauschen sollten. Deshalb sind übrigens auch die *Multilog-Gesprächsabende* organisiert worden (siehe Kapitel 4). Doch vor allem ist es wichtig, sich klarzumachen, dass der Fremde von Gastfreundschaft abhängig ist. Dies ist der erste Punkt. Der zweite ist, dass der Gastherr oder die Gastfrau, indem er oder sie gastfreundlich ist, auch ein bisschen Fremde(r) werden sollte. Gastfreundschaft kann verletzlich machen.

(c) ‚Aufschub'[30] der Leistungsgesellschaft – Unsere Gesellschaft ist durch ein zweckmäßiges Nützlichkeitsstreben gekennzeichnet. Wir bitten Sie, dieses Streben ein bisschen aufzuschieben. Denken Sie darüber nach, wie viele Menschen durch dieses Nützlichkeitsstreben ungerechterweise aus der Gesellschaft ausgeschlossen werden. Wir müssen einsehen, dass die gesellschaftlichen Regeln unzureichend sind. Genau diese Regeln bewirken, dass manche Leute das Nachsehen haben. Was für den Einzelnen wichtig ist, bleibt außen vor. Ziel unseres Aufrufes zur ‚Denormalisierung' ist, diese Ausgrenzungen zu verhindern. Dabei geht es nicht darum, etwas aktiv zustande zu bringen – wie eine neue Einrichtung oder Ähnliches (…); es handelt sich um ein aufmerksames Abwarten und Offenstehen für das, was passiert. Im Hebräischen hat

---

30 In der Bedeutung von Aufschieben, Umweg, Zurückstellen, nach Derrida.

man für ‚Zeit schaffen' und ‚einladen' dasselbe Wort: H(A)ZM(A)N(A). Es wird übrigens auch im Bericht erwähnt: Soziale Integration ist vor allem eine Frage des Zeitschaffens. Es geht um die Fähigkeit, jemanden so empfangen zu können, wie er auftritt. Man geht ihm entgegen und nimmt die Begegnung an. Ein Platz wird für ihn oder sie geschaffen. Ein Freiraum.

3.3 Philosophische Perspektiven

(a) Leiden, das sich nicht ausdrücken lässt – Widerstreit, der sich nicht benennen lässt – Der Begriff ‚nicht ausdrückbares Leiden' stammt von dem französischen Philosophen Jean François Lyotard. Lyotard ruft in seinem Werk dazu auf, den Widerstreit, den er als einen Fall von nicht ausdrückbarem Unrecht betrachtet, aufzuspüren, in Worte zu fassen und dagegen zu plädieren. Widerstreit hat bei Lyotard die Sonderbedeutung vom ‚Streit über den Streit'. Dieser Streit über den Streit entstehe, wenn der andere den Streit nicht als solchen erfahre. Die Erfahrung werde demzufolge nicht ausdrückbar. Für ein Projekt wie *Kwartiermaken* ist das ein sehr wichtiger Ausgangspunkt. Es geht um eine Erfahrung, die von der betroffenen Person nicht in allgemein verständlichen und anerkannten Begriffen besprochen werden kann. Dieses versetzt den Betroffenen in eine Position der Sprachlosigkeit und damit der Isolierung. Es ist Lyotards Ziel, an einer Optimierung der Bedingungen zu arbeiten, um das Sprachlose doch verständlich zu machen (Brons, 1997)[31]. Der Kern des Widerstreits besteht laut Lyotard aus

> dem Leiden an dem Unrecht, dass die eigene Lage (Erfahrungen, Erlebnisse, Empfindungen, Erinnerungen) in einer Situation, in der diese Lage gerade zur Diskussion steht, nicht zum Ausdruck gebracht werden kann. (...) Für die eine Partei braucht gar nicht von einem Konflikt die Rede zu sein, denn aus der Sicht dieser Partei gibt es nichts, was zur Diskussion stehen könnte.

---

31 Nach Brons ist Lyotards eigene Erfahrung mit dem Widerstreit die Triebfeder seiner philosophischen Entwicklung in den 1960er Jahren: „eine in jener Zeit nicht artikulierbare Erfahrung sprachloser Verwunderung" (Brons, 1997, S. 13). Dies bezieht sich auf den politischen Abstand zwischen Lyotard und Souyri. Beide gehören zu jener Gruppe, die in Frankreich die linksradikale Zeitschrift *Socialisme ou Barbarie* (1949-1966) veröffentlichte.

Die andere Partei jedoch leidet an dieser Darstellung dessen, was (nicht) der Fall ist. Die eine Partei hat sich eine Welt erschaffen, in der nicht die Rede von einem Unrecht sein kann, an dem die andere Partei in dieser Welt leiden könnte. Die andere Partei leidet, ohne dass sie in der Lage ist, dieses Leiden als ungerechtes Leiden, dem abgeholfen werden müsste, zu bezeichnen (Brons, 1997, S. 22).

Betroffenheit über das Sprachlose versetze uns, so Lyotard, in die problematische Position zwischen Öffentlichkeit und Sprachlosigkeit. Die Verbundenheit halse uns ein Problem auf. Das Unrecht, das man spüre, aber zunächst noch nicht in Worte fassen könne – und zusätzlich auch die Verbundenheit –, stehe in starkem Kontrast zu der bekannten Ordnung der Repräsentation, der Verpflichtung auf ein Ziel, der Artikulation und der Präsentation (Brons, 1997).

Mitarbeiter des *Kwartiermakens* befinden sich in der schwierigen Situation, immer wieder ‚erhärten' zu müssen, was sich nicht erhärten lässt, das nicht Ausdrückbare hörbar zu machen und das Unbenennbare zu benennen. In jeder gelungenen Andeutung wird auch wieder etwas ausgeschlossen: ‚Jan, der keine Gedanken lesen kann', schließt die Erfahrung der ‚feinfühligen Marieke' aus, die unter dem Geschrei der Gedanken von anderen leidet. Lyotards Begriff des Widerstreits macht also nicht nur auf die Sprachlosigkeit, sondern auch auf die Zerbrechlichkeit des Einsatzes für das Sprachlose und Unbestimmte aufmerksam; das Gespaltene bei dem ‚Einsatz für' und das ‚Bezeugen' einer nicht ausdrückbaren Verletzlichkeit, die nicht ohne weiteres in die Öffentlichkeit gebracht werden kann (Brons, 1997, S. 11).

Auch diese zweite Schicht von Widerstreit ist für *Kwartiermaken* von Bedeutung. Eine solche Fürsprache impliziert zwar Kritik an der ‚Normalität', aber ohne, dass sofort deutlich ist, was sich verändern muss. Das macht die Kritik mürbe; diese Zerbrechlichkeit müssen wir jedoch akzeptieren und als eine Form von Solidarität aushalten; „als eine Verpflichtung dem Unbestimmten, dem Sprachlosen, dem Unartikulierten gegenüber, als dasjenige, dem der Weg zur Öffentlichkeit abgeschnitten ist" (Brons, 1997, S. 12).

Damit landen wir irgendwie in einer Sackgasse. Wird es gelingen, einem unbenennbaren Unterschied Raum zu bieten? Mit anderen Worten: Ist es überhaupt machbar, jemandem einen Raum zu bieten, den man nicht

,einordnen' kann? Die Verbindung zwischen dem Sprachlosen und der Öffentlichkeit wird hier im Begriff Gastfreundschaft gesucht.

(b) Gastfreundschaft – die Thematik des Fremden – Im Januar 1996 gab Jacques Derrida an der Pariser *Ecole Pratiques des Hautes Etudes* zwei Seminare über das Thema Gastfreundschaft. Eine seiner Studentinnen, Anne Dufourmantelle, vergleicht die Bekanntschaft mit der in vielen Augen unzugänglichen Philosophie Derridas mit der Thematik des Fremden und der Gastfreundschaft, die dem Fremden geboten werden soll. Wie der Gastherr muss der Leser *Verbannter* werden wollen; der Leser wird herausgefordert, dem undefinierbaren Gefühl des Unbehagens zu trotzen (Dufourmantelle, 2001). Exil ist notwendig, um sich „selbst als einen Anderen zu erfahren", meint Derrida. Anders gesagt: Vielleicht kann nur jemand, der aus Erfahrung weiß, wie es ist, kein Haus zu haben, Gastfreundschaft bieten. Erkundungen von Grenzgebieten oder Gebieten außerhalb der Grenzen lehren uns viel. Die Sensibilität Derridas für diese Problematik spricht aus seinem Aufruf, nicht über das Problem des Fremdlings zu sprechen, sondern über die Frage des Fremdlings. Als er 1995 vor dem Internationalen Parlament der Schriftsteller sprach, behauptete Derrida, dass Gastfreundschaft und Ethik für das Gleiche stehen. Ethik, *ethos* bedeutet wörtlich Aufenthaltsort oder ein Zuhause, und ein Zuhause ist dort, wo Gastfreundschaft herrscht.

In *„Kosmopoliten aller Länder, steht auf!"* (so der Titel der Rede) ist er auf der Suche danach, wie Fremden eine solide, dauerhafte Struktur geboten werden kann. Eines der ernsthaftesten Probleme, sagt Derrida, ist, dass der Fremde die Sprache unbeholfen spricht, wobei er demzufolge stets Gefahr läuft, sich nicht in der Terminologie des Rechts in dem Land, das ihn umgibt und ihn abschiebt, verteidigen zu können. Der Fremde muss um Asyl beziehungsweise um Gastfreundschaft in einer Sprache bitten, die nicht die seine ist. Hier berühren sich die Themen Gastfreundschaft und Sprachlosigkeit. Dürfen wir von dem Fremden verlangen, dass er unsere Sprache spricht, bevor wir ihn willkommen heißen können? Und wenn man sich vorstellt, dass er unsere Sprache und alles, was dazugehört, mit uns teilt, ist der Fremde dann noch ein Fremder? Kann man in diesem Fall noch von Asyl und Gastfreundschaft sprechen? Derrida umschreibt damit ein Programm, bei dem die moralischen Implikationen des Anbietens von Gastfreundschaft gesehen werden und mit dem er die Gesellschaft zur Verantwortung aufruft. Er

3 Ein gastfreundlicher Empfang

schlägt somit vor, sich für etwas einzusetzen, was dem Bieten von Gastfreundschaft entspricht.

Derrida verbindet „den Zugang zu Alterität beziehungsweise Gastfreundschaft" mit der Idee einer *chora*, die für ihn die Möglichkeit einer uneingeschränkten Zugänglichkeit repräsentiert (Victor Kal, 2004). *Chora* ist in der Philosophie eine Metapher für den Raum, wo Vermittlung und Grenzüberschreitung zwischen mir und dem Anderen stattfinden kann, ohne dass ich mich in dem Anderen zu verlieren brauche und ohne dass der Andere sich an meine Identität zu assimilieren braucht. Es geht um einen Raum, wo der Gegensatz zwischen Verrücktsein und Normalität relativiert werden kann, wo er überbrückbar ist, ohne dass die Spannung verschwindet. Wenn wir der Idee der *Chora* Form geben würden, wäre es möglich, die Spannung auszuhalten und mit ihr umzugehen. Kristeva beschreibt *Chora* poetisch als liebevolle Offenheit, „wo man Raum hat, außergewöhnlich zu sein" (Van den Haak, 1999, S. 57). *Chora* könne man als den Ort sehen, wo sich das Unbenennbare oder das Nicht-Ausdrückbare verborgen halte und sich verborgen halten könne, ohne jedoch ausgeschlossen zu werden, weil sie zur gleichen Zeit Umsteigeplatz sei, eine Passage, ein Ort der Begegnung (Van den Haak, 1999). Die Metapher der *Chora* kann also helfen, das Thema der Gastfreundschaft in seiner ganzen Reichweite zu begreifen.

Mit dem Hervorheben der *Chora*, wo Gastfreundschaft herrscht und der Widerstreit Raum bekommt, ist noch nicht sofort deutlich, was die moralische Implikation für die Bürger und die Gesellschaft ist. Was bedeutet es genau, Gastfreundschaft zu bieten? Welche Verantwortung muss dabei übernommen werden? Das *Problem* des Widerstreits und die Option von Gastfreundschaft ist im Vorhergehenden näher beschrieben worden. Welche Konsequenzen gibt es für den normalen Lauf der Dinge oder welche (Zwischen-)Schritte müssen gemacht werden, um Gastfreundschaft realisieren zu können?

(c) Aufschub – ein Zwischenschritt ist nötig – Es scheint so, dass die größte Gefahr für eine Gesellschaft, die sich vollständig auf das Quantifizieren des Nützlichen und Zielgerichteten stützt, im Nutzlosen und Ziellosen steckt. Die Rechtfertigung des Nutzlosen und Ziellosen würde, so scheint es, zur Demaskierung des ganzen Wertesystems der Zielgerichtetheit führen (Dufourmantelle, 2001). Die Leistungsgesellschaft bietet wenige offene Stellen oder wenige Freiräume, wo Platz für

diejenigen ist, deren Wert nicht schon von vornherein festzustellen ist. Um ‚das Andere' möglich zu machen, anders gesagt, um gastfreundlich sein zu können, ist ein Aufschub des Status quo notwendig. Die Realisierung anderer Werte erfordert, die festgeschriebenen Wege zu verlassen und geeichte Muster loszulassen, um dem ‚fremden Anderen' wirklich entgegentreten zu können. Noch einmal anders gesagt: Um der Alterität Zugang zu gewähren, ist ein Zwischenschritt nötig. Das Ernstnehmen von Gastfreundschaft verlangt eine Reflexion der bestehenden Verhältnisse – und von mir selbst als ihrem Bestandteil –, um zu sehen, was auf dem Spiel steht. Erst dieser Zwischenschritt verleiht der Gastfreundschaft Konturen.

Victor Kal (1999) beschäftigt sich mit diesem Zwischenschritt. Gerade im Hinblick auf das Schenken von Gastfreundschaft ist die Rückkehr zum Selbst – als Bestandteil der konkreten Welt – notwendig. Die Möglichkeit, dass das Ich sich von dem Anderen berühren lässt, setzt voraus, dass dieses Ich sich einen Moment der herrschenden Ordnung der Welt entziehen kann. Erst wenn der Einzelne sich nicht mehr total mit der an einem Ort herrschenden Kultur identifiziert und sich nicht mehr hinter dem allgemein Gültigen versteckt, wird er empfindsam – im Sinne von offen – für den Anderen. Kal verweist darauf, dass dieses mit beinhaltet, dass sich das Individuum eine eigene Position erlaubt, unabhängig von der Normalität. Es beruft sich nicht mehr auf das, was in der Welt im Allgemeinen gilt. Mit dem Aufschub setzt er genau das aufs Spiel. Erst durch diese Tat würde das Ich wirklich der Normalität trotzen. Laut Kal impliziert die Identifikation des Ich mit gängigen Mustern die Unzugänglichkeit für den ‚fremden Anderen'. Es liegt am Ich, diese Identifikation beiseite zu schieben und damit die Barriere für das Andere.

„Es geht um das Bemühen, sich selbst zusammenzureißen und (…) nicht der willenlose Anhänger der herrschenden Schablone zu sein" (V. Kal, 1999, S. 162). Kal hält *eine Vorgehensweise* für notwendig, dem Zwischenschritt eine Form zu geben und die eigene Abgeschlossenheit zur Diskussion zu stellen, um letztendlich Zugänglichkeit zu realisieren. Zugänglichkeit ist nichts anderes als das, was zuvor *Chora* genannt wurde.[32] Im Zusammenhang mit der Suche danach, wie man dem Sprachlosen Raum gewähren kann, geht es zum Beispiel darum, die Identifikation mit der dominanten Sprechweise beiseite zu schieben, um auf diese Weise einer anderen Sprechweise eine Chance zu geben. Im folgenden Kapitel 4 steht dieses Thema im Mittelpunkt. *Kwartierma-*

ken kann als eine Konkretisierung einer solchen Vorgehensweise gesehen werden. *Kwartiermaken* ist Aufschub des Gängigen im Hinblick auf einen Zugang zu dem Fremden. Der Aufschub, den *Kwartiermaken* erreichen will, geschieht nicht ins Blaue hinein. Die Fremdheit des Anderen steuert den Aufschub. Es ist die Bitte des Anderen, Mitglied der Welt zu werden, die zur Neuinterpretation der Normalität zwingt (siehe auch Widdershoven, 1997). Die Qualität der Zugänglichkeit ist von der Kompetenz, diesen Zwischenschritt zu machen, abhängig. Ist man bereit, die moralische Verantwortung auf sich zu nehmen und ein Programm mit dem Ziel der Gastfreundschaft in Gang zu setzen? Genau in diesem Punkt unterscheidet sich das Projekt *Kwartiermaken* (programmatisch) von den im vorherigen Kapitel umschriebenen Auffassungen. Der folgende Abschnitt soll das verdeutlichen.

3.4 Das Organisieren von Gastfreundschaft in der Praxis

In der Einleitung dieses Kapitels wurde festgestellt, wie sehr Psychiatrie-Erfahrene Mühe haben, Anschluss in der Gesellschaft zu finden. Menschen werden – wenn sie nicht sowieso zu Hause bleiben – auf die psychosozialen Institutionen zurückgeworfen, wie z.B. die Aktivitäten der Tagesstätten oder der Anlaufstellen.[33] Ein Grund dafür ist, dass die Tagesstätten ihre Brückenfunktion zu wenig nutzen; andererseits sind offenbar ‚die Einrichtungen', die in der Verlängerung der Tagesstätten liegen – Stadtteil- und Gemeindezentren, Sportvereine und ehrenamtliche Arbeit – nicht ohne weiteres zugänglich.

---

32 Victor Kal kritisiert an Emmanuel Levinas, dass dieser folgende Frage umgehe: die Notwendigkeit sich selbst zu hinterfragen (die eigenen Schritte oder die Identifikation mit den herrschenden Ordnungen), *mit dem Ziel*, für den Fremden zugänglich zu sein. Er kritisiert damit das – auch innerhalb der psychosozialen Versorgung verbreitete – Bild der Geißelung durch den anderen (V. Kal, 1999). Vgl. auch Ricoeurs Kritik an Levinas bei Van der Haak (1999, S. 165).
33 In einer Stadt wie Amsterdam (und auch in anderen Gemeinden) wurden unter anderem von den Kirchen, meist mit Unterstützung der Gemeinden, so genannte Anlaufstellen errichtet. Der Bedarf an niedrigschwelligen Treffpunkten ist, vor allem in einer großen Stadt, besonders hoch.

Wie wird im Projekt *Kwartiermaken* an dieser Zugänglichkeit gearbeitet? Im Folgenden wird über die Aktivitäten der *Wegbereiterin* im Bereich der psychosozialen Versorgung berichtet, die sie im Rahmen des Sozialprojekts organisierte, sowie bei Sport- und Nachbarschaftsvereinen und bei der ehrenamtlichen Arbeit (vgl. Scholtens und Kal, 1999). Diese Aktivitäten kann man prosaisch, aufklärend und bescheiden nennen, sie können aber auch als die Zwischenstufe bezeichnet werden, die als Vorbereitung zur Bewerkstelligung der Gastfreundschaft für den ‚fremden Anderen' dient.

Die *Wegbereiterin* hat mit allen Parteien Gespräche geführt, so dass jeder seine Sicht auf (den Mangel an) Integrationsmöglichkeiten kundtun konnte. Als Erstes wurde zusammen mit der Präventionsmitarbeiterin und dem Koordinator des Freundschaftsdienstes viel Zeit in das Kennenlernen von Patienten investiert, u. a. an den Orten, wo sie sich gewöhnlich aufhalten: im psychiatrischem Krankenhaus, in der Tagesstätte (damals noch auf dem Gelände des Krankenhauses), im Betreuten Wohnen. Doch auch außerhalb der Institutionen der psychosozialen Versorgung fanden Treffen mit Klienten statt. Ferner hat die *Wegbereiterin* Fachkräfte besucht, die sich innerhalb der psychosozialen Institutionen mit Tagesbetreuung und *individueller Begleitung* beschäftigen, und hat Kontakt zu der soziokulturellen Organisation *Bovos* und der Gemeinde hergestellt, die dafür verantwortlich ist. Profis der psychosozialen Versorgung (Wohnbetreuer, Ergotherapeuten, Fallmanager) und Mitarbeiter aus der Organisation für Tagesgestaltung und Arbeitsrehabilitation sind mit Beschäftigten der Organisation *Bovos* in *Arbeitstreffen* zusammengekommen. Ziel war ein gegenseitiges Kennenlernen und die Entwicklung eines gemeinschaftlichen Bezugsrahmens, so dass Verbindungen zwischen den psychosozialen Institutionen und dem Gesundheitsamt zustande kommen können. Dieses erwies sich, euphemistisch ausgedrückt, als nicht überflüssiger Luxus. Eine gegenseitige Orientierung fehlte nahezu gänzlich und außerdem kannte man die Situation und Ambitionen des Anderen gar nicht.

Zuletzt besuchte die *Wegbereiterin* fünfzehn Organisationen – Einrichtungen der stadtteilbezogenen Gemeinwesenarbeit und der ehrenamtlichen Arbeit sowie Sportvereine. Die Auswahl an Organisationen kam im Dialog mit *Reakt* und *Bovos* zustande und hing mit dem Interesse für die Zielgruppe und möglichen Anknüpfungspunkten zusammen. Nach eineinhalb Jahren wurden auf einer abschließenden Besprechung

– gemeinsam mit der Gemeinde und der Zielgruppe – die erarbeiteten Empfehlungen diskutiert.[34]

Die für das Projekt eingesetzte *Beratergruppe* wies darauf hin, dass *Kwartiermaken* auf der Suche nach einer Arbeitsform ist, bei der die sehr komplexe Problematik der Umsetzung konkreter Initiativen nicht im Wege stehen sollte. *Kwartiermaken* ist kein philosophisches Projekt. Umgekehrt sollten die konkreten Schritte nicht den (inhaltlichen) Ansatz des Projektes in den Hintergrund schieben. Stets wurde nach einer Vorgehensweise gesucht, die breite Zielsetzung von *Kwartiermaken* anwendbar zu machen. Im folgenden Teil zeige ich auf, wie das Problem des nicht ausdrückbaren Leidens, die Möglichkeit von Gastfreundschaft und der Aufschub in konkreten Situationen gesehen werden kann.

(a) Nicht ausdrückbares Leiden – Sprachlosigkeit – Der folgende Fall, beschrieben von der Therapeutin und Ex-Klientin Lauren Slater, zeigt auf dramatische Weise das Dilemma, das den Klienten, Rehabilitationsmitarbeitern und der Gesellschaft bevorsteht, wenn sie daran arbeiten, die Idee zu verwirklichen, „Mitglied dieser Welt zu werden", auch wenn man ‚anders' ist.

Außerdem macht der Fall deutlich, warum *Kwartiermaken* ‚im Allgemeinen' auf Engagement, auf ‚allgemeine' Wachsamkeit für Ausgrenzung abzielt. Nicht jeder, der die Kodes nicht kennt, die Gedanken anderer nicht versteht oder sie zu gut versteht, kommt oder will mit einem Schreiben vom Psychiater in die Gesellschaft hinein. Die Frage, ob und wie der im folgenden beschriebene *Joseph* einen Platz im Bildungssystem hätte finden können – ob er mit seinen Sprachproblemen an dieser Stelle hätte ernst genommen werden können – bleibt hier unbeantwortet.

---

34 Das *Kwartiermaken*-Projekt im System der Gemeinwesenarbeit weist Übereinstimmungen mit den Ausgangspunkten der reagierenden oder responsiven Evaluation auf, wie Abma (1996) in ihrer Dissertation darlegte. Man sollte 1) dem (Erfahrungs-) Sachverstand aller betroffenen Parteien gerecht werden; 2) die interaktiven Prozesse erleichtern; 3) während der Arbeit Themen finden und bearbeiten; 4) den Handlungsspielraum derer wiederherstellen, die ausgeschlossen sind; 5) Beziehungspunkte, verwandte Theorien und Praktiken suchen, die den Prozess unterstützen; und 6) für weniger kompetente Gruppen sorgen. Diese sollen in die Lage versetzt werden, (doch) am Prozess teilzunehmen. Zusammenfassend ist zu bemerken, dass ein responsiver Prozess bei den Teilnehmern das eigene Bewusstsein steigert und man eine informiertere und bereicherte Position einnimmt. Gleichzeitig nimmt auch das Verständnis für die Positionen und Vorstellungen anderer bedeutend zu. Dieser Prozess besitzt außerdem ein katalysierendes Moment, das Veränderung(en) stimuliert und erleichtert.

In der Chronik über ihre ersten Jahre als Therapeutin in Boston, *Welcome to My Country*, schreibt die Psychologin Lauren Slater (dt. *Als auf Oscars Bauch ein Raumschiff landete*, 1996) über Joseph D'Agostino, der in der Abteilung für chronisch Schizophrene lebt. Joseph hat einen derart unverständlichen Sprachgebrauch, dass es „unserem Denkvermögen Schmerzen zufügt", schreibt Slater. Die Fähigkeit, Worte zu gebrauchen, eine Geschichte zu erzählen, ist so grundlegend für menschliche Kontakte, dass Slater die Frage stellt, wie jemand diesen Verlust verkraften kann.

„Wir betrachten Sprache meist als eine Reihe von Fäden zwischen uns und dem Anderen, die uns näher zusammenbringen kann, doch bei Joseph bilden Worte eine Mauer." Joseph scheint auch zu erkennen, dass er die Sprache durcheinander haspelt, dass seine Gedanken verfließen und durcheinander laufen. Als Slater ihn eines Tages geradewegs fragt, wie es denn ist, so viel Mühe mit Worten zu haben, antwortet er langsam: „Es ist, als wäre man in (...) einem Drachen gefangen." Das ist die erste ‚Geschichte', die sie von ihm hört.

Nach einer gewissen Zeit und einer intensiven Therapie beschließt Joseph, sich an der Universität einzuschreiben. Er ist über vierzig, hat aber früher auch studiert.

Da es ihm nicht ohne weiteres gelingt, eingeschrieben zu werden, bespricht das Personal das Für und Wider einer Immatrikulation, und, ob und wie man Joseph dabei unter die Arme greifen könnte. Eine Immatrikulation würde sich ohne Zweifel als Balsam für sein ernsthaft geschädigtes Selbstwertgefühl erweisen. Es soll ihm Hoffnung schenken, sein verlorenes Sprachvermögen zurückzuerlangen. Denn so wurde sein Verlangen nach der Universität gedeutet: als ein bewusster Versuch, Stift und Papier unter Kontrolle zu bekommen. Doch für das Personal war es noch entscheidender, dass, wenn eine Uni in der Nähe ihn einschreiben würde, eine übereilte Flucht an eine Uni anderswo vermieden werden konnte. Dagegen sprach, dass Joseph so chaotisch war, dass er bei keiner einzigen (wenn auch noch so einfachen) Ausbildung würde durchhalten können. Ein eventuelles Scheitern könnte definitiv zu einer Depression führen. Nach ausführlicher Beratung meinte das Personal, dass Joseph auf jeden Fall die Chance bekommen sollte, das zu versuchen, was er sich so sehr wünschte. Er wurde mit einem Stipendium der Rehabilitationskommission unterstützt, um sich an einem Kolleg, wo er

3 Ein gastfreundlicher Empfang

keinen Aufnahmetest machen musste, einzuschreiben; dieses Kolleg war für die großen Unterschiede zwischen seinen Studenten bekannt. Das Kolleg richtet sich an Studenten aller Ränge und Stände aus der ganzen Welt; englischsprachige und nicht englischsprachige, junge und alte Studenten sowie Behinderte mit verschiedenen Arten von Behinderungen sind hier willkommen.

Joseph gab dem Betreuerteam keine schriftliche Zustimmung dafür, bei der Ausbildung über seine spezifischen Handicaps zu reden. (...) Slater sieht voraus, dass er auf den Tafeln der Seminarräume und in den starrenden Blicken seiner Mitstudenten ‚der Wahrheit seines geschädigten Geistes' ins Auge sehen muss. Als sie morgens vor seinem ersten Kurs sieht, wie er den Hügel hinabschlurft, fühlt sie sich, als ob sie jemanden sähe, der an einer Falltür anklopft, um eingelassen zu werden.

Diese Geschichte geht nicht gut aus. Beim zweiten Versuch der Leitung, die Zustimmung Josephs zu bekommen, mit seinen Dozenten Kontakt aufzunehmen, zerreißt er das Formular und wirft seine Tasche durch das Zimmer, wodurch all seine zerknüllten Zettel durch das Zimmer fliegen. Die Betreuer fragen ihn, ob er nicht lieber aufhören möchte zu studieren. Joseph ist einverstanden, nicht länger versagen zu müssen.

Doch es gibt eine positive Wendung in der Geschichte Josephs: Mithilfe des nicht nachlassenden Einsatzes seiner Therapeutin gelingt es ihm schlussendlich, einen Teil seiner Sprachfähigkeit zurückzugewinnen und seine eigene Geschichte fragmentarisch wiederzugeben.

Josephs Sprachgebrauch füge unserem Denkvermögen Schmerzen zu, so Slater. Seine Worte bilden eine Mauer statt ein Mittel zur Kommunikation. Joseph ist sich dessen bewusst; er fühlt sich wie in einem Drachen gefangen. Sein Leiden ist buchstäblich nicht ausdrückbar. In dieser Geschichte ist das Problem des Un(be)nennbaren, wie Lyotard es andeutet, besonders deutlich. Die Regeln der Sprache schließen die Sprache Josephs aus. Joseph bleibt in einem unbenennbaren Zustand stecken. Er will auch nicht, dass die therapeutischen Angestellten im Kolleg seinen Konflikt mit der Sprache bzw. seinen Widerstreit ansprechen. Die Gastfreundschaft des Kollegs bleibt stecken. Es kann das ‚Willkommen', das es anbietet, nicht wahr machen.

Lieferten die Gespräche der *Wegbereiterin* mit Klienten konkrete Vorschläge in Bezug auf die Zugänglichkeit der Angebote? Bei der regelmäßigen *Kaffeerunde* wurden Klienten, wie bereits ausgeführt, in verschiedenen Einrichtungen nach ihren Erfahrungen mit Organisationen außerhalb der Institutionen der psychosozialen Versorgung gefragt. Es war erschreckend zu merken, wie viele Menschen keinerlei Erfahrungen in diesem Bereich hatten. Das war auch eine Ursache für den meist vagen Charakter ihrer Empfehlungen in Bezug auf die Frage, wie das Gemeindehaus oder der Sportclub zugänglicher gemacht werden könnte. *„Es ist gut, wenn man irgendwo hingehen kann; einen Anlaufpunkt zu haben (...)."* Immer mehr kam die *Wegbereiterin* des *Kwartiermakens* dahinter, dass diese diffuse Antwort dem Wunsch entsprach, dass man ‚sich willkommen fühlt'. Obwohl man ‚sich nicht vorstellen kann', möchte man irgendwo willkommen sein. Was ist notwendig, damit man sich willkommen fühlt? Worin soll das Willkommensein bestehen?

(b) Gastfreundschaft – eine gastfreundliche Nische – Der Psychiater Detlef Petry als Fachmann für psychische Rehabilitation hat zur Charakterisierung des gastfreundlichen Raumes den Begriff *niche* eingeführt. Erstens ist das französische Wort *niche* ein Terminus aus der ökologischen Biologie. Es verweist in dieser Bedeutung dann auf das spezifische Ganze der Umgebungsfaktoren, die für das Überleben einer Population oder Art wichtig sind. Zweitens können wir *niche* auch mit Nische übersetzen und es hier als einen Raum sehen, der speziell frei gemacht oder ausgespart wurde, um jemandem Platz zu verschaffen. Der Begriff *Nische* aus der ökologischen Biologie hat zudem noch eine zweite Bedeutung, die, auf *Kwartiermaken* angewandt, eine unerwartete Perspektive bietet. Eine *Nische* hat nicht allein eine wichtige Bedeutung dafür, dass eine bestimmte Population erhalten bleibt, sondern besitzt auch eine Funktion für das ökologische System als Ganzes. Eine Nische in der Gesellschaft – ein Gemeindehaus zum Beispiel – hat die folgenden Eigenschaften:

1) Es ist eine Umgebung mit angenehmen räumlichen Verhältnissen, mit Menschen, die emotional unterstützen und Zeit haben, und wo Aktivitäten geboten werden, die von den Betroffenen als sinnvoll erlebt werden.
2) Es ist eine Umgebung, in der der Betroffene (wieder) selbst Entscheidungen treffen, sich selbst als handelnde Person erleben und in Ruhe seine Überlebensstrategien ausprobieren kann.

3) Es ist eine Umgebung, in welcher der Betroffene ein Selbstwertgefühl entwickeln kann, eine Umgebung, die zur Mitsprache einlädt, sowohl im persönlichen Betreuungsprozess als auch in der Organisation, deren Teil er ist (frei nach Petry und Nuy, 1997). In der Nische scheint also eine Konkretisierung der Chora bzw. der Gastfreundschaft zu finden zu sein.[35]

Wie erging es der *Wegbereiterin* auf ihrer Runde durch die Gemeindezentren, Sportclubs und Organisationen der ehrenamtlichen Arbeit? Stieß sie dort auf solche Nischen? Wollte man zur Nischenbildung beitragen? Zuerst kann gesagt werden, dass man beinahe überall für ein Gespräch mit der *Wegbereiterin* offen war. Auffällig war, dass Menschen, die beispielsweise als Profi oder Familienmitglied selbst Erfahrungen mit der Psychiatrie hatten, motivierter auf das Angebot des *Kwartiermakens* reagierten als andere. Je mehr man sich Vorstellungen von den Problemen der Zielgruppe machen konnte, desto besser sah man auch die Probleme auf der eigenen Seite: die hohen Schwellen u.a. durch die Verschlossenheit mancher Gruppen.

Wichtig ist, darauf hinzuweisen, dass es daneben auch unproblematische Erfahrungen gab. Zu oft wird so getan, als ob nur die psychosozialen Institutionen mit Psychiatrie-Erfahrenen zu tun haben. Aus der zu Beginn dieses Kapitels angeführten Untersuchung ging vor allem hervor, wie schlecht diese Menschen in der Gesellschaft Anschluss finden. Aber es gibt auch Menschen aus der Zielgruppe, die durchaus in Stadtteil- oder Gemeindezentren oder in der ehrenamtlichen Arbeit dabei sind. Deshalb war es auch so wichtig, dass die *Wegbereiterin* persönlich bei den Organisationen vorbeiging, um zu hören, was diese zu sagen hatten. Dabei wurde immer wieder deutlich, wie sehr die Arbeit in Stadtteil- und Gemeindezentren von ehrenamtlichen Mitarbeitern getragen und verwaltet wird. Profis spielen höchstens eine Rolle im Hintergrund.

Die dargestellte Situation hat zur Folge, dass ein Besucher eines Gemeindehauses o.ä. über beträchtliche Fähigkeiten verfügen muss, um

---

35 Die Umschreibung einer Nische entspricht beinahe dem, was der *Raad voor Maatschappelijke Ontwikkeling* (RMO, Dt. *Rat für gesellschaftliche Entwicklung*) in den Niederlanden in seinem Ratgeber *Aansprekend burgerschap* als ‚eine sichere Umgebung' umschreibt. Sichere Umgebungen sind übersichtlich, bieten Identifikationsmöglichkeiten und Raum zur persönlichen Entfaltung und Beeinflussung. Sie tragen zum Selbstbewusstsein bei und werden freiwillig betreten (vgl. *RMO*, 2000).

zum Zuge zu kommen. Das Angebot ist – beeinflusst von der Denkweise mündiger und sich selbst zurechtfindender Bürger – eine Summe von Initiativen aktiver Bewohner der Nachbarschaft. Das scheint zwar demokratisch und schön zu sein, aber Menschen, die diese Fähigkeit zur Selbsthilfe nicht besitzen, kommen nicht so einfach zum Zuge. Für Menschen am Rande funktioniert das Gemeindehaus nicht immer als gastfreundlicher Ort. Das erleben übrigens die Leiter der Gemeindezentren selbst auch so. Es ist nötig, dass sich die Gemeinwesenarbeit aktiv daran orientiert, wie Menschen in Randgruppen – in all ihrer Vielfältigkeit – im Leben stehen, an welche Grenzen sie stoßen, was für sie von Interesse ist und wie ein Angebot dafür erarbeitet werden kann. Dabei scheint es notwendig, das Verhältnis zwischen Profis und ehrenamtlichen Mitarbeitern umzugestalten. Die Erwartung, die jetzt an ehrenamtliche Mitarbeiter gestellt wird, für einen Ort zu sorgen, an dem zwischen den verschiedenen Gruppen eine Verbundenheit herrscht, scheint zu groß. Man ist oft höchst motiviert, aber an der Grenze seines Könnens und fühlt sich nicht ohne weiteres in der Lage, Menschen aus gefährdeten Gruppen einen gastfreundlichen Empfang zu bereiten. Es fehlt, so meint man, die Fähigkeit, die Gruppenprozesse, die an solchen Orten auf der Tagesordnung stehen und die auch durch den Widerstreit verkompliziert werden, in die richtigen Bahnen zu lenken.

Die *Wegbereiterin* strebte gleichzeitig nach einer Erweiterung der Möglichkeiten für Menschen aus der Zielgruppe, selbst als ehrenamtlicher Mitarbeiter aktiv werden zu können. Die ehrenamtliche Arbeit sollte in erster Linie ein Ort sein, an dem Gastfreundschaft herrscht; ein Freiraum, eigene Fähigkeiten auszuprobieren und Verantwortung zu übernehmen. Ehrenamtliche Arbeit muss die Chance bieten, dazuzugehören, Teil einer Organisation zu sein. An diesem Freiraum-Charakter der ehrenamtlichen Arbeit kann in vielen Fällen allerdings kaum festgehalten werden. Vieles von dem, was die ehrenamtlichen Mitarbeiter tun, ist einfach Arbeit, die getan werden muss. Es geht nicht nur speziell um die Gemeindezentren.

Zusammengefasst lassen sich Gemeindezentren, Sportclubs und Organisationen der ehrenamtlichen Arbeit kaum als die hierfür beschriebene *Nische* charakterisieren. Die Bereitschaft, für Psychiatrie-Erfahrene von Bedeutung zu sein, schien jedoch groß. Außerdem hatte man einen Blick für die Problematik des Widerstreits. Man war sich bewusst, dass Gastfreundschaft für diese spezielle Gruppe oft mehr erforderte. Es wurde deutlich, dass man tatsächlich längst nicht immer die Gelegenheit hatte, etwas Außergewöhnliches zu bieten. Um Gastfreundschaft zu ermöglichen, ist unbedingt ein Zwischenschritt notwendig.

(c) Aufschub – ein Sachbearbeiter für Gastfreundschaft und Buddys als Mentoren
Bei der regelmäßig stattfindenden *Kaffeerunde* kam heraus, dass es viel ausmachen würde, wenn sich bei der Aktivität, an der man teilnehmen möchte, oder an dem Ort, an dem man ehrenamtliche Arbeit leisten möchte, jemand als Gefährte oder Mentor, als Gastgeber oder Gastgeberin zur Verfügung stellen würde. Dieser könnte dann den Neuling einführen, ihn oder sie mit der Situation vertraut machen und als Ratgeber fungieren. Solch ein Mentor könnte ein Schicksalsgenosse sein, jemand, der sich bereits einen Platz in der Organisation erworben hat und sich gut in den Neuankömmling hineinversetzen kann. Allerdings wäre es auch sehr schön, wenn gerade andere aus der Organisation sich als Mentor anbieten würden. Ob nun ein Leidensgenosse oder ein ‚anderer Anderer' sich als ‚Buddy' oder Mentor zur Verfügung stellt, in beiden Fällen ist das *Engagement* der Leitung und der Koordinatoren wichtig. Der Buddy muss die Chance bekommen, für den ‚fremden Vogel' das Eis zu brechen.

Ein wichtiger Erfolg dieses Teilprojekts ist die Anstellung eines (von der Gemeinde finanzierten) *Sachbearbeiters für Gastfreundschaft* bei der Organisation *Bovos*. Dieser hat die Aufgabe, mit den Teilnehmern herauszufinden, was sie wollen und, falls nötig, sie an die von ihnen gewünschten Stellen bei den Hobby- und Kursangeboten oder für ehrenamtliche Arbeit zu vermitteln. Da der Sachbearbeiter bei *Bovos* angestellt ist, weiß er über die Atmosphäre und Möglichkeiten der Gemeindezentren und Sportclubs Bescheid, während die Zentrale der ehrenamtlichen Arbeit auch ein Teil von *Bovos* ist. Gleichfalls gehört das Suchen nach Mentoren zu den Aufgaben dieses Sachbearbeiters. Dieser bleibt für Teilnehmer und Mentor ein Rückhalt. Über längere Zeit hinaus wird die Vermittlung zwischen Buddy und Teilnehmer beobachtet und ausgewertet. Damit ist die Infrastruktur der Gemeinwesenarbeit wirklich gestärkt und wird ein Zwischenschritt geschaffen, in der der Widerstreit anerkannt wird. Indem man für den Ort, wo ein gastfreundlicher Empfang Gestalt annehmen kann, einen Buddy aussucht, wird der normale Ablauf buchstäblich unterbrochen und nimmt die Nische Form an.

3.5 Ideologie der Normalität

Im Folgenden wird hier über zwei Denkarten auf dem Gebiet der Gemeinwesenarbeit reflektiert, bei denen der Widerstreit nicht anerkannt wird und der genannte Zwischenschritt bzw. die Reflexion oder der Aufschub vernachlässigt wird. Die angestrebte Gastfreundschaft stagniert dementsprechend.

Denken an den doppelten Gewinn – „Wir denken, dass das Potenzial, das in der Gesellschaft vorhanden ist, um Menschen einen lebenswerten Platz in der Gesellschaft zu geben, wesentlich größer ist, als allgemein angenommen wird. Hindernisse gibt es vor allem durch die Art und Weise, wie bisher psychosoziale Versorgung organisiert wurde, sei es bei den Klienten oder in der Gesellschaft."

Unter diesem Motto riefen Organisationen der sozialen Arbeit und Institutionen der psychosozialen Versorgung in den 1990er Jahren als ehrenamtliche Arbeit „Projekte für besondere Vermittlung" ins Leben. Die Arbeitsweise solcher Projekte ist klar. Man geht von zwei Interessenten aus: Der ehrenamtliche Mitarbeiter (ein Klient aus dem Bereich der psychosozialen Institutionen) möchte Arbeit – und es gibt eine Organisation, die einen ehrenamtlichen Mitarbeiter sucht. Der Vermittler sieht beide als Kunden. Die Vermittlung muss für beide erfolgreich sein. Es gibt eine Rückbezüglichkeit. Der Vermittler kommt nicht mit einem Problem, sondern mit einer Lösung. Er hat einen ehrenamtlichen Mitarbeiter und die Organisation braucht einen. Die Institutionen der psychosozialen Versorgung sind häufig zu sehr auf die Einschränkungen der Menschen konzentriert und zu ängstlich wegen möglicher Rückfälle. Außerhalb dieser Institutionen ist man pragmatischer und offener für Neuerungen, man sieht den Klienten als Mitwirkenden und nicht als Patienten.

Dass dieses Denken an den doppelten Gewinn in gewisser Hinsicht stimmig ist, steht außer Frage und sei hier betont. Der Aufschub – so könnte man sagen – bezieht sich in erster Linie auf die Vorurteile der Institutionen selbst, in Bezug darauf, was ‚ihre' Klienten ‚können', und hinsichtlich ihrer Fixierung auf das ‚Nicht-Können'. Doch bleiben manche Implikationen dieser Art schneller Geschichten außerhalb des Blickfeldes. Wir haben hier zuvor gesehen, dass es auch bei der ehrenamtlichen Arbeit einen Arbeitsdruck gibt. Man kann gut Menschen gebrauchen, aber es muss schon (hart) gearbeitet werden. Organisationen berechnen sehr genau, ob ein ehrenamtlicher Mitarbeiter mehr (Geld) kostet, als er einbringt. Wenn diese Schätzung negativ ausfällt, findet das Fest, Mitglied der Welt zu werden, nicht statt. In erster Linie haben dann die Psychiatrie-Erfahrenen das Nachsehen.

Die Popularität des Denkens an den doppelten Gewinn hat mit der Einfachheit dieses Denkens zu tun. Was gibt es Schöneres, als zwei Fliegen mit einer Klatsche schlagen zu können? Man braucht seine Hände nicht schmutzig zu machen, man braucht nicht zu wählen. Man braucht nicht auf eine, oftmals als moralistisch erfahrene, Rechtfertigung zurückzugreifen. Man kann in holländischer Kaufmannsart auf das eigene Interesse hinweisen. Das Verbessern der Welt kann ohne seine lästigen Seiten durchgeführt werden (Hilhorst, 1996). In dieser Philosophie des doppelten Gewinns scheint es keine Verlierer zu geben. Das *Poldermodell*[36] funktioniert aufgrund dieser Argumentation. Es zeigt allerdings nicht die Lücken dieser Argumentation. Der Widerstreit wird negiert. Erstens gibt es Gruppen von Menschen, die nicht ins Muster passen; auch bei den genannten Projekten wird stark selektiert, um die vereinbarten Ziele zu erreichen. Das messbare Ergebnis zählt mehr als die Menschen, für die eine komplexere Herangehensweise notwendig ist. Wenn man die Schwächsten vorgehen lässt, ist die Wahrscheinlichkeit groß, dass man als Organisation an zu geringer Produktivität zugrunde geht. Zweitens gibt es Gruppen von Menschen, die diese Investition etwas kostet, die zusätzlichen Einsatz bieten, die kompromissbereit und geduldig sind. Der Einsatz, der notwendig ist, um einen wirklich heterogenen Weg einzuschlagen, wird bei der Idee des doppelten Gewinns verschwiegen.

Das Denken an den doppelten Gewinn funktioniert also nicht ganz. Lösungen mit doppeltem Gewinn beinhalten das Versprechen, dass sie ohne Problem, also ohne Abweichung vom gewohnten Lauf der Dinge, eingeführt werden können. Das ist gewiss bei Menschen mit psychiatrischer Krankengeschichte nicht so einfach oder noch längst nicht der Fall. In diesem Sinne könnte man denen, die eine Situation mit doppeltem Gewinn anstreben, den Verlust des Realitätssinns unterstellen. Sie tun so, als ob es unnötig wäre, zu kämpfen, als wäre nichts passiert. Das System des doppelten Gewinnens verspricht eine ‚hygienische Politik', in

---

36 Maßnahmen der niederländischen Regierungen ab 1983, die von einem fortwährenden Bemühen um Konsens und Konsultation der verschiedenen am Wirtschaftsprozess beteiligten Partner geprägt waren. (vgl. www.niederlandenet.de)

der alle Interessen harmonisch vereint sind (Hilhorst, 1996). Es müsse nicht diskutiert werden, und auch philosophische Reflexionen seien nicht vonnöten. Keine einzige Vorliebe müsse überdacht werden. Man müsse nur die Augen öffnen. Das Erkennen von Widerstreit impliziert, dass Integration einen moralischen und politischen Appell erfordert, oder anders gesagt: eine besondere Verantwortung. Das kann übrigens zu der Erkenntnis führen, dass der Umgang mit den fremden Anderen zu einer fürsorglicheren Kultur für alle führt. Aber auch das geschieht nicht von selbst. Und die Bewegung ist eigentlich umgekehrt. Man braucht die fürsorgliche, gastfreundliche Kultur für den (ersten) fremden Anderen und das führt dann erst zu einer fürsorglicheren Kultur für alle. Sie kommt also nicht durch eine Hintertür, nicht einfach so als Geschenk, nicht, ohne auch die „Belastung" des „Ungewöhnlichen an der gewöhnlichen Arbeit" zu benennen (Mans, 2000, S. 35). Darin besteht der Aufschub.

Eigenverantwortung – Es ist auffallend, wie oft Eigenverantwortung als Ziel der Politik genannt wird. Der diesbezügliche Nachdruck hat in Zoetermeer zur Folge, dass sogar die Zentrale der ehrenamtlichen Arbeit nur mit ehrenamtlichen Mitarbeitern arbeitet. Das Projektbüro, in dem professionelle Kräfte der Organisation *Bovos* zusammengefasst sind, hat eine minimale Besetzung und arbeitet vor allem reagierend, d.h. im Auftrag Dritter. Oft muss auch die eigene Finanzierung geregelt werden. So musste die *Wegbereiterin* für die Teilnahme von *Bovos* an dem sozialen Projekt des *Kwartiermakens* – das Mitdenken über die Möglichkeiten gemeinnütziger Arbeit für die Menschen mit psychiatrischem Problem – bei der Gemeinde Zoetermeer einen Antrag auf finanzielle Unterstützung stellen.

In den 70er Jahren bestand in den Niederlanden das Ideal darin, dass die soziokulturelle Arbeit einen Beitrag zur Emanzipation und Selbstverwirklichung der Nutzer dieser Angebote leistete; in den nachfolgenden Jahren trat eine Verdinglichung ein, und es wurde von den Kunden erwartet, dass sie sich wie mündige Bürger verhielten. Unter dem Deckmantel der Entideologisierung wurde faktisch eine neue Ideologie propagiert: der sich zurechtfindende Bürger. Die Wirkung dieser Ideologie war die Einführung des Marktmechanismus, mit der Folge der Kommerzialisierung des Angebots. Die Profis mussten sich immer mehr auf ihre Schreibtischarbeit zurückziehen, und die meiste Arbeit wurde von – oft nur

3 Ein gastfreundlicher Empfang

wenig begleiteten – ehrenamtlichen Mitarbeitern erledigt. Ehrenamtliche Mitarbeiter wurden unter diesen Bedingungen mehr und mehr zu Para- oder Halbprofis.[37] Bürger aus Randgruppen scheinen unter der wachsenden Kommerzialisierung der soziokulturellen Arbeit zu leiden. Die so gepriesene ‚Wahlfreiheit', von der gesagt wird, dass sie durch den Marktmechanismus gefördert werde, verkehrt sich für diese Gruppen ins Gegenteil. Eine Verschlechterung des Angebots auf dem Gebiet der Erholung, Entspannung, Begegnung und der ehrenamtlichem Arbeit ist eingetreten, alles Funktionen, die in den Tagesstätten für Psychiatrie-Erfahrene eminent wichtig sind. Ein herausragendes Ziel der Arbeit wurde auf diese Weise in den letzten Jahrzehnten durch die Sparzwänge in Politik und Verwaltung untergraben (siehe auch Spierts, 2000)[38].

Aber noch eine andere, mehr inhaltliche Frage spielt eine Rolle. Eigenverantwortung und Autonomie werden oft in einem Atemzug genannt; beide werden oft als Synonym von Selbständigkeit und Unabhängigkeit verwendet. Manchmal scheint es, als ob die Politiker meinen, dass Eigenverantwortung die Sache auch fördert. Dem steht eine Bemutterungspolitik gegenüber, bei der Menschen einfach nur abhängig gemacht werden. Ohne diese Gefahr abtun zu wollen: Für Menschen mit dauerhafter psychiatrischer Problematik ist Autonomie keine Selbstverständlichkeit. Das ist etwas, was unterstützt werden muss, wenn es so weit kommen soll. Wenn man zu entschlossen oder voreilig von Eigenverantwortung ausgeht, unterstützt diese Ideologie die Vernachlässigung; Menschen werden dann ihrem Schicksal überlassen. Dann muss man in Wirklichkeit von Gleichgültigkeit sprechen. Man braucht eine neugierige Haltung, um dahinter zu kommen, wonach jemand verlangt und wie z.B. das Gemeindezentrum, der Sportverein oder die ehrenamtliche Arbeit dabei nützlich werden können. Das erfordert manchmal viel

---

37 Soziokulturelle Arbeit in den Niederlanden beinhaltet Vereinsarbeit und Arbeit in so genannten Nachbarschaftstreffs, die sich neben Freizeit-, Erziehungs- und Aufbauarbeitsangeboten mit Kunst und Kultur beschäftigt. Inhärent an der Herangehensweise ist, dass sich die Mitarbeiter auch mit gesellschaftlichen Fragen der Marginalisierung und Ausgrenzung beschäftigen (Spierts, 2000).

38 Bereits seit einigen Jahren gibt es in den Niederlanden eine Bewegung, die die soziokulturelle Bildung wieder mehr in den Vordergrund rücken will. Im Zusammenhang mit den Aspekten der Integration und der gesellschaftlichen Partizipation werden neben kulturellen Minderheiten und Gruppen wie Flüchtlinge vor allem körperlich und geistig Behinderte und (ex-)psychiatrische Patienten genannt. Durch die Offenheit für diese Gruppen versucht man, die gegenseitige Offenheit zwischen diesen und anderen Gruppen zu vergrößern (Spierts, 2000). Vgl. auch analysierend Duyvendak, 1996.

Geduld und Beharrlichkeit. Ein Begriff wie Eigenverantwortung muss dann zurückgehalten werden, gerade auch, um Autonomie im Sinne von Selbstbestimmung zu ermöglichen (s. auch Widdershoven, 2002).

Eigentlich ist Eigenverantwortung ein hartherziger und widersprüchlicher Begriff: Jemand, der es verdient, dass ihm geholfen wird, bekommt zu hören, dass er sich selbst retten muss. Menschen, die im Prinzip für sich selbst sorgen können, werden nicht mit diesem Begriff belästigt. Gerade also die Menschen, die nicht gut für sich selbst sorgen können, bekommen zu hören, dass sie sich selbst zurechtfinden müssen (siehe auch Heerikhuizen 1997).

3.6 Zusammenfassung

Weißt du, was schlimm ist! Das ständig zurückkehrende Gefühl der Hoffnung, dazuzugehören (Silver, 1996, S. 32).

Im Mittelpunkt dieses Kapitels stand die Frage, wie Menschen außerhalb der Institutionen der psychosozialen Versorgung eine gastfreundliche Aufnahme geboten werden kann. Aus Untersuchungen geht hervor, dass es dahingehend ein großes Bedürfnis zu geben scheint. Die Hälfte der Besucher der Tagesstätten möchte (auch) außerhalb dieser Institutionen etwas unternehmen. Nur ein Drittel der untersuchten Gruppe scheint dies nach ungefähr einem Jahr erreicht zu haben, und von denjenigen Menschen, die schon eher anderswo aktiv waren, hörte beinahe ein Drittel wieder damit auf. Menschen mit psychiatrischer Problematik fühlen sich nicht einfach so willkommen, nicht einfach so angenommen oder sie fühlen sich nicht richtig wohl. Daneben gibt es dann noch eine Gruppe von Menschen mit psychiatrischer Problematik, die nie vor die Tür kommt. Wir haben versucht, nachvollziehbar zu machen, dass die Situation, in der der Kontakt zwischen dem Normalen und dem Verrückten nicht zustande kommt, was zur Isolation und zur Ausgrenzung führt, *Kwartiermaken* erfordert. Es ist notwendig, einen Zwischenschritt zu unternehmen, der zur Schaffung von Nischen führt, das heißt, zu gastfreundlichen Orten mit einem ansprechenden Angebot und Menschen, die emotional unterstützen und die sich Zeit nehmen. *Kwartiermaken* ist so im Wesentlichen das Organisieren von Gastfreundschaft außerhalb der Psychiatrie.[39]

3 Ein gastfreundlicher Empfang

Die Problematik der gastfreundlichen Aufnahme wurde in drei Aspekten entfaltet: nicht ausdrückbares Leiden, Gastfreundschaft und Aufschub. Festgestellt wurde, dass der Widerstreit oder auch die Reibung, von der beim Finden von Anschluss die Rede ist, in konkreten Fällen nicht leicht zu verdeutlichen ist und dass genau diese Tatsache das Problem ist. Die Dringlichkeit von gastfreundlichen Räumen ist damit umso mehr gegeben. Derrida hat das, was zur Diskussion steht, wenn man Gastfreundschaft anbietet, auf den Punkt gebracht: Die Bitte des ‚Fremden' um Aufnahme impliziert, dass der Gastgeber oder die Gastgeberin bereit ist, selbst ein wenig ‚fremd' zu werden. Im Hinblick auf den Zugang für den Fremden erlaubt sich derjenige, der Gastfreundschaft gewährt, aus der Sicht der herrschenden Muster eine kritische, interpretierende und reflektierende Haltung.

In der Praxis des *Kwartiermakens* in Zoetermeer wurde diese Arbeit des Willkommenheißens umgesetzt. Die Untersuchung zu dem gewohnten Ablauf der Dinge führte zur Anstellung einer *Sachbearbeiterin für Gastfreundschaft*. Diese bespricht einerseits mit dem Klienten zusammen die Frage, bei welcher Organisation er teilnehmen will, und andererseits organisiert sie dort ‚Freunde' als ‚Gastgeber', wo Gastfreundschaft gefragt ist. Wo der normale Lauf der Dinge den Zugang zu den Angeboten des Gemeinwesens zu versperren schien, ist durch diesen Zwischenschritt Raum für den fremden Anderen geschaffen worden. Damit wird deutlich, dass die Anerkennung von Widerstreit nicht zu einem ‚Recht, nicht gestört zu werden' oder zu Abstand und Ausgrenzung führen muss. Wo man sich verantwortlich fühlt, den normalen Lauf zu unterbrechen, und dem Aspekt der Gastfreundschaft (programmatisch) Form verleiht, eröffnet sich eine andere Perspektive. Die Verantwortlichen in Zoetermeer ermöglichten die Stelle einer Sachbearbeiterin für Gastfreundschaft, und Teilnehmer bewarben sich als ‚Freund'/‚Buddy'. Damit ist eine Form entstanden, an Gastfreundschaft zu arbeiten, die eine echte Begegnung mit dem ‚fremden Anderen' ermöglicht.

---

39 Paul Visscher ist der Meinung, dass auch innerhalb der psychiatrischen Versorgungssysteme ‚kwartiergemaakt' werden sollte: „Die beiden ‚fremden Welten' müssen zu etwas Menschlichem aneinander geschmiedet werden. Immer mehr entdecke ich, dass Einäugigkeit eine große Rolle innerhalb dieser zwei Welten spielt. Um adäquat auf die andere Welt zu reagieren, muss man den zerrütteten Menschen hinter dem Menschen sehen." (*Kwartiermakerkrant* Nr. 5, S. 7).

4 Andersdenken über Anderssein

Solange sich die Gesellschaft nicht verändert, hast du deine Schäfchen im Trockenen. Dann werden die Patienten schon eingeliefert, ob krank oder nicht, ob gern oder ungern. (...) Hast du eine Ahnung, was die Gesellschaft bezahlt, um mich hier zu behalten? Das kostet zweitausend Gulden pro Monat. Aber es kratzt dich nicht, dass ich zweitausend Gulden pro Monat koste, denn du musst das nicht bezahlen. Das bezahlt der kleine Mann. Das bezahle ich, ob ich will oder nicht. (...) Weißt du, was ich denke? Dass du zu Hause mit deiner Frau auch diese verdammten Zigaretten rauchst. Du willst es nur nicht offen zugeben, aber du bist ganz einfach ein Kommunist. (...) Machst du eigentlich etwas für mich? Veränderst du mich? Hörst du mir zu? Das ist mein Recht! Du tust nichts. (...) Mit dem Geld (das deine dreckige Anstalt kostet) könnten eine Million Hörgeräte gekauft werden.

JAN ARENDS, 1972

4.1 Einführung

Die medizinisch gefärbte Fachsprache ist wie ein Klotz am Bein. Sie verdirbt die genaue Vorstellung. So werden wir nie die Chance bekommen, dazuzugehören. Psychiatrische Krankheitsbilder geben uns Kunden eine wertlose Marktposition und eine Objektidentität (De Jonge, 1999).

Würde ich die Frage, ob ich eine chronische Krankheit habe, mit Ja beantworten? Zuerst würde ich mich fragen, was für ein Bild jemand im Hinterkopf hat, der diese Frage stellt, und dann würde ich zögern, wie ich antworten würde. Wenn mir der Fragende wie jemand vorkommt, der chronisch Kranke für arme Schlucker hält, würde ich betonen, dass chronisch Kranke wirklich nicht anders leben als alle anderen Menschen. Vermutete ich dagegen, dass der Fragende mich wie jede durchschnittlich gesunde Person sähe, würde ich vielleicht eher von dem Maß reden, in dem ich mich anders fühle (Ingrid Baart, 1996).

‚Geisteskrankheit' ist eine theoretische, medizinische Erklärung für das Elend des Menschen. Aus eigener Erfahrung kann ich sagen, dass die medizinische Theorie die Fähigkeit des Menschen, seine eigenen Schmerzen zu verstehen und mit ihnen umzugehen, trübt. Als ich 21 Jahre alt war, bekam ich nach einer Fehlgeburt Depressionen; und das so heftig, dass ich nicht länger funktionierte. Ich konnte nicht glauben, dass ich mein Baby nicht mehr in mir trug, dass ich es nicht zur Welt bringen würde. Mein Gynäkologe machte sich Sorgen und überwies mich zu einem Psychiater. Von da an begann die Medikation einer peinlichen und geteilten menschlichen (weiblichen) Erfahrung. Ich entfremdete mich von meinen eigenen Gefühlen und entfernte mich von meiner Selbstheilungskraft. Als klar wurde, dass die Tabletten keine Lösung boten, dass es mir nicht besser ging, war die logische Schlussfolgerung, ich sei ernsthaft krank. Ein Klinikaufenthalt war der nächste Schritt. Es kam mir merkwürdig vor, dass sich niemand um meine Gefühle zu kümmern schien. Jetzt weiß ich, dass wirkliche Hilfe mir dabei hätte helfen müssen, mein Leiden anzuerkennen und zu lernen, mit Enttäuschungen umzugehen. Ich weiß das heute, zum Teil auch, weil mir Jahre später auf diese Weise geholfen wurde. Ich bekam Hilfe von einem nicht-medizinischen Krisenzentrum, wo allgemeine Menschlichkeit der Helfer und der Betroffenen als Art und Weise der ‚Behandlung' genutzt wurde. Ich erfuhr, wie eine intensive Krise mit Hilfe einer erneuten Bestätigung von geteilter Menschlichkeit erleichtert werden kann (Chamberlin, 1978).

Zur Gesundung nach einer psychiatrischen Erfahrung braucht man die anderen. Gesundung bedeutet ‚vollständig werden', ein Mensch mit vielen Facetten, und niemand kann ein Ganzes werden, wenn er von der Gesellschaft, in der wir leben und arbeiten, isoliert wird. Fehler zu machen und Irrtümern zu erliegen, gehört auch dazu. Ein Irrtum ist aber kein Zusammenbruch und muss nicht gleich zu einer Flucht ins psychiatrische System führen. Statt uns mit unserer schwachen Seite zu konfrontieren, geben wir unserem biologischen System, nicht aber unserem Menschsein, die Schuld (Coleman, 1999).

Ich bin keine psychiatrische Krankheit. Jeder von uns, der irgendwann eine psychiatrische Diagnose auferlegt bekam, hat einen Prozess der Gesundung durchzustehen. Gesundung ist etwas anderes als Genesung. Es ist mehr als genesen. Gesundung bedeutet, dass man die Überzeugung hat, dass man zu einem Leben als psychiatrischer Patient verurteilt ist. Gesundung bedeutet, dass dasjenige, was dir zugestoßen ist, dasjenige, was dich zum psychiatrischen Patienten gemacht hat, einen besonderen Platz in deinem Leben bekommt und dass du von da aus weitergehen kannst, deine Möglichkeiten entdecken und nutzen kannst. Es ist wichtig einzusehen, dass wir uns nicht nur von unseren psychischen Problemen erholen müssen, sondern auch von allem, was auf eine psychiatrische Diagnose folgt. Man wird dir sagen, dass es dein Ziel ist, ‚normal' zu werden und einen akzeptablen Platz in der Gesellschaft einzunehmen. Eine solche gesellschaftliche Rolle ist aber leer, wenn ihr nicht eine Bedeutung gegeben wird und wenn diese Rolle nicht mit deinen eigenen Zielen ausgefüllt wird. Du brauchst nicht normal zu werden, das ist nicht unsere Aufgabe (Deegan, 1993).

Die oben angeführten Äußerungen Psychiatrie-Erfahrener erhellen, wie Menschen mit einer chronischen Krankheit oder mit psychiatrischen Problemen mit negativen gesellschaftlichen Vorstellungen von ‚chronischen Krankheiten' und ‚Behinderungen' ringen. Sie illustrieren, wie man unter rigiden Zuschreibungen leiden kann, und zeigen das Bedürfnis nach offenen Vorstellungen, die Differenzierung zulassen. Das Bild, das die Psychiatrie als Institution darstellt, ist zu rigide und damit einseitig. Die herrschende biomedizinische Vorgehensweise scheint einem nuancierten oder differenzierten Selbstbild der psychisch leidenden Menschen im Wege zu stehen. Außerdem bestimmt dieser Ansatz wesentlich das Bild, das in der Gesellschaft über Verrücktheit existiert.

Thematik – Ist es möglich, auf eine andere Weise über das ‚Anderssein' der Menschen mit psychiatrischen Problemen zu denken? Ist ein Andersdenken über Anderssein und damit ein anderes Sprechen und ein anderes Handeln in der Gesellschaft möglich? Gibt es einen ‚gastfreundlicheren Sprachgebrauch', der das Anderssein nicht verschleiert, sondern dem ‚Andersmenschsein' mehr Chancen bietet? Gibt es Möglichkeiten, andere zu Wort kommen zu lassen, zum Beispiel die Psychiatrie-Erfahrenen, und ihrer ‚Sprache' Mitspracherecht zu geben und Gehör zu schenken? Anders gesagt, kann das Monopol des psychiatrischen Diskurses durchbrochen werden? Was steht dabei zur Diskussion?

In diesem Kapitel steht die Hypothese im Mittelpunkt, der psychiatrische Diskurs sei ein normativer Diskurs, der Normalität definiert und damit über Einbeziehung und Ausgrenzung entscheidet. Es ist auch ein anderer Diskurs möglich, der bestimmte Vorstellungen durchbricht, so dass derjenige, ‚für den keine Sprache vorhanden ist', die Chance bekommt, sich verständlich zu machen. Dieses Sprechen ist – unter bestimmten Bedingungen – ein wichtiger Teil in der Praxis von *Kwartiermaken*, u.a. im *Multilog*.

Im Folgenden wird zuerst wieder ein Exkurs über das Denken Lyotards vorgenommen, mit einem Versuch, weiter über Unterschied und Widerstreit nachzudenken. Danach wird untersucht, wie kritische Psychiater und andere für Mehrstimmigkeit und Hermeneutik (die Lehre der Interpretation) in der Psychiatrie eintreten. Zum Dritten wird das Konzept *Multilog* als ein spezifisches Programm, in dem ‚Andersdenken über Anderssein' geübt wird, vorgestellt.

4.2 Ein Vokabular des Unterschieds

Im vorangegangenen Kapitel 3 wurde schon über die Bedeutung des Lyotard'schen Begriffs von Widerstreit als einem Streit über einen Streit gesprochen, der entsteht, wenn der andere den Streit nicht in solcher Weise empfindet. Ich habe diesen nicht ausdrückbaren Widerstreit mit dem Zustand der Sprachlosigkeit in Zusammenhang gebracht. Oft finden sich Menschen mit einer psychiatrischen Krankengeschichte in diesem Zustand wieder, wenn sie am normalen gesellschaftlichen Leben teilhaben (wollen). In diesem Abschnitt steht die Art und Weise, in der eine bestimmte Art des Sprechens eine andere ausgrenzt, im Mittelpunkt. Erfahrungen, die sich nicht in dieser bestimmten Art des Sprechens ausdrücken lassen, werden ausgeschlossen. Der medizinisch-psychiatrische Diskurs mit seiner einseitigen biomedizinischen Vorgehensweise kann als eine solche Art des Sprechens betrachtet werden. Er dient dem Selbstzweck, und jedes Sprechen, das diesem Zweck nicht dient, wird als außerhalb der Ordnung stehend ausgegrenzt. Dr. Giel, emeritierter Professor für soziale Psychiatrie, vertritt die Hypothese, dass die Einführung des *DSM III* (*Diagnostic and Statistical Manual of Mental Disorder*) Anfang der 80er Jahre zu einem großen Umschwung innerhalb der breiten Orientierung der Psychiatrie und zur Einschränkung der sozialen Perspektive geführt hat. Der Psychiater wurde wieder zum Chef, und die unbefriedigende klinische Wirklichkeit nahm und nimmt man in Kauf (Giel, 2000, vgl. auch Van den Hoofdakker, 1995).

Die Forscher Peter Barham und Robert Hayward (1991) kommen aufgrund ihrer Untersuchung mit 24 ehemaligen Patienten zu dem Schluss, dass der medizinische Diskurs, in dem der Unterschied oder auch die Krankheit als absolut dargestellt werde, dem Normalitätsdiskurs, in dem eben dieser Unterschied weggefegt oder verneint wird, gegenüberstehe. Im letzten Fall tut man so, als ob allein gute Absichten die hartnäckige Realität der chronisch Kranken verschwinden lassen kann. Beide Denkweisen sind faktisch reduktiv. Auf Grund ihrer Untersuchung meinen Barham und Hayward, dass Geisteskranke eines *Vokabulars des Unterschieds* bedürfen. Einerseits bietet ihnen das die Möglichkeit, anders und vor allem positiver über sich selbst zu denken, als es die medizinisch orientierte Psychiatrie tut. Andererseits verneint ein völlig anderes Vokabular das ‚Anderssein‘, das hinsichtlich des Lebens der betroffenen Gruppe unbestreitbar existiert, nicht (Barham und Hayward, 1991). Lyotard ist einer dieser (Differenz-)Denker, der mit seinem ‚Wortschatz des Unterschiedes‘ einen Rahmen bietet, ein ‚Andersdenken‘ über Anderssein‘ möglich zu machen.

Nach Lyotard gibt es *Diskursarten*, die auf einen bestimmten Zweck gerichtet sind. Sie legen ein Ziel fest. Um dieses Ziel zu erreichen, werden bestimmte Satzarten miteinander kombiniert und andere vermieden. Diskursarten verführen zu spezifischen ‚Anknüpfungen‘, verlangen einen bestimmten Anschluss und erschweren andere Verbindungen. Anders gesagt: Es gibt einen spezifischen Kode, und eine bestimmte Sprechweise ist erforderlich. Derjenige, der den Kode kennt und sich damit wohl fühlt, hat es leicht sich anzuschließen. Alle anderen erwartet die Konfrontation mit dem Widerstreit. Laut Lyotard – ich beziehe mich auf die Auslegung von Harry Kunneman (1996) – führt das zu Ungerechtigkeit. Sein Ziel ist es, Sensibilität für Widerstreit zu fördern, um dieser Ungerechtigkeit entgegenzuwirken.

Habermas würde hier von der ‚Kritisierbarkeit der Gültigkeitsansprüche‘ sprechen: Der Anspruch auf Gültigkeit müsse prinzipiell kritisierbar sein. Kunneman zeigt, dass sowohl die Analyse Lyotards als auch die von Habermas darauf abzielen, die Gewalt, die über eine Diskursart ausgeübt wird, ans Licht zu bringen. Beide stellen die Frage zur Diskussion, ob der Zuhörer in der Lage sei, ‚nein‘ zur Verlockung zu sagen, sich in die zu dem Zeitpunkt herrschende Diskursart zu begeben.

Die Frage ist, ob man bei Bedarf zu einer Kommunikationsform übergehen kann, in der die als bindend bezeichneten Annahmen zur Diskussion gestellt und mit Alternativen konfrontiert werden können. Bekommt das Subjekt die Chance, eine andere Situationsdefinition vorzubringen, oder hat es das Recht, einen anderen Gültigkeitsanspruch zu haben (Kunneman, 1996)?

Gedränge am Rednerpult – Die Möglichkeit, sich auf eine andere Weise ins Gespräch einzumischen, als es von der fraglichen Diskursart suggeriert wird, verdeutlicht Kunneman anhand der Metapher von der ‚Reise nach Jerusalem mit nur einem Stuhl'. Dieses Kinderspiel verdeutlicht das Peinliche des üblichen Hergangs: ein Tanz mit nur einem Stuhl, dem Pult, um welchen die Diskursarten – und die dazugehörigen Sätze (Phrasen) – sich dauernd drängen. Immer wieder beim Ausklingen eines Satzes hört die Musik auf, und es bleibt die Frage, ob dieselbe Diskursart den Stuhl besetzt hält oder ob ein Satz anderer Art – und damit eine andere Diskursart – hervortritt und die Chance bekommt, das Wort zu ergreifen. Lyotard ist der Überzeugung, dass alle Diskursarten das Rednerpult möglichst lange besetzen möchten. Wichtig ist es, mit der Metapher der ‚Reise nach Jerusalem' einzusehen, dass auch andere Diskursarten im Spiel sind und dass das Ergebnis nicht von Anfang an feststeht. Man kann von einer Gleichzeitigkeit der Diskursarten sprechen, aber immer ist eine dominant, eine, die sich durchsetzt.

Anhand der Metapher der Sprache als ‚Reise nach Jerusalem mit nur einem Stuhl' versuche ich, den Begriff ‚Widerstreit' weiter auszuarbeiten. Von Widerstreit ist die Rede, wenn eine der Parteien infolge eines Konfliktes Unrecht erleidet, der von der einen Partei nicht ausgedrückt werden und wofür keine Genugtuung verlangt werden kann, weil die Diskursart, die das Pult besetzt hält, den Sprecher eigentlich nicht als echten Mit-Sprecher anerkennt.

> Widerstreit möchte ich den Fall nennen, in dem der Kläger seiner Beweismittel beraubt ist und dadurch zum Opfer wird. (...) Zwischen zwei Parteien entspinnt sich ein Widerstreit, wenn sich die ‚Beilegung' des Konflikts, der sie miteinander konfrontiert, im Idiom der einen vollzieht, während das Unrecht, das die andere erleidet, in diesem Idiom nicht vorkommt (Lyotard, 1989, S. 27, Nr. 12).

Lyotard unterscheidet zwischen Schaden und Unrecht. Schaden nennt er das erfahrene Leid, wofür man Genugtuung verlangen und bekommen kann. Dieses ist möglich, weil eine Diskursart vorhanden ist, in dem der erlittene Schaden umschrieben werden kann und in dem Regeln dafür verfügbar sind, eine Klage einreichen zu können und eventuell Genugtuung zu bekommen. Von Unrecht spricht man hingegen, wenn das erfahrene Leid nicht als Schaden formuliert und bei einem ‚Gerichtshof' gemeldet werden kann. Der Betroffene wird dann zum Opfer, der Mittel beraubt, dem Anderen das erfahrene Leid kenntlich zu machen und dafür Anerkennung und eventuell Genugtuung zu verlangen. Es gibt keine Diskursart, die einen Raum zur Artikulation des erfahrenen Leides bietet. Oder es gibt eine, aber sie kann nicht bis zum Pult durchdringen. Lyotard nennt das Beispiel eines amerikanischen Indianerstammes, der einige Millionen Dollar als Entschädigung für den Verlust des Territoriums ausgezahlt bekam. Trotz der Entschädigung ist hier die Rede von Unrecht, weil sich nach dem kulturellen Selbstverständnis der Indianer der Wert der Erde überhaupt nicht in Geld aufwiegen lässt. Für das Unrecht, das jemandem zugefügt worden ist, besteht kein anderes Tribunal als das Parlament und die Gerichtshöfe der *industriellen* Gesellschaft. In diesem Beispiel können die Indianer das Unrecht *im eigenen Kreise* noch als Unrecht bezeichnen.

Es passiert auch, dass sogar dieses nicht möglich ist, weil kein Diskurs besteht, um das fragliche Unrecht als Unrecht zu formulieren, so dass nur die Rede ist von erfahrenem Unrecht, von schweigendem Leiden, das nur auf der Gefühlsebene anwesend ist. Indem Lyotard auf diese Formen unformulierbaren Unrechts hinweist, ruft er dazu auf, dem Unrecht, das innerhalb einer herrschenden Diskursart nicht ausgedrückt werden kann, Ausdruck zu verleihen. Dazu braucht man neue Idiome.

> Der Widerstreit ist der instabile Zustand und der Moment der Sprache, in dem etwas, das in Sätze gebracht werden können muss, noch darauf wartet. Dieser Zustand enthält das Schweigen (...), aber er appelliert auch an prinzipiell mögliche Sätze (...). Für eine Literatur, eine Philosophie und vielleicht sogar eine Politik geht es darum, Widerstreit auszudrücken, indem man ihm entsprechende Idiome verschafft (Lyotard, 1989, S. 33).

Lyotard weist darauf hin, dass die Genugtuung, die dadurch vielleicht ermöglicht wird, immer partiell bleibt. Die neuen Idiome laufen selbst Risiko, Vermittler des Widerstreits zu werden, indem sie ihrerseits auf eine schon festgelegte Weise im Gespräch eingesetzt werden und so andere Sprecher ausschließen.[40] Jetzt stellt sich die Frage, ob die Ansicht

Lyotards nicht jede rationale Argumentation unmöglich macht. Kunneman glaubt nicht daran. Lyotard zeige eine Wirkung auf und analysiere, um ein bestimmtes Ziel zu erreichen: Sensibilität für Widerstreit zugunsten von Gerechtigkeit (Kunneman, 1996). Sensibilität für Unrecht spornt uns dazu an, neue Idiome zu entwickeln – vielleicht kann ich sie ‚gastfreundliche' Idiome nennen – so dass der Sprachlose Zugang zum Gespräch bekommt. Manchmal findet man ein solches gastfreundliches Idiom auch in den psychosozialen Institutionen selbst. Im Folgenden lasse ich solche anderen Stimmen zu Wort kommen.

4.3 Andere Stimmen

Eine gemeinsame Wirklichkeit – Nur in Kraepelin'schen Krankheitseinheiten zu denken, ist „eine menschenverstümmelnde Orientierung", behauptete Willem van Tilburg (Professor der Psychiatrie) auf einem öffentlichen Symposion der Stiftung Psychiatrie und Philosophie (Van Tilburg, 1997). Ein Gegengewicht gegen das reduzierte Menschenbild der medizinischen Psychiatrie bietet laut Van Tilburg die *anthropologische Psychiatrie*. Diese betrachte Psychopathologie als eine Form von Sinngebung der Existenz. Die anthropologische Psychiatrie verlange Aufmerksamkeit für den schizophrenen Patienten als ein einmaliges, nach Sinngebung strebendes Individuum. Dass dem Patienten dazu wenig Mittel zur Verfügung stehen und dass er mit vielen Behinderungen kämpft, schmälere dieses Streben nicht. Psychosen werden von der anthropologischen Psychiatrie als ein Versuch betrachtet, existentielle Bedrohungen zu meistern. Manie, Melancholie und Schizophrenie sind ‚nur' extreme Formen der allgemein menschlichen Erfahrungen und Zustände. Es fällt auf – sagt Van Tilburg – dass einer der Begründer des Schizophreniebegriffes, Bleuler (1857-1939), immer „den fließenden Übergang von Basissymptomen zu nicht-pathologischen psychischen Symptomen betont hat. Die Grenzen zwischen Schizophrenie und Normalität sind bei ihm prinzipiell fließend. Dieses gilt auch für die Grenzen zu anderen psychiatrischen Krankheiten" (Van Tilburg, 1997,

---

40 Nach Lyotard ist die Fähigkeit, die Spannung zwischen einer Idee und der Unmöglichkeit, ihr Gestalt zu geben, erfahren und aushalten zu können, das Merkmal eines postmodernen politischen Bewusstseins.

S. 9). Laut Bleuler ist die ergreifendste Erfahrung beim Umgang mit Schizophrenen, dass sie – obwohl sie doch so anders sind – sich nicht von uns unterscheiden. Sie sind Menschen, die denken, fühlen und erleben; und die erfüllt sind von menschlichem Verlangen und Leidenschaft (vgl. Bock, 1999, sowie Bock u.a., 2004).

Mit der Entwicklung und Verwendung des *DSM* befindet sich die *medizinische* Identität der Psychiatrie dennoch sehr im Aufwind und die Psychiatrie entfernt sich immer weiter von der Anthropologie.[41] Van Tilburg findet dieses nicht berechtigt. Das *DSM* negiert den gigantischen konzeptuellen Abstand zwischen Prozessen auf medizinischer Ebene und dem Verhalten. Durch diese Negierung werden den Patienten falsche Wahrheiten aufgehalst, mit einem Redeschwall biologischen (Aber-) Glaubens und mit einer invasiven Ideologie, die tief in das Leben der Patienten eindringt. In Amerika wird den Patienten erzählt, dass sie an einer chemischen Stoffwechselstörung im Gehirn leiden, an einer Art Zuckerkrankheit, wogegen man das ganze Leben lang Medikamente nehmen muss. In den Niederlanden wird infolge des *Consensusdocument Minimumvoorwaarden voor de Behandeling van Schizophrenie* (1996)[42] dem schizophrenen Patienten erklärt, dass er oder sie an einer schweren Gehirnkrankheit leidet (Milders, 1997). Wenn man aber Schizophrenie eine Gehirnkrankheit nennt, vergleichbar mit der Alzheimerkrankheit, liefert man dem Patienten falsche Informationen. Der endgültige Beweis, dass Schizophrenie eine Gehirnkrankheit ist, muss immer noch erbracht werden (Van Tilburg, 1997). Eine einseitige biomedizinische Vorgehensweise bewirkt, dass der *Bedeutungsaspekt* der psychiatrischen Symptome negiert und ausgeblendet wird – und damit

---

41 Psychische Problematik wird gegenwärtig weltweit mit Hilfe von *DSM*-Kategorien diagnostiziert. Im *DSM III* (und den darauffolgenden Versionen) wird versucht, die psychiatrische Krankheitslehre in Termini eines standardisierten, für jeden zugänglichen und verlässlichen Systems von Kategorien zu kodifizieren. Das Klassifikationsschema basiert auf einer Konzeptualisierung der psychischen Erkrankung als einer Reihe von genau voneinander abgrenzbaren, heterogenen Erkrankungen mit jeweils spezifischen Symptomkriterien. Der Ausgangspunkt besteht darin, dass Ärzte und Forscher bei der Identifikation klinischer Erkrankungen Einigkeit erreichen können. Mit dem Aufkommen dieses Diagnosesystems richtet man sich zunehmend in erster Linie auf die psycho-physiologische Forschung und Psychopharmakologie. Der Status der Psychiatrie als *objektive* Wissenschaft ist durch die *DSM*-Entwicklung verstärkt worden (Richters, 1995).

42 Dt.: *Konsensusdokument Mindestbedingungen für die Behandlung von Schizophrenie*

Bedeutungen, die sich auf den Patienten als Person beziehen, auf dessen Lebensgeschichte und Lebenskontext. Der Dialog mit dem Patienten und dessen Probleme werden in den Hintergrund gedrängt. Der Wahnsinn wird von im Menschen angelegter Möglichkeit zu psychiatrischer Störung transformiert. Das bekannte und populäre *Integrationskonzept*, in welchem biologische, psychologische und soziale Aspekte in einem Modell zusammengefasst werden, bietet keine wirkliche Alternative, da die sozialen und psychischen Komponenten unter dem Druck des biomedizinischen Denkens nicht wirklich inhaltlich berücksichtigt werden können (Milders, 1997).

Der deutsche Psychologe Thomas Bock hat in seiner Studie *Psychosen ohne Psychiatrie* konsequent nach Wegen gesucht, ohne Verwendung des medizinischen Diskurses über Psychosen und andere psychische Leiden zu sprechen. Bock sprach mit Menschen, die sehr deutlich psychotische Phasen erlebten, sich aber deswegen nicht oder nur teilweise medizinisch behandeln ließen. Die psychotische Erfahrung wird in seiner Studie erkennbar als „eine sehr spezifische menschliche Form, am Abgrund entlangzulaufen, als Form des Zweifels, des Widerstandes und der gesellschaftlichen Kompromisse; als ein Zustand der Ambivalenz, als das gleichzeitige Auftauchen unvereinbarer Elemente und letztendlich als Krankheit, die einen Kern Gesundheit in sich trägt" (Bock, 1999, S. 13). Schizophrenie wird, meint Bock, viel zu oft als eine statische Krankheit aufgefasst. Bock tritt dafür ein, den Äußerungen von Patienten genauso ernst und unvoreingenommen gegenüberzutreten wie den Äußerungen eines gesunden Gesprächspartners. Es ist wichtig, Äußerungen von Patienten nicht als bizarr von der Hand zu weisen; es muss versucht werden, zu verstehen, auf welche Erlebniswelt sie verweisen. Es ist ergiebig, schizophrene Krankheitsbilder unter dem Gesichtspunkt der menschlichen Beziehungen, von denen man selbst ein Teil ist, zu untersuchen.

Es geht Bock nicht in erster Linie um die Frage, ob schizophrene Erlebnisse als Krankheit betrachtet werden müssen oder nicht. Entscheidender ist die Bereitschaft, „die fundamentalen Koordinaten des menschlichen Handelns" sowohl auf das Handeln des Kranken als auch auf das des Gesunden anzuwenden. Alles, was über Schizophrenie behauptet wird, entsteht aus Forschungen zu *behandelten* Personen. Dabei entsteht ein verzerrtes Bild. Es ist wichtig, auch die „nicht-spezifischen therapeutischen Faktoren" zu betrachten, beziehungsweise die Faktoren, die im Alltag auftreten.[43] Bock setzt sich für eine gemeinschaftliche Wirklichkeit ein, mit der dem ‚wir'/‚sie'-Denken entgegengewirkt wird. Wenn wir Psychosen nur als Störung ansehen und nicht auch als Organisationsprozess, übergehen wir wichtige Erfahrungen der Betroffenen. Ein Beispiel dafür: Aus Studien geht hervor, dass 70 % der Betroffenen anfingen, nach einem traumatischen Ereignis Stimmen zu hören. Ein Teil der Stimmenhörer empfand die Stimmen als Hilfe, sah sie als Anfang eines Integrationsprozesses. Die Stimmen erwiesen sich als akzeptable Aspekte des Inneren. Andere erfuhren die Stimmen als aggressiv und negativ und sahen sie nicht im Zusammenhang mit sich selbst. Bei ihnen verhinderten die Stimmen die Kommunikation mit anderen oder ersetzten diese; die Stimmen richteten bei dieser Gruppe Chaos an. Übrigens konnte nur ein Drittel der Stimmenhörer die Stimmen ignorieren (siehe auch: Escher und Romme, 2003).[44]

Die Fokussierung auf die Krankheit verhindert, den Blick auf die Lebensgeschichte des Menschen zu richten. Das bewirkt auch, dass das einzige Ziel des Behandelnden darin besteht, die psychotischen Symptome aus der Welt zu schaffen, womit *die Bedeutung* der Symptome für das Leben und Überleben übersehen wird. Bock tritt dafür ein, Krankheit und Gesundheit nicht gegenüber, sondern nebeneinander zu stellen. Die Aufmerksamkeit dürfe nicht nur auf *den Patienten* und seine Symptome ausgerichtet werden, sondern auch auf *die Person* – die der Patient ist – und ihre Erfahrungen. Das habe nicht nur Folgen für die Perspektive des Behandelnden haben, sondern auch für die Selbstauffassung des Patienten; es habe außerdem darauf Einfluss, wie die Umgebung ‚den Patienten' sehe. Das Leben ‚des Patienten' sei mehr als seine Krankheitsgeschichte. In der Psychiatrie verschwänden die meisten Fragen nach Sinngebung und Lebensauffassung im Nichts (Barham, 1994). Selbst Rehabilitationsprojekte seien noch zu oft auf das Erkennen der Stö-

---

43 Vgl. Van Weeghel, 1995, zur relativen Bedeutung von Rehabilitationsprogrammen. In Langzeitstudien zu Menschen mit ernsthaften psychischen Störungen, also nicht nur zu Menschen, die in Einrichtungen der psychiatrischen Versorgung weilten, stellte sich heraus, dass man hinsichtlich des Funktionierens über einen längeren Zeitraum hinweg optimistischer sein kann, als klinische Forschungen suggerieren.
44 Man hat auch die Konzepte des unumstößlichen ungünstigen Verlaufs von Schizophrenie widerrufen. Bei 25 % kommt es zur Gesundung, bei 25 % spricht man von bleibendem Schaden. Es erscheint unmöglich, eine individuelle Prognose aufzustellen. Es ist bedenklich, dass im Falle einer Gesundung geleugnet wird, dass es sich um Schizophrenie handelte.

rung ausgerichtet und nicht auf das Leben. Der ‚Patient' müsse nicht nur lernen, seine Störung zu akzeptieren und mit ihr umzugehen; die Person könne sich selbst leichter akzeptieren, wenn ihr – auch Bock verweist auf Barham – *ein Vokabular des Unterschieds* geboten würde, ein Nährboden, in dem (eine andere) Bedeutungszuweisung möglich sei (Bock, 1999).

Eine hermeneutische Vorgehensweise: Man bleibt nicht, wer man war – Kennzeichnend für den medizinischen Diskurs ist eine Vorgehensweise, die von Symptomen ausgeht, d.h. bei der eine Äußerung als ein Symptom einer ihr zugrunde liegenden Krankheit aufgefasst wird. Die Beschwerde wird zum Symptom umgewandelt und somit in den Bereich des medizinischen Diskurses gebracht, wonach eine therapeutische Intervention pharmakologischer und verhaltenstherapeutischer Art möglich ist (Mooij, 1998). Auch Antoine Mooij[45] rückt von dieser Vorgehensweise ab, da sie auf das Formulieren oder Umformulieren *ursächlicher* Beziehungen gerichtet ist. Erscheinungen und Erlebnisse werden objektiviert, wodurch sie vergleichbar und überprüfbar für andere Forscher werden sollen. Doch dieses Verfahren hat notwendigerweise einen reduzierenden Charakter. Die Frage nach *Sinn* wird innerhalb dieser (empirischen) Perspektive nicht gestellt und kann auch nicht gestellt werden, da der konzeptuelle (reduzierende) Rahmen die Frage nach Sinn gerade ausschließt. Die Vorherrschaft des Empirismus – was sich nicht in Zahlen ausdrücken lässt, gilt eigentlich nicht – lässt die Sinnordnung verkümmern, und dieses führt zu Lücken, behauptet Mooij. Deutlich ist, dass der Empirismus mit der Sinnfrage nichts anzufangen weiß. Wo das empiristische Verfahren den Zugang zum Sinn blockiert, versucht der hermeneutische Weg (der Weg des Verstehens) den Zugang dazu zu öffnen. „Beim Empirismus fällt etwas vom Tisch, und die hermeneutische Ordnung ernährt sich von diesem ‚Abfall'. Der Begriff Abfall ist darum so passend, da der Empirismus mit einer sicheren Geringschätzung auf dasjenige herabsieht, worauf er verzichtet" (Mooij, 1998, S. 24).

Vorausschauend auf die nächsten Abschnitte: Es scheinen genau diese Lücken zu sein, mit der der große Zulauf zu den Psychose-Semi-

---

45 Professor für psychiatrische Aspekte in der Rechtspraxis, vor allem in der forensischen Psychiatrie, an der Universität Utrecht.

naren und *Multilog*-Treffen erklärt werden kann. Die Psychiatrie „muss sich hermeneutisch gestalten", gerade, weil sie die Fragen berührt, die aus dem Spektrum der Bedeutung stammen, meint Mooij. Doch der Abstand zum vorherrschenden psychiatrischen Diskurs ist groß. Mooij weist darauf hin, dass die gegenwärtige Psychiatrie damit beschäftigt ist, sich als ein Fachgebiet zu positionieren, das endlich den „sicheren Weg einer Wissenschaft" gefunden hat. Viel Aufmerksamkeit wird dem Klassifizieren und Rubrizieren – und damit dem Objektivieren – geschenkt. Die empiristische Perspektive ist desubjektivierend; das Subjekt wird verbannt. Schon allein der Wortgebrauch (zum Beispiel „Ich habe Schizophrenie") hat einen desubjektivierenden Effekt, als ob die Störung keinen Teil der Subjektivität ausmacht. Somit wird die Lebensproblematik einer Person auseinander genommen und in allerlei Rubriken aufgeteilt, wodurch die Einsicht in das, um was es sich im Leben und in der Störung einer Person dreht, nicht zustande kommt und nicht zustande kommen kann.[46]

Mooij geht davon aus, dass jeder Wissenschaftsentwurf eine gesellschaftliche Funktion erfüllt und zu einer Gesellschaftsvision passt. Die rubrizierende Perspektive strebt nach Sichtbarmachung, Herrschaft und Kontrolle und passt gut zu der vorherrschenden Herrschaftsideologie, in der alle gesellschaftlichen Entwicklungen beherrschbar werden müssen. Den freigebigen Gebrauch des Begriffs der Störung, wodurch viel Störung signalisiert wird und auch viel produziert wird, sieht er als Zeichen dafür. All diese Störungen müssen auch wieder kanalisiert und diszipliniert werden. Dieses geschieht so, als ob es keine Gesellschaftskritik, keinen Foucault oder keine kritische Psychiatrie gegeben hätte (Mooij, 1998).

Was versteht Mooij unter der von ihm beabsichtigten *hermeneutischen Psychiatrie*? Das Spezifische der Hermeneutik betrifft *die Interpretation* des Zusammenhangs und der gegenseitigen Abhängigkeit zwischen ‚Innerlichkeit' und ‚Äußerlichkeit'. Der Interpret bzw. Therapeut oder Zuhörer muss offen sein, sich öffnen für die eigenen Erfahrungen – die Innerlichkeit –, die der andere bei ihm hervorruft. Der Zuhörer/Interpret gelangt zu Objektivität, indem er seine eigene Subjektivität ins

---

46 Der Satz „Du bist schizophren" reduziert dahingegen jemanden auf seine Störung. Meist hört man von Klienten, dass sie lieber ‚etwas haben', als dass sie ‚etwas sind'. Es ist deutlich, dass Mooij hier auf etwas anderes hinaus will: das, was Klienten haben, macht einen Teil ihres Selbst aus, der nicht extern ist.

Spiel bringt. Indem man diese einbringt, wird man so verletzlich wie der Erzähler. Man ist nicht in der Lage, alles zu wissen. Hilfeleistende sind dann nicht mehr die allwissenden Erzähler der Lebensgeschichte des Patienten. Und mit dem Verlust der ‚allwissenden Anderen' gewinnt der Patient an Status, bekommt das von ihm Gesagte mehr Macht. Ihm wird – in den Worten Gadamers, auf den sich Mooij hier stützt – ein *hermeneutisches Recht* zugestanden: Er wird als Subjekt mit eigenen Zielen betrachtet, dem man nicht ohne seine Zustimmung etwas andichten kann. Der Andere muss sich für dasjenige öffnen, was der Patient (derjenige, der leidet) an Wahrheit zum Ausdruck bringt oder zu bringen versucht. Indem man den eigenen Horizont zur Diskussion stellt, entsteht Raum für dasjenige, was Gadamer, der Begründer der Hermeneutik, als *Horizontverschmelzung* bezeichnet. Man übernimmt Teile der gegenseitigen Perspektive und verändert die gegenseitigen Sichtweisen. Die Hermeneutik legt somit die Betonung auf den dynamischen Charakter der menschlichen Begegnung. Die Psychiatrie, für die der Mensch ein neuronales, informationsverarbeitendes System ist, hat faktisch keinen begriffsmäßigen Raum, um diesen hermeneutischen Prozess in Angriff zu nehmen (Mooij, 1998).

Der Beginn des hermeneutischen Lernprozesses – und ich folge hier der Erklärung von Guy Widdershoven – ist das Aufeinanderprallen widerstreitender Perspektiven. Solch ein Zusammenstoß zwinge zur gemeinsamen Erforschung. Die Art und Weise, aus einer problematischen Situation herauszukommen, bestehe nicht darin, Abstand zu nehmen. Aus einer engagierten Haltung heraus werde man einander zuhören und auf gegenseitige Fragen eingehen müssen. Die Erfahrung des Nicht-Passens, des Nicht-Gelingens oder des Merkwürdigen konfrontiere uns mit den Grenzen unseres Bezugssystems. Die selbstverständliche Deutung der Welt mit unseren bekannten Bildern und mit unseren vertrauten Denkinstrumenten reiche in einer solchen Situation nicht aus. Der Zusammenstoß mit dem Merkwürdigen zwingt uns, die Grenzen der eigenen Perspektive anzuerkennen. Es motiviert dazu, andere Herangehensweisen zu erkunden (Widdershoven, 1997). Anders ausgedrückt: Die Hermeneutik steht für eine Form des Verstehens, bei der man sich für das, was der andere sagt, öffnet, und bei dem man davon ausgeht, dass das, was der andere sagt, Konsequenzen für den eigenen Blickwinkel haben kann. Dasjenige, was der andere sagt, ist nicht primär ein willkürlicher, individueller Standpunkt, sondern es ist seine Antwort auf die Situation, eine Antwort also, die etwas zu bedeuten hat. Die Äußerung des anderen enthält eine Perspektive, die für den Zuhörer relevant ist. Das soll nicht heißen, dass der Zuhörer die Perspektive ohne weiteres übernehmen muss. Er muss bereit sein, zuzuhören und sich dem Gegenüber zu öffnen. Mit dieser Form des Verstehens wendet sich Gadamer gegen einen Objektivismus – so wie wir es von der Psychiatrie kennen –, der Verhalten aufgrund der vermeintlichen Kenntnis der menschlichen Natur zu deuten versucht und den Menschen als den universellen Gesetzmäßigkeiten unterlegen versteht. Durch die Betonung des *Dialogs* wendet er sich auch dagegen, den anderen lediglich in dessen Einmaligkeit zu verstehen. Kennen hängt für Gadamer mit einer zwischenmenschlichen Beziehung zusammen, in die man verwickelt ist. Sowohl Objektivismus als auch Relativismus sind ihm folglich fremd (Widdershoven, 2000).

Zusammenfassend: In der Hermeneutik wird der Blickwinkel des anderen als eine Perspektive gesehen, die nicht schon von vornherein richtig oder falsch ist, sondern einen Anspruch auf Relevanz hat. Sie muss als solche betrachtet werden. Das kann heißen, dass man die eigene Perspektive ändern muss; es muss bestimmt werden, was die Perspektive des anderen für das Selbst bedeutet.

> Die Perspektiven der Teilnehmer kommen miteinander in Kontakt, was zum Entstehen einer neuen, umfassenderen Perspektive mit erweitertem Horizont führt. In einem Dialog bleiben die Perspektiven nicht einander gegenüber stehen, sondern durchdringen einander (Widdershoven, 2000, S. 90).[47]

---

[47] Gegenüber dem Anschein des hermeneutischen Idealismus – soziale Machtstrukturen werden ausgeblendet – ist einzuwenden, dass die Hermeneutik an sich kritisch ist. Der Hermeneutiker versucht, den anderen in seinem gesellschaftlichen Kontext zu verstehen, und dies als Einfluss auf die Wahrnehmung von sich selbst und der Welt, in die das Selbst verwickelt ist, zu verstehen: „dadurch, dass sich der andere wirklich von mir unterscheidet, z.B. weil er aus einer fremden Kultur kommt, kann der Dialog zu einer Bewusstwerdung meiner eigenen Vorstellungen und Vorurteile beitragen. Weil ich mich selbst mit den Augen eines anderen sehe, mit dem ich kommuniziere, wird meine eigene Kultur relativiert und werde ich eigentlich ein Fremder für mich selbst. Dieses ist wichtig, nicht nur weil es die Toleranz fördert, die für eine multikulturelle Gesellschaft notwendig ist, sondern auch, weil ich mir durch die Selbstobjektivierung die Macht und die Ideologien, die unbewusst meine Perspektive beeinflussen, bewusst machen kann" (Vandenberghe, 2001, S. 108).

Gadamer kennzeichnet dieses Erreichen von Verständnis in einem Dialog mit „man bleibt nicht, wer man war". Die biomedizinisch orientierte Psychiatrie ist – wie gesagt – mit ihrer einseitigen Betonung auf neuronale Entwicklungen als Ursache für psychiatrische Probleme noch nicht zu diesem Dialog in der Lage. Sie ist nicht offen für den Widerstreit im Sinne eines Zusammenpralls von Meinungen, der eine hermeneutische Aktivität verlangt. Die Psychiatrie monopolisiert den Diskurs über Verrücktheit; sie besetzt das Rednerpult mit einer einfach übertragbaren Schilderung über chemische Störungen im Gehirn. Für diese Geschichte scheint in der Gesellschaft – und auch bei manchen Klienten – Bedarf zu bestehen. Eine andere Diskursart bekommt normalerweise keine Chance, das Rednerpult zu erklimmen, und an eine Wechselwirkung ist nicht zu denken.

Ein Platz, an dem freie Bahn für den Dialog geschaffen wird, sogar mit einer Vielzahl von Stimmen, ist der u.a. im Projekt *Kwartiermaken* in Zoetermeer erprobte *Multilog* (Kapitel 4.5). Im folgenden Abschnitt werden deutsche Psychose-Seminare vorgestellt, die zum niederländischen *Multilog* inspirierten; G. gibt Einblick in sein ungewöhnliches Leben, und eine österreichische Psychiaterin erzählt von den Mühen, die es ihr bereitete, in der von ihr gegründeten *Trialog-Gruppe* eine andere Rolle zu übernehmen.

4.4 Psychose-Seminare

Es begann alles 1989 mit einem Protest der Ex-Klientin Dorothea Buck während eines Seminars von Thomas Bock über soziale Psychiatrie in Hamburg. Nachdem während des Seminars an der Universitätsklinik verschiedene Vertreter therapeutischer Schulen über Psychosen interviewt worden waren, verlangte Dorothea Buck, dass ihre Sicht auf die eigenen Psychosen auch gehört werden sollte. Thomas Bock nahm diese Kritik ernst und bezog Dorothea Buck in das Seminar mit ein. Später wurden auch andere Profis, Betreuer und Familienangehörige zu den Veranstaltungen eingeladen, und so sind die ‚Psychose-Seminare' entstanden (Onderwater, 1998).

Ich war (...) verblüfft darüber, dass man einander in einem Seminarraum mit einer zusammengewürfelten Gruppe von ungefähr 45 Menschen sehr interessiert zuhört und persönliche und tief schürfende Erfahrungen austauscht (Mölders u.a., 1997, S. 9).

Thomas Bock (1999) beschreibt das Psychose-Seminar als ein offenes Forum, eine Plattform für machtfreie Kommunikation zwischen Betreuern, Menschen mit psychotischen Erfahrungen und deren Angehörigen und Freunden. Das Seminar hat keinen Behandlungsauftrag und braucht in dieser Hinsicht keine Erwartungen zu erfüllen. Doch kommen die Seminare in ihrer Wirkung einem hermeneutischen Ansatz gleich: das Zustandebringen eines Dialogs, in dem man nicht bleibt, wer man war. In den Psychose-Seminaren geht es nicht um das Verschwinden der Symptome. Die Integration der Erfahrungen im individuellen Leben wird in den Mittelpunkt gerückt. Jedes Erklärungsmodell, welches der Klient nennt, wird im Prinzip akzeptiert, sei es allein, weil eine Benennung den Austausch von Gedanken ermöglicht. Aber können wir der Selbstbeobachtung von Psychosen Aussagekraft und Bedeutung zuschreiben? Verliert der Psychotiker nicht jede Distanz zu sich selbst? Bock stellt dem gegenüber, dass die Innen- und Außenwelt nur als subjektive Wirklichkeit erfahrbar ist. Dank der Erfahrungsberichte in den Seminaren begreift man erst, auf wie vielen Voraussetzungen „Normalität beruht". Man erfasst dieses erst dann, wenn man einen schizophrenen Menschen trifft, für den diese Selbstverständlichkeiten (zeitweilig) nicht mehr gelten – oder jemanden wie G.

G. Wir mailen uns. Ich kenne ihn aus dem Klientenrat. Sein Betreuer konnte ihn dazu bewegen, dorthin zu gehen. Denn darauf war es ein bisschen hinausgelaufen: die Versammlung des Klientenrates war lange Zeit das Einzige, das G. dazu brachte, einen Fuß vor die Tür zu setzen. Seit kurzem besucht er auch den *Multilog*. Ich frage ihn um Erlaubnis, seine an mich gerichteten Briefe zu veröffentlichen. Seine Antwort: *Ich rate dir davon ab, mich als Beispiel für deine Studie zu nehmen. Ich weiche von den anderen Klienten im Riagg ab. Lass dir deine Studie nicht durch mich verderben. Für die Welt da draußen zeige ich abnormales Verhalten, aber ich bin ‚normal' (was ist das?)... Nicht anonym zu bleiben, macht mir nicht so viel aus. Bevor ich deine letzte E-Mail las, war ich an dem Punkt angekommen, dir eine E-Mail über noch mehr abnormales Verhalten zu schicken. Außerdem wollte ich deine alten E-Mails*

lesen und die Fragen beantworten. Wie kann es nur sein? Was ich mir vorgenommen hatte, hast du etwas früher als ich gemacht.
Seine erste E-Mail sah so aus: *Weil ich keine Themen weiß, schicke ich dir ein paar Internetadressen. Falls du noch mehr willst. Ich habe noch viel mehr.* (Ich wollte sie nicht.)
Weißt du noch, dass ich 1997 vorgeschlagen habe, der Betreuer solle das Internet mehr nutzen, so dass du mehr als einmal im Monat Kontakt aufnehmen kannst? Das hat nun geklappt. Mir hilft das sehr. Ansonsten maile ich meiner Mutter täglich. Ich weiß immer sehr gut, was ich ihr schreiben soll.
[zur Verdeutlichung: ich bin nicht die Betreuerin, D.K.]
An mich schreibt G. vor allem kurze Berichte, zum Beispiel, dass er nicht in Stimmung ist, zu schreiben. Oder auf meine Frage, wie er den Tag verbringt: *Ich weiche von der Gruppe ab. Ich langweile mich nie. Bin immer beschäftigt, von früh morgens bis sehr spät abends. Was ich dann tue? Das erzähle ich dir ein anderes Mal. Ich meide Reakt. Die Umgebung beeinflusst einen, und zu Reakt kommen sehr komische Gestalten. Ich betrachte mich selbst – wie eigenartig es auch für die Außenwelt erscheinen mag – als normal. Ich versuche, sozialen Kontakt in einer ‚normalen' Umgebung zu suchen. Das gelingt übrigens noch nicht.*
Hallo Doortje, gut, dass du über die Person geschrieben hast, die ihre Post manchmal nicht liest. Da muss ich ein wenig an mich selbst denken. Ich mache meinen Briefkasten einmal im Monat auf. Das mache ich jetzt seit fast zehn Jahren; das mache ich aus einer Art Angst. Doch, es gibt noch einen Grund. Den anderen kann ich nun noch nicht schreiben. Mein Briefkasten ist immer proppenvoll. Es wurde noch nie so etwas wie Wasser abgestellt, aber ich habe viele Mahnungen gehabt. Das Problem habe ich dadurch gelöst, dass ich meine Rechnungen in den letzten zwei Jahren automatisch habe abbuchen lassen. In der letzten Zeit habe ich versucht, den Briefkasten einmal im Monat zu leeren. Er ist dann dreiviertel voll. Aber meist mache ich Folgendes. Ich hole nur die Zeitungen raus – die ich nie lese. Den Rest lasse ich für das nächste Mal liegen. Ich hoffe nicht, dass du durch diesen Bericht zu denken anfängst, dass ich nicht normal wäre. Ich werde noch eine E-Mail über meinen Briefkasten schreiben. Bis dahin, Grüße G.
Hallo Doortje, das letzte Mal, als ich meinen Briefkasten aufgemacht habe, war eine Karte der Wasserwerke dabei. Die Leute müssen in Zukunft selbst ihren Wasserstand eintragen und zuschicken. Das habe ich gemacht, das hätte ich auch einen Monat früher machen können. Ich weiß nicht, ob es nachteilige Folgen haben kann. Eine neue Regelung (seit dem 1. März 2000) des Nie-

derländischen Sozialministeriums in Zoetermeer (ich bekomme Sozialhilfe) besagt, dass, wenn man bei einer zweiten Vorladung nicht erscheint, die Sozialhilfe gestrichen wird und man ein Bußgeld bekommt. Das möchte ich nicht erleben. Früher hatte ich eine Regelung mit einer Sachbearbeiterin im Sozialamt, dass sie eine Vorladung an die Adresse meiner Schwester schickt. Aber das Sozialministerium scheint zweimal im Jahr umstrukturiert zu werden, und ich habe gerade wieder einen neuen Sachbearbeiter. Ich schätze, ich habe in 12 1/2 Jahren so um die 20 gehabt. Ich werde meinen neuen Sachbearbeiter bald anrufen, um eine Lösung zu finden. Das Gefasel über meinen Briefkasten fängt an zu langweilen. Nächstes Mal ein ganz anderes Thema. Grüße von G.

Hallo Doortje, ich vergaß, dir noch zu schreiben, dass ich die Hälfte meiner Post bei meiner Schwester bekomme. Ich sehe sie regelmäßig. Sie ist mein wichtigster sozialer Kontakt.

Im Leben von G. ist vieles undeutlich. Manchmal verzweifelt er an seinem Beschäftigtsein, schreibt er. *Vielleicht nimmst du jemanden, der meist zu Hause sitzt und sagt, dass er immer beschäftigt ist (mich also), nicht ernst.* Er hat sich für den Freundschaftsdienst angemeldet, hat aber noch nichts von ihm gehört. Später hat er durchblicken lassen, dass es auch noch nicht sein muss.

Danke für deinen schönen Brief. Ich fühle mich immer noch ziemlich down. Ich habe drei Versammlungen des Klientenrats verpasst, aber ich werde versuchen, bei der nächsten dabei zu sein. Es überrascht mich, dass du in einem Straßenorchester spielst. Warum? Macht es Spaß? Ich kann kein einziges Instrument spielen. Ich werde dir in einer nächsten Mail schreiben, was ich so tue ... Du schreibst in deinem Brief von der Weltbank und dem IWF und ob ich mich für politische und wirtschaftliche Angelegenheiten interessiere. Ja, immer doch. Aber ich habe keine Ahnung, was in der Welt und in den Niederlanden passiert. Ich habe seit zehn Jahren kein einziges Mal die Zeitung gelesen und schaue schon seit vielen Jahren kein Fernsehen. Wenn sich zum Beispiel die Niederlande im Krieg befinden würden, wüsste ich das nicht. Das höre ich dann aber von meinen Schwestern. Und doch lese ich viel. Ich erzähle mal in einer anderen Mail, wie ich das mache.

Ich wollte dir schreiben, also lasse ich von mir hören. Rechne damit, dass ich lange nichts von mir hören lasse. Und dann vielleicht wieder viel.

Danke für deinen lieben Brief. Ich schätze deine Post sehr. Noch immer nicht in Stimmung zu schreiben. Ich erwarte nicht, mich in den kommenden zwei Monaten besser zu fühlen.

4 Andersdenken über Anderssein

In meiner Mailbox sind 1364 Mails. Nahezu alle ungelesen; nur ein kleiner Teil ist von Menschen.
Ich habe interessantere Neuigkeiten. Ich hatte letzten Freitag ein Herbstessen mit dem Klientenrat der Riagg. Alle fanden es sehr schön. Es war besser als letztes Jahr. In dreizehn Jahren war das erst das zweite Mal, dass ich in einem Restaurant in den Niederlanden war. Beim ersten Mal warst du dabei. In einem Kino war ich noch nie.[48]

Zurück zu den Psychose-Seminaren. Es fällt Bock auf, dass die psychotischen Erfahrungen für die meisten betroffenen Menschen von sehr intimer Art sind. Menschen empfinden es als heikel, öffentlich darüber zu sprechen. Sie haben Angst davor, verletzt zu werden. Außerdem, oder hängt es vielleicht damit zusammen, gibt es wenig Übereinstimmung zwischen der professionellen psychologischen Krankenlehre und der Laienätiologie, beziehungsweise dem, was die Betroffenen selbst als ihre ‚Krankheit' wahrnehmen. Durch das Diagnosesystem (*DSM*) verstehen sich die Behandelnden besser untereinander, es führt jedoch nicht zu einem besseren Verständnis für den individuellen Patienten. Die Diagnostik selbst scheint nicht dafür bestimmt. Es besteht ein Missverhältnis zwischen der diagnostischen Beredsamkeit und der therapeutischen Relevanz (siehe auch Richters, 1995). Wir wissen nicht viel über Menschen mit Schizophrenie, vor allem in Bezug auf Dinge, die (scheinbar) nicht mit der Störung in Zusammenhang stehen. Menschen mit einer Störung scheinen keinen Platz im moralischen (anthropologischen) Raum einzunehmen. Die psychiatrische Theorie und Praxis ermutigt nicht dazu, schizophrene Menschen als Personen mit tief greifenden Erfahrungen zu sehen. Ein Teil ihrer Probleme kommt daher, dass sie nicht dazu ermutigt werden, sich selbst so zu sehen. Die Sicht des eigenen Selbst wird der Störung untergeordnet. Der *Patientenidentität* wird die Alleinherrschaft gegönnt. Starke und schwache Seiten werden nur im Zusammenhang mit der Störung verstanden und nicht als Eigenschaft der Person (Bock, 1999).

---

48 G. wurde im Surinam geboren, ist jedoch in Den Haag aufgewachsen. Die Niederlande hat er 1970 unfreiwillig verlassen, denn er ging mit seiner Familie zurück. In Surinam und Sankt Martin hat er schlechte Zeiten erlebt. Im Jahre 1987 ist er wieder in die Niederlande zurückgekehrt. Obwohl er schon einige Zeit Klient des *Riagg* ist und ihm „viele Wünsche unerfüllt geblieben sind", geht es ihm – nach eigener Aussage – doch gut in den Niederlanden. Doch das Leben scheint nicht einfach zu sein.

Manche Dinge kann man nur hier lernen – Das Konzept der Psychose-Seminare wurde in zahlreichen Orten in Deutschland, der Schweiz und Österreich übernommen, manchmal unter einem anderen Namen und mit anderen Akzenten.

Im Folgenden beschreibt Michaela Amering, die 1994 in Wien eine *Trialog-Gruppe* gründete, ihre Erfahrungen. Bis dahin arbeitete sie als Psychiaterin aus dem Wunsch heraus, „Menschen zu helfen, Lebensumstände zu finden, in denen man sich besser und freier fühlen kann". Für sie galt das Motto ‚da sein' bzw. ‚being there'. Die Trialog-Gruppe ist, genau wie die Psychose-Seminare, auf das Treffen von drei Gruppen, Klienten, Profis und Angehörigen, ausgerichtet. Man kommt regelmäßig zu einer offenen Diskussion auf neutralem Boden zusammen. Amering gönnte ihrem Publikum auf dem Abschiedskongress für Marius Romme einen eindrucksvollen Blick in ihre Gefühlswelt als ‚Profi' in der *Trialog-Gruppe*. Sie hat Schwierigkeiten damit, was sie in der Gruppe erfährt und erkennt, dass die Wurzeln dafür einerseits im System des Krankenhauses liegen, in dem sie ihre Rolle als Psychiaterin erfüllt, und andererseits in der Gesellschaft, in der sie als Bürgerin lebt. Sie ist sich bewusst, dass Rollenmuster auch Freiraum schaffen; bis zu einem gewissen Grad müssen wir im Leben von Selbstverständlichkeiten ausgehen können. Aber sie hat Probleme mit der Einschränkung durch die Rollen und sieht, wie sie Hindernisse für notwendige Veränderungen darstellen.

> (...) das Entdecken meiner eigenen Schwierigkeiten, die Geschichten zu glauben, die ich über mir bekannte Themen hörte; wie die wütenden Geschichten über Zwangsbehandlungen in Krisensituationen. (...) Ich konnte da wirklich nicht mehr zuhören. Mit Tränen in den Augen hörte ich, wie ich selbst versuchte, das System zu verteidigen. Der Trialog hat einen großen Einfluss auf mein Leben gehabt. Es schien sowohl eine emotionale, intellektuelle sowie eine soziale Herausforderung zu sein. Manche Dinge sind nur durch ein Umfeld wie das des Trialogs zu erlernen, weil die Patienten in diesem Umfeld ganz andere Dinge preisgeben. Es ist der Kontext, der diesen Unterschied ausmacht. In der Trialog-Gruppe musste ich meine sichere Position als Psychiaterin aufgeben, was zugleich die Zweifelhaftigkeit des Systems zeigt. In der Gruppe fühlte ich mich herausgefordert, um über die verschiedenen Rollen als Psychiater und als Privatperson zu sprechen, über Rollen im Leben und Arbeiten und über meine persönlichen Bedürfnisse. Es wurde sehr an meine Subjektivität appelliert (Amering, 2000, S. 54, 55).

Die Hindernisse für die Profis liegen in der Unterordnung unter die Regeln der Institutionen, in denen man arbeitet, der Loyalität gegenüber den traditionellen Konzepten und im Fehlen einer gemeinschaftlichen Sprache zwischen den Nutzern, den Angehörigen und der Öffentlichkeit. Statt sich auf eine Teilung der Verantwortung zwischen Klienten und Gesellschaft zu konzentrieren, scheint man Angst davor zu haben, die Macht zu verlieren. Amerings Erfahrungen zeigen, dass ihre Offenheit den Patienten gegenüber selten gegen sie verwendet wurde; im Gegenteil, sie führte oft zu einer gegenseitigen Unterstützung. Amering ist aufgrund dieser Erfahrungen der Meinung, dass professionelle Arbeit deinstitutionalisiert werden muss; um Klienten in ihrer tatsächlichen Lebenssituation kennen zu lernen, ist es notwendig, die Professionellen in die Gesellschaft zu integrieren. Das bietet die Gelegenheit, die Sprache der Gemeinschaft zu lernen, in der die Menschen leben. Dieses fördert das Bedürfnis, Fähigkeiten zu entwickeln, um mit sehr verschiedenen Personen zusammenarbeiten zu können, offener im Kontakt zu sein, experimentierfreudiger zu sein, und Patienten, deren Angehörige, Kollegen und die Gesellschaft um Hilfe zu bitten (Amering, 1998 und 2000).[49]

---

[49] Amering weist auf das Stigma hin, das die psychosoziale Versorgung betrifft: „wir müssen das Stigma des biologischen Reduktionismus (...) bekämpfen, denn dann ereilt uns der Ruf, dass wir nur ‚Pillen geben', und das Stigma, dass wir an einfache Lösungen für komplexe Probleme glauben. Wir müssen auch das Stigma unserer Allmacht bekämpfen, denn dieses führt fortwährend dazu, dass wir andere enttäuschen und wir dann selbst den Ärger damit haben. Auch das bedeutet Teilen von Verantwortung." (Amering, 1998 und 2000).
Die Trialoggruppe, die Amering beschreibt, unterscheidet sich von der trialogischen Versorgung in den Niederlanden, die Petry forderte und in die Praxis einbrachte. Petry setzt sich dafür ein, dass diejenigen, die in der psychosozialen Versorgung tätig sind, bei Familientreffen anwesend sind. Er sagt dazu: „Für mich (...) ist die Teilnahme an so genannten Selbsthilfegruppen der Eltern chronisch-psychiatrischer Patienten eine meiner wichtigsten Erfahrungen gewesen. Was ich dabei gehört, gesehen, gefühlt und miterlebt habe, kann man in keinem Psychiatriebuch finden. Hier wird einem der Ernst des psychiatrischen Leidens des individuellen Betroffenen erst richtig bewusst, aber auch der Ernst des Mit-Leidens der Familienangehörigen, die jahrelang in einer Bedrängnis lebten. Ich möchte jedem in der psychiatrischen Versorgung Tätigen, aber vor allem jedem Arzt empfehlen, an solchen Treffen von Selbsthilfegruppen teilzunehmen, mit dem Ziel, die Blindheit für die Not der Familienangehörigen zu verringern oder abzulegen" (Petry und Nuy, 1997, S. 138).
Amering weist hier eigentlich hin auf die von Baart (2001) beschriebene Herangehensweise, die von der Lebenswelt ausgeht (vgl. Kapitel 5).

4.5 *Multilog* – eine Stimmenvielfalt

In den Niederlanden entwickelte der Psychologe Heinz Mölders in seinem *INCA Projektbüro* – u.a. inspiriert von den Psychose-Seminaren in Deutschland – im Rahmen des *Kommunikationsprojektes Compro* das Konzept des *Multilogs*[50]. Zusammen mit dem Amsterdamer Präventionsmitarbeiter Kees Onderwater gründete er 1997 in Amsterdam zwei *Multilog*-Gruppen: eine ‚geschlossene Gruppe' mit festen Teilnehmerinnen und Teilnehmern und eine ‚offene Gruppe'. Im *Multilog* wird versucht, auf nicht-medikalisierende und nicht-psychologisierende Weise über psychiatrische Erfahrungen zu sprechen: mit verschiedenen Betroffenen wie Patienten, Angehörigen und Freunden, Profis und anderen, die in ihrer Arbeit, im Privatleben oder in ihrer Umgebung mit Menschen zu tun haben, die Psychiatrie-Erfahrungen haben. Im Rahmen des aktuellen Prozesses der Vergesellschaftlichung ist die Erweiterung solcher Zielgruppen über die der Psychose-Seminare hinaus von grundlegender Bedeutung. Ziel ist es, mittels eines Austausches zwischen den Beteiligten – jeder mit eigenem Interesse, aber auf gleichberechtigter Grundlage – besser zu verstehen, was ‚psychisch krank' bedeutet und was zum Beispiel Menschen mit einer Psychose brauchen. Die Initiatoren sind der Überzeugung, dass, wenn es gelingt, mit dem *Multilog* zur psychiatrischen Praxis durchzudringen, dieses Konzept zu tief greifenden Veränderungen führen wird.

Im Rahmen von *Kwartiermaken* wurden in Zoetermeer seit 1998 *Multilog*-Treffen organisiert. Wir begründeten die Einführung des *Multilogs* wie folgt:

Das Projekt *Kwartiermaken* kann als das Organisieren eines Dialogs auf lokaler Ebene gesehen werden. Wir bitten Betroffene, über das (Über-)Leben nach der Psychiatrie zu erzählen. In Absprache mit ihnen untersuchen wir, wie gesellschaftliche Organisationen, Institutionen und die Politik eine hilfreichere Rolle im Leben von Psychiatrie-Erfahrenen spielen können. Wir denken, dass durch *Multilog*-Treffen diese Diskussion inhaltlich vertieft werden kann. Im Rahmen des *Kwartiermakens* erscheint es uns deshalb wichtig, parallel zu den (anderen) Programmen mit einer so genannten *Multilog*-Gruppe zu beginnen. In *Multilog*-Treffen kommunizieren Patienten, Angehörige, Profis und

---

50 Im Niederländischen *Multiloog*

andere, die durch ihre Arbeit mit Menschen mit psychiatrischer Problematik in Berührung kommen (Polizisten, Mitarbeiter von Wohnungsverwaltungen, Sozialarbeiter, Kirchenmitarbeiter, Lehrer usw.). Im Rahmen der Vergesellschaftlichung erhält die letztgenannte Gruppe der Profis mitunter eine Psychoedukation, bei der das Erkennen von Krankheitsbildern und der Umgang mit den betroffenen Menschen im Mittelpunkt stehen. Für uns ist es wichtig, dass bei diesem Lehrprozess Psychiatrie-Erfahrene eine zentrale Rolle einnehmen. (...) Aber die Psychiatrie-Erfahrenen sind nicht die Einzigen, die ihre Erfahrungen einbringen. Jeder kann seine Erfahrungen mit der Psychiatrie und all seine Fragen dazu vortragen. In den *Multilog*-Treffen geht es um die Frage, was die Psychiatrie-Erfahrenen und die anderen brauchen, um auf offene und ehrliche Weise miteinander in Kontakt zu kommen und zu bleiben. (...) Durch die Erfahrungen anderer (Betroffener und nicht Betroffener) scheinen Menschen, die bisher ihren psychotischen Partner, ihren verrückten Kunden oder ihren kauzigen Mieter nicht verstanden haben, mehr Verständnis aufzubringen; das führt zu mehr Klarheit und Toleranz gegenüber dem ‚Anderssein' des Anderen. Das leitende Prinzip in der Gruppe ist der gleichberechtigte Dialog, das Fördern einer guten Verständigung, auch über das scheinbar Unbegreifliche. Psychosen oder andere psychische Krankheiten führen häufig zu Sprachverwirrung. Dadurch bringen psychotische Krankheiten oder andere Verrücktheiten eine Entfremdung zwischen den ‚Parteien' mit sich. *Multilog* stimuliert ein neues Gespräch und weckt dadurch Verständnis, Verbundenheit und Solidarität (Förderantrag, Herbst 1998).

In diesem (erfolgreichen) Projektantrag überwiegt der Aspekt ‚Arbeiten an Verbundenheit' bei Bürgern und Professionellen in der Gesellschaft. Man kann sagen, dass das „Man bleibt nicht, wer man war" im Mittelpunkt steht. Ohne diesen – im Rahmen von *Kwartiermaken* – wichtigen Aspekt relativieren zu wollen, scheint im *Multilog* ein anderes Phänomen ebenso wichtig: Der erzählende Psychiatrie-Erfahrene hat, oftmals, wie es scheint, zum ersten Mal, eine Plattform, wo er seine Geschichte öffentlich machen kann. Aus der Sicht von Mölders bedeutet *Multilog*, dass einer Vielzahl von Stimmen Gehör geschenkt wird. Dabei handelt es sich sowohl um eine Vielzahl von Stimmen, wie sie in einer Person sprechen können, als auch um eine Vielzahl von Personen und damit Perspektiven. *Multilog* ist ein Versuch, den *Monolog*, in dem Menschen sich eingeschlossen fühlen können, zu überwinden. Über den Austausch von Erfahrungen wird an einer Auflösung der Isolation gearbeitet.

Chronizität beginnt dort, wo normale Gespräche enden, beziehungsweise dort, wo das Individuum niemanden mehr hat, der ihm zuhört (Estroff in Bock, 1999, S. 67).

Im *Multilog*, so konstatiert Mölders, wird immer wieder das Fehlen oder auch die Unterbrechung von Kommunikation deutlich. Psychiatrie-Erfahrene, wie auch ihre Nächsten, bekommen den Mangel an Interesse für ihre einschneidenden Erfahrungen zu spüren. Während der Psychose sorgen die nicht-funktionierenden Wirklichkeiten für den Kommunikationsbruch. Die Hilfeleistung reagiert darauf, indem sie aus der Kommunikation aussteigt und mit einer Diagnose aufwartet, um anhand dieser Maßnahmen ergreifen zu können. Während also in der Psychose die Kommunikation oft nicht gelingt, trägt auch nach der psychotischen Phase der Klient die Kommunikationsstörung weiter mit sich. Vermutlich erklärt dieses das große Bedürfnis nach Gesprächen, nach Aufmerksamkeit und Interesse innerhalb des *Multilogs*.

Multilog hilft den Klienten und dem Umfeld, das Gespräch in Gang zu halten. Dabei wird das Augenmerk weg von der Krankheit gelenkt, sowie weg davon, jedes Handeln als Ausdruck der Krankheit zu sehen. Viel Aufmerksamkeit wird innerhalb des *Multilogs* dem Einfluss der Umgebung und dem Einfluss gesellschaftlicher Prozesse auf das tägliche Leben zuteil.

Das Einbeziehen anderer in die Problematik der Psychiatrie-Erfahrenen hat nicht zum Ziel, dass die anderen – in der Terminologie des ersten Kapitels – das Rednerpult von der biomedizinisch orientierten Psychiatrie übernehmen. Es geht vielmehr darum, eine andere Diskursart zu schaffen, in dem ein „reicheres und konkreteres Begreifen der Person möglich wird" (Dreier, in Mölders 2001, S. 154). Mölders ist stets auf der Suche nach dem subjektiven Erleben der Menschen, die sich in einer psychischen Krise befinden. Er hat mit der Entwicklung von *Multilog* eine Praxis umsetzen wollen, bei der die *Kontinuitätsthese* im Mittelpunkt steht. Das bedeutet, dass man den anderen Menschen, der abweichendes oder unbegreifliches Verhalten an den Tag legt, als Subjekt betrachtet und nicht als einen völlig anderen Menschen ausgrenzt. Dann können auch stigmatisierende Prozesse durchbrochen und Emanzipation gefördert werden.

Multilog scheint eine geeignete Praxis zu sein, bestehendes reales psychisches Leiden in Bezug auf den Alltag zu reflektieren. Durch den

4 Andersdenken über Anderssein

Erfahrungsaustausch und den Dialog darüber kommt man dem Sinn und der Bedeutung von Erfahrungen näher und bekommt den Alltag und die Quellen der Befriedigung von Bedürfnissen besser in den Griff. Gerade weil das psychische Leiden untrennbar mit dem Alltag, dem sozialen Kontext und den kulturellen Prozessen verbunden ist, ist es wichtig, dass Menschen aus diesem Alltag und aus diesem sozialen Kontext auch an *Multilog*-Treffen teilnehmen. Darin liegt eine weit größere Veränderungskraft als bei den Gesprächsgruppen nur für Leidensgenossen (Mölders, 2001).

Der *Multilog* beginnt immer mit Fragen: Was erfahren Menschen, die psychisch leiden? Was hilft und was nicht? Welche Verbindung besteht zum Alltag? Wie ist die Umgebung einbezogen? Welche Rolle spielt die Betreuung? Was ist nötig, um wirksame Hilfe zu bieten? Wie erleben Menschen aus anderen Berufsfeldern den Umgang mit Menschen mit psychischen Problemen? Was hilft, damit man auf eine offene und ehrliche Weise über die eigenen Erfahrungen sprechen kann?[51] Was hilft den Betreuern, einen besseren Zugang zu ihren eigenen persönlichen Erlebnissen zu bekommen? Wie kann die persönliche Erfahrung und die darauf basierende Begegnung mit dem Psychiatrie-Erfahrenen in professionelles Handeln einbezogen werden? Welche Erfahrungen haben Nachbarn, Polizisten und Seelsorger?

Um etwas von den Erfahrungen der Teilnehmer des Amsterdamer *Multilogs* lebendig werden zu lassen, folgen nun verschiedene charakteristische Aussagen:

„Während meiner Psychose fühlte ich mich ganz schön einsam; man fühlt sich abgetrennt, hat keinen Halt mehr." – „Sie sahen mich nur als einen Kranken. Das Einzige, worüber wir sprechen konnten, waren die Tabletten." – „Ich war drei Monate lang psychotisch. Es war mir in der gesamten Zeit nicht

---

51 Es kann ein Problem darstellen, wenn ein Klient seinen Familienangehörigen oder Nachbarn (und umgekehrt) in der *Multilog*-Versammlung begegnet. Das Zustandekommen des *Multilogs* steht und fällt mit der Sicherheit der Atmosphäre. Unangenehme Begegnungen – bei denen Kränkung, Argwohn oder Angst eine Rolle spielen – können zu einer unangenehmen Atmosphäre führen, die der Gesprächsleiter nicht immer verhindern kann. Aus diesem Grund bringt der Gesprächsleiter dieses Spannungsfeld zu Beginn einer Zusammenkunft immer zur Sprache.

möglich, mit jemandem darüber zu sprechen." – „Hier darf ich mit meinen Erfahrungen sein. Hier hört man mir zu. Hier nimmt man mich ernst und zeigt Interesse." – „Ich lerne viel im *Multilog*. Ich sehe nun nicht mehr nur die Krankheit meiner Tochter, sondern auch ihre Vitalität. Ich traue mich nun auch mehr, meine eigenen Dinge in die Hand zu nehmen, gerade weil ich von (anderen) Klienten gehört habe, wie sie das erleben. Diesen Erfahrungsaustausch mit den Klienten und den Angehörigen empfinde ich als besonders wichtig. Nach Jahren des Schweigens und Alleingelassenseins kommt es mir wie ein Durchbruch vor." – „Ich sehe es als einen Anstoß zur Verarbeitung meines Schmerzes und Verdrusses, meiner Sorgen und Ängste. Das Sprechen über das Leben wirkt vitalisierend. Das ist ganz anders, als nur über Krankheiten zu sprechen!" – Ein Betreuer: „Durch die Art und Weise des Miteinander-Sprechens bringt man die Psychose näher an das wahre Leben heran, sie wird weniger merkwürdig, wirkt weniger verrückt. Die Kraft des *Multilog*s besteht meiner Meinung nach darin, dass er Menschen näher zusammenbringt." (Mölders, 2001)

Wenn anwesende Betreuer zeigen, was sie an ihrer Arbeit schwierig finden, wie sie sich mit der Frage nach dem Eingreifen oder Nicht-Eingreifen herumschlagen, wie schlimm sie es finden, wenn jemand Selbstmord verübt und wenn dann ein Psychiatrie-Erfahrener darauf reagiert, dann passiert etwas Wichtiges für alle Beteiligten, so Mölders. Die Offenheit und das Interesse in der Gruppe wächst, und das vergrößert für alle Teilnehmer den Raum, zu sprechen und zu handeln. Die Suche nach Bedeutung bekommt eine andere Perspektive. Sie gibt den Anwesenden auch den Mut, mit Menschen ihrer Umgebung über ihre Erfahrungen zu sprechen. Für die Profis ist die Teilnahme allerdings etwas schwierig. Sie können das Gefühl bekommen, auch außerhalb der Arbeitszeit wiederum mit Psychiatrie beschäftigt zu sein. Darüber hinaus werden sie immer wieder mit negativen Geschichten über die Betreuung von Psychiatrie-Erfahrenen konfrontiert; das macht übrigens auch die Teilnahme der Profis umso wichtiger (Mölders, 2001).

Erfahrungen mit dem Projekt **Multilog** *in Zoetermeer und Voorburg* – Es ist schwierig, die Erfahrungen, die man als Teilnehmer des *Multilog*s macht, zu vermitteln. Für ein Andersdenken über das Anderssein ist es allerdings wichtig, ein sehr ausführliches Bild davon zu schildern. An die Erfahrungen mit dem Amsterdamer *Multilog* anknüpfend, wird das Bild

4 Andersdenken über Anderssein

durch die Antworten der Teilnehmer auf den gesammelten Evaluations-
formularen des *Multilogs* aus Zoetermeer und Voorburg erweitert.[52]

„In einem für mich genau richtigen Moment war *Multilog* ein willkommener Zugang, auf meine psychiatrische Vergangenheit zurückzublicken. Und vielleicht
war es auch der Zeitpunkt, meiner ‚psychiatrischen' Zukunft entgegenzubli-
cken? Es ist ein schöner und sinnvoller Austausch von Ideen und Erfahrungen
und eine gute Art und Weise, (zu versuchen) diese zu relativieren." – „Ich
fand es gut, dabei zu sein. Es kann einem besser gehen, wenn man auf solch
eine Weise darüber spricht. Am Anfang hatte ich Angst, darüber zu sprechen. Aber je öfter man hingeht, desto vertrauter wird es, da man auch mehr
Menschen kennt. Weil man in der Gruppe ehrlich sein muss, lernt man die
anderen auch besser kennen." – „Ich finde es sehr wichtig, dass den Betreuern klar wird, was Klienten brauchen." – „Es ist wunderbar, dass ab und zu
einsame, gequälte und leidgeprüfte Menschen endlich einmal ihre Geschichte
in einer geduldigen, liebevollen und Anteil nehmenden Atmosphäre erzählen
können – ohne Spritze und Medikamentenschachtel oder (Vor-)Urteile parat
zu haben – und dass von Mensch zu Mensch zugehört wird. Indirekt ist es
auch anregend, eine gesunde Selbsteinschätzung abzugeben. Die friedliche
Umgebung hat eine heilende Wirkung." – „Zwischen den festen Besuchern
entsteht eine Bindung. Angehörige finden beieinander Unterstützung, ohne
dass – wie bei den (normalen) Angehörigenabenden – nur über ihre [kranken,
DK] Angehörigen gesprochen wird. Das ist angenehmer." – „Es ist tröstlich,
Menschen zu hören, die dieselben Probleme mit ihren Kindern haben und
es ebenfalls nicht wagen, Urlaub zu machen." – „Der Respekt, der nicht-hie-
rarchische Aufbau und das Wissen, dass jeder eine wertvolle Geschichte und
jeder die Gelegenheit zum Sprechen hat; Sicherheit, dass eingegriffen wird,
wenn jemand nicht mehr aufhört zu erzählen, zu viel abschweift, und dass
der Akzent auf der Einzigartigkeit der Erlebnisse liegt." – „Dass ich froh bin
über die Art meiner Krankheit ..." – „Die Gleichwertigkeit. Es wird nicht the-
rapeutisch oder problematisierend an die Sache herangegangen." – „Ich fand
es toll, etwas zu sagen." – „Es ist eine offene Atmosphäre und man hört sich
gegenseitig sehr genau zu. Ich hatte das Gefühl, dass durch die persönlichen

---

52 In Zoetermeer und Voorburg haben 36 *Multilog*-Teilnehmer ein Evaluationsformu-
lar ausgefüllt, darunter 16 Klienten und ehemalige Klienten, 11 Familienangehörige
und 9 Professionelle (davon 4 in der psychosozialen Versorgung Tätige). Heute gibt
es in den Niederlanden Gruppen mit vergleichbaren Zielsetzungen und Methoden
unter dem Namen *Samenspraak* (dt. *Besprechung*).

Erfahrungen sofort eine Verbindung entstand. Das war ein existentielles Erlebnis und es berührte mich sehr." – „Durch die Treffen in der *Multilog*-Gruppe wird es stets einfacher, über meine Erfahrungen zu sprechen. Den informellen Teil danach finde ich auch sehr gut." – „Für mich als Betreuer ist es sinnvoll, einmal aus einer anderen Perspektive zu hören, wie Klienten etwas erleben und fühlen." – „Ich weiß, dass der *Multilog* keine Therapie ist, aber er ist eine Möglichkeit, über das psychische Leiden zu sprechen. Das ist etwas, das ich bei meinem Betreuer nie getan habe." – „Dort ist Raum und Zeit für den Anderen."

Und es gibt auch Mitteilungen über weniger gute Erfahrungen:

„Manchmal gingen die Themen zu nahe, zum Beispiel wenn man ungefähr das Gleiche erlebt hat." – „Das Emotionale, der alte Schmerz, der wieder ganz hochkommt." – „Das ging über meine Kräfte." – Ein Betreuer: „Ich empfand es als sehr konfrontierend. Man hofft, als Betreuer mit dem Klienten eine Vertrauensbasis aufzubauen. Es bleibt die Frage, inwieweit das auch wirklich gelingt."

Warum nehmen Menschen am *Multilog* teil?

„Ich wollte mehr Klarheit über mich selbst haben, denn wenn man ‚psychisch' ist, versteht man das selbst nicht und die anderen gleich gar nicht." – „Ich fand es wichtig, über den Begriff psychisches Leiden sprechen zu dürfen, gerade weil er mehr beinhaltet als die überwiegend unschönen Erfahrungen mit der Psychiatrie." – „Ich bin ein ehemaliger Patient und finde es gut, darüber mit interessierten Menschen zu sprechen." – „Ich finde diese Sache besser als nur den Kontakt zu Leidensgenossen."[53]

Nicht jeder fühlt sich beim *Multilog* wohl. Manche Besucher meinten, dass der *Multilog* sie und andere in eine Opferrolle dränge – ins Offenlegen ihres Elends. Für die meisten Teilnehmer ist es allerdings umgekehrt: Gerade durch das Sprechen über die eigene Geschichte kann das möglicherweise auftretende Gefühl, Opfer zu sein, überwunden werden.[54]

53 Wie erfahren Menschen von der Existenz des *Multilogs*? Diese Information erhalten sie über die gebräuchlichen Kanäle: *Reakt*, *Kwartiermaken*, Freundschaftsdienst, *Riagg* oder das Krankenhaus; eine wichtige Rolle spielen hierbei auch Reklameblätter.

Die Sprachlosigkeit durchbrechen – Am Ende dieses Abschnitts über den *Multilog* will ich das Augenmerk auf einige andere Aspekte richten. Zum radikalen Ansatz des *Multilogs* gehört es, dort Freiraum zu bieten, wo herrschende Meinungen andere verdrängen, wo dominantes Wissen herrscht, wo das Rednerpult meistens durch den medizinischen Diskurs besetzt ist. Es gibt eine *Nische*, in der der Psychiatrie-Erfahrene als Gesprächspartner anerkannt wird. Der *Multilog* gibt Klienten die Gelegenheit, an das Rednerpult zu treten und ihre bisher nicht gehörte Geschichte zu erzählen. Er hilft, dem Widerstreit, der mit der Dominanz des medizinischen Diskurses gegeben ist, zu trotzen und die Sprachlosigkeit zu durchbrechen. Damit wird die Isolation – zumindest für diesen Moment – aufgehoben. Vielleicht ist es auch so, dass Schutz geboten wird „gegen die Homogenisierung, in der der Ohnmächtige, der, der ganz anders ist, nicht gesehen oder respektiert wird und damit bildlich gesprochen ‚getötet' wird" (Lefort in Mooij, 1998, S. 204, 205). Gerade durch die Vielstimmigkeit im Gespräch trägt der *Multilog* zur Entwicklung eines gastfreundlichen Idioms bei, in dem ein Andersdenken über das Anderssein bei allen Parteien möglich wird.

Die narrative Annäherung und die Rolle des Zuhörers – Der *Multilog* stimmt in vielem mit einer narrativen Annäherung überein, die hilft, beängstigende und bestürzende Erfahrungen in die Lebensgeschichte zu integrieren. Die narrative Annäherung unterstützt Menschen in ihren Versuchen, dem, was ihnen passiert, Bedeutung zu geben. Der *Multilog* motiviert dazu, eigene Gesichtspunkte in den Vordergrund zu stellen,

54 Die Opferrolle und der Wunsch nach Aufmerksamkeit haben eine Funktion. Wird die Aufmerksamkei t gewährt, kann man die Opferrolle oft loslassen. Zudem werden im *Multilog* durch das (Mit)teilen anderer Erfahrungen, Geschichten und Erlebnisse die Opfer-Geschichten relativiert.
Nijhof (2000) sieht sogar eine umgekehrte Wirkung bei den Geschichten-Erzählern in den *biografischen Interviews*. Er nimmt an, dass eine Einladung zum offenen Reden mit dem Risiko behaftet ist, dass eine unwahre Erzählung geliefert wird: gerade wenn es sehr peinlich ist, will man aus Schamgefühl nicht erzählen, wie es in Wahrheit aussieht. Chronisch Kranke verbergen damit ihren Zustand, oder stellen diesen chancenreicher dar, als er in Wirklichkeit ist, um auf diese Weise Zugang zu und Akzeptanz von der sozialen Welt der Gesunden zu bekommen. Überdies können Atmosphäre und Gesprächsleiter soziale Erwünschtheit hervorrufen. Um mitfühlend zu sein, wird eine Geschichte erzählt, die so normal wie möglich ist. Denn es fällt schwer, sich gegenüber einem Gesprächsleiter, der Verständnis zeigt, negativ zu äußern. Zudem blüht man durch das entgegengebrachte Interesse auf.

sie zu erkunden und zu erweitern. Das hilft Menschen, ihr Leben wieder in den Griff zu bekommen und die Welt handhabbar zu machen. Die Menschen ordnen ihr Leben, indem sie ihm die Form einer Geschichte geben. Der *Multilog* fordert sie dann auf, diese Geschichte zu erzählen. Solch eine Geschichte ist kein distanzierter Bericht, sondern ein Versuch, das Leben zu deuten. Anders gesagt: Eine im *Multilog* erzählte Geschichte ist nicht per se ein *Ausdruck* der Erfahrungen; eher wird das Erlebte zur Erfahrung durch den Prozess des Erzählens. Dafür braucht die Geschichte keinen Plot zu haben. Sie kann die Unkontrollierbarkeit der Situation zeigen. Im Alltag wird eine unzusammenhängende Geschichte oft nicht ernst genommen; dadurch werden allerdings auch die Gefühle des Betroffenen negiert. Der *Multilog* zeigt, dass es wichtig ist, sehr wohl solchen Geschichten zuzuhören. Erst wenn man das Chaos akzeptiert, kann ein Raum entstehen, neue Geschichten zu entwickeln (siehe Widdershoven, 2000).[55]

Manchmal ist das Leben von Menschen mit psychiatrischen Problemen voll von Schamgefühl und damit in Zusammenhang stehenden Erscheinungen, wie z.B. Selbsthass, Rückzug, der Angst aufzufallen, Konformismus und dem Fehlen der persönlichen Stellungnahme. Schamgefühl gehört zu einer Situation, in der man sich schmerzhaft bewusst ist, Objekt des verächtlichen Blicks eines Anderen zu sein oder im Stich gelassen zu werden. In diesen Fällen können Menschen alle möglichen Tricks anwenden, um sich und die Anderen nicht merken zu lassen, dass sie das Opfer sind: Sie *entfremden* sich, ihr Selbstwertgefühl verschwindet, sie schlucken ihre Wut hinunter oder kehren sie in sich (Tas, in Pott, 1998). Darum ist auch für die Wiederherstellung des Ansehens ein Anderer nötig, ein Zuhörer. Der Zuhörer spielt eine aktive Rolle, die nötig ist, damit die Geschichte zustande kommen und Sinn ergeben kann. Nur dadurch kann die beschädigte Identität des Erzählers wieder neu aufgebaut werden und dem Sein die Richtung weisen (Pott, 1998).

---

55 Ein Projekt, *Geschichten zu erzählen*, gibt es auch beim *Kwartiermaken* in Zoetermeer. Unter Begleitung einer professionellen Geschichtenerzählerin üben die Teilnehmer, wie sie ihre Geschichten auf verschiedene Art und Weise erzählen können und wie sie selbst entscheiden, welche Rolle sie darin spielen wollen. Durch diese Art von Beschäftigung mit Geschichten wird ein Spielraum geschaffen. Für einen Moment kann zum Beispiel Abstand zu einer als auferlegt erfahrenen marginalen Rolle in der Gesellschaft gewonnen werden. Man bekommt eine Möglichkeit, die eigene Kraft kennen zu lernen (Scholtens, 2000).

4 Andersdenken über Anderssein

Ziel des *Multilogs* ist nicht das Verteilen von Gefühlen oder moralischer Unterweisung, sondern ein Beitrag zur Rückkehr der eigenen Stimme, zum Zurückgewinnen der eigenen Geschichte, die Wiederherstellung der eigenen beschädigten Identität, um schließlich weiterleben zu können.

Die Wiederherstellung von Gegenseitigkeit – Der *Multilog* könnte mehr als bisher eine Funktion für ‚Dritte' übernehmen. Und zwar erstens, um die Perspektive der Klienten kennen zu lernen, zweitens, um Raum für Erfahrungen Dritter mit Menschen mit psychiatrischen Problemen zu geben. Aber es kann auch um andere ‚Lebenserfahrungen' gehen. Letztendlich geht es um die Wiederherstellung von Gegenseitigkeit. Dabei kann die Wirkung von *Multilog* noch verstärkt werden, indem man spezifische Signale aus den Geschichten nicht aus dem Blick verliert. In diesem Zusammenhang ist es wichtig, bei dem zu bleiben, was Heleen Pott (1998) in einem anderen Kontext das *Paradox des Bekenntnisses* nennt. Freier übertragen auf das Projekt *Multilog* heißt das, der Psychiatrie-Erfahrene vollführt als Erzähler etwas Paradoxes: Er durchbricht die Isolation und erzählt etwas, das man sonst kaum in Worte fassen kann. Das Sprechen über eine traumatische Erfahrung ist wie das Suchen nach einem Idiom für einen Streit, für etwas außerhalb der Norm, für etwas von unüberwindbarer Fremdheit. Das traumatische Ereignis kann der Anlass der Verrücktheit sein, die Erfahrung des Verrücktseins selbst, der Umgang der Anderen mit der Verrücktheit in der akuten Phase oder das Leben, das nach der Verrücktheit kam. Wie ich oben bereits angemerkt habe: Wer eine solche erzählte Geschichte nur kognitiv angeht – als ob es einen Tatsachenbericht beträfe –, verkennt den heterogenen Charakter und neutralisiert damit deren spezielle Bedeutung. In Bezug auf *Kwartiermaken* ist es besonders wichtig, nach Möglichkeiten zu suchen, das außerhalb der Norm Befindliche doch ins Gespräch zu bringen – auch außerhalb des Freiraums, den der *Multilog* darstellt.

In der folgenden Auswahl aus *Die Freuden des Erzählens*[56] von Ben Okri kommen einige Elemente des *Multilogs* zusammen.

---

56 Selbst zusammengestellt aus dem Werk Ben Okris mit dem Originaltitel: *The Joy of Storytelling*.

Die Freuden des Erzählens

Erzählen ist immer schön,
sogar wenn es tragisch ist.
Es sagt uns, dass jedes Schicksal auch das unsrige sein kann.
Wenn wir aus einer Erfahrung oder einem Chaos
eine Erzählung gemacht haben,
haben wir sie auch transformiert, ihr Sinn gegeben,
die Erfahrung umgesetzt, das Chaos gebändigt.

Es könnte eine größere Kraft zum Guten
in unserem Leben sein,
wenn der eine Geist der Freiheit
mehr mit dem anderen tanzen würde.
Gerade in einer zersprengten, zerbrochenen Zeit
brauchen wir ein belebendes Gefühl
der Verwunderung.

Beim Erzählen von Geschichten
ist immer von Überschreitungen die Rede.
Erzähler sind Neugestalter
der angenommenen Wirklichkeit,
Träumer alternativer Ereignisse,
Zerstörer des trügerischen Schlafes.

4.6 Zusammenfassung

In diesem Kapitel wurde versucht, die Gewalt aufzuzeigen, die auf dem Weg eines bestimmten Diskurses *per definitionem* ausgeübt wird. Es wurde nach einem Idiom gesucht, das maximale Gastfreundschaft bietet; einem Idiom, das Sensibilität für den Widerstreit verstärkt und damit auch die Wachsamkeit gegenüber Ausgrenzungsmechanismen. Obgleich der biomedizinisch begründete Diskurs meistens das Rednerpult in Beschlag nimmt, ist die Vielstimmigkeit unter den psychiatrischen Profis nicht verstummt. Die hermeneutische Vorgehensweise innerhalb der Psychiatrie eröffnet zumindest eine Zweistimmigkeit oder auch einen Dialog zwischen dem sich Annähernden und dem Patienten. Der Mensch ist für die Hermeneutiker nicht nur reine Natur (oder biologisches System), aber ebenso wenig wollen sie den Anderen nur in seinem Anderssein oder seiner Einzigartigkeit sehen und ihn dadurch (auch) allein lassen.

Durch den Dialog und angetrieben durch die Fremdheit des Anderen versucht die hermeneutische Herangehensweise, immer wieder den Anderen zu begreifen und dafür eigene Vorstellungen zur Seite zu schieben bzw. zu dekonstruieren.

In den *Multilog*-Treffen wird der Dialog erweitert und wird geübt, die Person ‚umfassender und konkreter zu begreifen', ausgehend von Okris „belebendem Gefühl der Verwunderung". Die Sprachlosigkeit, die das Leiden umgibt, wird durchbrochen, bei den Betroffenen selbst, aber auch bei ‚den Anderen'. Das macht die Wiederherstellung von Gegenseitigkeit möglich. Der *Multilog* bietet also eine Nische, einen gastfreundlichen öffentlichen Ort, wo Raum für die Begegnung mit den Anderen ist. Es ist ein Konzept, das Mehrstimmigkeit möglich macht. Der *Multilog* ist kein Allheilmittel und auch nicht die einzige Art und Weise, an einem besseren gegenseitigen Einvernehmen zu arbeiten. Er kann aber neben einem Freiraum für die ungehörte Erzählung auch ein Wegbereiter sein, dessen Aufgabe es ist, Themen der Vielstimmigkeit in den psychosozialen Institutionen und beim Rest der Gesellschaft auf die Tagesordnung zu setzen.

5 Normative Professionalität

Weißt du, was hierbei vergessen wird? Dass man den Menschen ehren muss. (...) Ich bin in böser Absicht von vier Pflegehippies ins Bad gesteckt worden. (...) Das ist die Abwertung kranker Menschen. (...) Für mich wäre es so viel besser, verrückt zu sein. Ein Mensch muss doch etwas sein. Und auch ohne Hauptschulabschluss muss man durchs Leben kommen. Wenn einer verrückt ist, ist der etwas. (...) Du denkst nicht genug darüber nach, wie mächtig du mit deinem Doktortitel bist. (...) Wenn du mir so einen Stock gibst, dann bin ich taub. (...) Solch einen Stock bekommt man mit einer ärztlichen Bescheinigung. Die beweist alles. Du denkst vielleicht, dass es ja so einfach ist, ohne Hauptschulabschluss durchs Leben zu kommen, aber die Gesellschaft fordert Beweise. Sobald ich so einen Stock für Taube habe, bin ich jemand.

JAN ARENDS, 1972

Bescheid:
Betrifft: Außerkraftsetzung der Berufsunfähigkeitsanerkennung

Sehr geehrter Herr X,

Sie bekommen seit dem 11.4.1978 Sozialhilfe nach dem Berufsunfähigkeitsgesetz (AAW).[57] *Diese wurde zuletzt aufgrund einer Berufsunfähigkeit von 80-100% berechnet.*
Nach den Bestimmungen des Artikels 16 AAW ist die Betriebsvereinigung[58] *dazu berechtigt, die sich aus diesem Gesetz ergebenden Ansprüche ganz oder teilweise, zeitweilig oder bleibend außer Kraft zu setzen, wenn der Versicherte, nachdem er rechtzeitig vorgeladen wurde, nicht erschienen ist oder sich weigert, Information zu erteilen,*

---

57 Ndl.: *Algemene Arbeidsongeschiktheidswet*
58 Ndl. *Bedrijfsvereniging*: nach Branchen organisierter Arbeitgeber- und Arbeitnehmerverein zur Ausführung von Sozialversicherungsgesetzen

ohne dass dafür ein akzeptabler Grund besteht. Sie haben weder den Vorladungen des ärztlichen Dienstes, in der Sprechstunde zu erscheinen, Folge geleistet, noch auf die Aufforderungen der Betriebsvereinigung, Informationen zu erteilen, reagiert.
Unter diesen Umständen wird der Vorstand der Betriebsvereinigung die in Artikel 16 AAW gegebene Bestimmung, die Berufsunfähigkeit bleibend außer Kraft zu setzen, zur Anwendung bringen und Ihren Sozialhilfebezug zum 28. Februar 1995 einstellen.
Der Vorstand hat auch entschieden, dass eventuelle spätere Mitwirkung an einer ärztlichen bzw. Arbeitstauglichkeitsuntersuchung Ihrerseits kein Grund ist, Ihr Sozialhilfeverfahren rückwirkend wieder zu eröffnen.

Rechtsmittelbelehrung:
Artikel
Dieser Bescheid beruht auf folgenden Artikeln: 5, 6, 10, 12, 16, 24, 25, 36a, 64, 79, 79a und 80 des AAW, 18, 25, 40 und 48 des Gesetzes im Stb. 1989, 127; wie auch Artikel XVI bis XVIII des Gesetzes zur Verringerung der Berufungsverfahren bei Arbeitsunfähigkeit.[59]

Widerspruch
Sollten Sie mit diesem Bescheid nicht einverstanden sein, brauchen Sie sich nicht mit der Situation abzufinden. Sie können gegen diesen Bescheid beim Landgericht in Amsterdam, Abteilung Verwaltungsrecht, Widerspruch einlegen. In diesem Fall müssen Sie allerdings innerhalb von sechs Wochen nach dem Ausstellungsdatum dieses Bescheides Widerspruch einlegen, sonst besteht die Gefahr, dass das Landgericht, Abteilung Verwaltungsrecht, Ihren Fall nicht behandelt. In der Anlage dieses Bescheides steht, wie Sie vorgehen sollten, falls Sie Widerspruch einlegen wollen.

Hochachtungsvoll
Der Vorstand der ‚Betriebsvereinigung'
Der Geschäftsführer
Stellvertretender Bezirksdirektor, i.A.

---

59 Ndl.: Wet terugdringing Beroep op de arbeidsongeschiktheidsregelingen (TBA)

5.1 Prolog

Obiger Brief ist auf den 11. Juli 1995 datiert. Ich bekam ihn, nachdem ich von jemandem als Postanschrift angegeben worden war, einige Monate später in meinen Briefkasten. Die sechs Wochen für den Widerspruch waren also schon längst vergangen. Herr X hatte keine Meldeadresse, und all diese Bescheide waren nicht bei ihm angekommen. Aber auch wenn sie angekommen wären, wäre die Wahrscheinlichkeit sehr groß gewesen, dass er ihnen trotzdem nicht nachgekommen wäre. Denn so ein Mensch ist er nicht. Er lebt in seiner eigenen Welt. Trotzdem ist das hier deutlich ein *professioneller* Brief; in ihm werden 24 Artikel genannt. Außerdem wird dem Klienten die Möglichkeit geboten, Widerspruch einzulegen. Man kann sich fragen, ob das *GAK*[60] hier über die Konsequenzen des Bescheides für den Sozialhilfeempfänger nachgedacht bzw. einen Blick für die *normative* Dimension des professionellen Handelns hatte.

Obwohl es innerhalb des Projekts *Kwartiermaken* kein Teilprojekt ‚normative Professionalität' gab, spielt dieser Begriff stets eine Rolle im Hintergrund, wenn wir mit Experten verschiedener Bereiche zu tun haben und auch in unserem eigenen Kontakt mit Klienten. In diesem Kapitel steht der Profi und dadurch auch seine oder ihre Professionalität im Mittelpunkt: der Mitarbeiter in der psychosozialen Versorgung und in der Sozialarbeit, in der Gemeinwesenarbeit und bei der Polizei, beim Sozialamt oder bei der Wohnungsbaugesellschaft. Obwohl diese Arbeitsbereiche ziemlich unterschiedlich sind, haben sie alle mit Fragen der Segregation und Integration zu tun; man arbeitet mit Klienten, die mit Ausgrenzung zu kämpfen haben, und steht selbst vor der Frage, wie man mit Klienten umgehen soll: Soll man sie hereinlassen oder nicht, sie auf die Straße setzen oder andere Lösungen suchen? Soll man sie an sich heranlassen oder Distanz halten? Die Einführung des Begriffs *normative Professionalität* soll Raum für die normative – die Normen und Werte betreffende – Dimension des professionellen Handelns schaffen (Baart, 1996). Obwohl man es im Zeitalter der Entideologisierung und Verdinglichung gerne anders darstellt, geht professionelles Auftreten

---

[60] *Gemeenschappelijk Administratiekantoor* (dt. *Gemeinschaftliches Verwaltungsorgan für die Sozialversicherung*), heute *UWV* (*Organisation für Reintegration und zeitlich begrenztes Einkommen*).

5 Normative Professionalität

immer mit normativen Stellungnahmen einher. In diesem Kapitel lenke ich die Aufmerksamkeit auf diese Aufladung der professionellen Arbeit mit bestimmten Werten. Die zunehmende Protokollierung und Dokumentation der Arbeit in menschenorientierten Berufen macht moralische Urteilsbildung nicht überflüssig.

Es ist nicht meine Absicht, Protokollierung, Regeln oder jede Art von Bürokratie im Sinne von Qualitätssicherung als überflüssig darzustellen. Protokolle und Dokumentationen erschweren Willkür und stellen sicher, dass die Experten weder dem Klienten ihre eigenen Ziele aufdrängen noch sich dem Klienten zu stark unterordnen. Ich möchte zeigen, dass dieses nicht reicht. Regeln, Richtlinien und Methoden bieten einen Halt, aber das ist auch alles. Was in einem speziellen Fall zu tun ist, ist jedes Mal eine Frage der Interpretation und erfordert Reflexion; der Profi muss sich immer wieder fragen, was dieser spezielle Fall oder dieser eine Mensch in seiner spezifischen Situation von ihm verlangt. Diese Reflexion findet vor einem dreifachen Hintergrund statt: (1) vor dem Hintergrund der für den Beruf geltenden Richtlinien, (2) vor dem Hintergrund der Lebensethik des Profis und seiner existentiellen Fragen und (3) vor dem Hintergrund des größeren gesellschaftlichen Kontextes (Kunneman, 1996).

Thematik – In diesem Kapitel steht der Profi im Mittelpunkt. Was wird von ihm im Hinblick auf eine offene Begegnung mit ‚dem fremden Anderen' verlangt? Wie erscheint der Widerstreit in der professionellen Praxis der verschiedenen Arbeitsbereiche? Ich vertrete die Hypothese, dass der Raum, der für die Begegnung mit dem fremden Anderen benötigt wird, nicht auf den technischen Aspekt der Professionalität zurückzuführen ist. Eine ausschließliche Protokollierung der Professionalität vernachlässigt nicht nur die ‚Person' des Klienten, sondern auch die persönliche Seite des Experten. Dessen eigene Lebensethik darf genauso wenig vernachlässigt werden wie die der Klienten. Um sowohl die Person hinter dem Klienten als auch die hinter dem Experten zu würdigen, sind Kompetenzen spezifischer Art erforderlich. Dazu gehört auch das Verantwortungsbewusstsein in Bezug auf die ganze Gesellschaft. Der Umgang mit dem Problem der Armut dient hier als Fallbeispiel.

5.2 Die Beziehung zwischen dem Allgemeingültigen und dem Besonderen

Dekonstruktion – Aus dem Rechtswesen kennen wir den Begriff Rechtsprechung. Wenn die Rechtssprache, wie sie gesetzlich festgelegt ist, dem Richter für den besonderen Fall, um den es geht, nicht anwendbar erscheint, wenn, anders gesagt, eine mechanische Anwendung auf diesen besonderen Fall ungerecht erscheint, kann der Richter zur kreativen Interpretation des Gesetzes übergehen. Das kann er aber nur dann, wenn er sein Urteil legitimieren kann. Und dafür kann er sich nicht ohne weiteres auf das Gesetz berufen. Er muss sich auf etwas berufen, das noch nicht umschrieben wurde, das ihm aber trotzdem als rechtmäßig oder rechtschaffen erscheint. Die Gefahr besteht dann, dass er nur nach eigenem Gutdünken richtet. Ein Richter, der mehr als eine Amtsperson im Dienste des vorliegenden Gesetzes ist, begibt sich in eine heikle Situation. Er begeht gewissermaßen eine Machtergreifung. Das Gesetz ist nicht länger die Autorität. Er verweist auf eine nicht greifbare Instanz, um faktisch neues Recht zu schaffen. Es ist wichtig, sich dessen bewusst zu werden, dass dieser innere Haltungswechsel eine der Arten ist, wodurch Recht zustande kommt. Jede Rechtsbestimmung wurde irgendwann einmal zum ersten Male eingeführt. Auf der Suche nach der neuen Rechtsbestimmung wird das alte Gesetz ein wenig *dekonstruiert* oder aufgebrochen. Und das nicht mit der Absicht, das Recht abzuschaffen, sondern mit dem Ziel, Recht dem zu verschaffen, der vorher vom Recht ausgeschlossen war, weil er nicht in die Rechtsbestimmungen passte, zu ‚anders' war, zu speziell, zu persönlich (Victor Kal, 2004).

In diesem Kapitel steht nicht die *rechtliche* Berufspraxis im Mittelpunkt. Das Beispiel von Herrn X dient der Einführung des Begriffes *Dekonstruktion*. Für die sozialen Berufe hat diese Betrachtungs- und Vorgehensweise, in der das Alte im Hinblick auf das Neue und Unerwartete aufgebrochen wird, diverse Folgen. Man sieht nämlich ein, dass eine mechanische Anwendung der Regeln nicht ausreicht; etwas, das für einen besonderen Fall von großer Relevanz ist, wird von diesen Regeln vielleicht ausgeschlossen. Es geht hier um einen *persönlichen* Einsatz, in der doppelten Bedeutung von jemandem, der sich in eigener Person für eine (andere) einsetzt.

5 Normative Professionalität

Die Schwierigkeit der *Dekonstruktion* ist, dass ihr kein Maßstab zur Verfügung steht. Es geht nicht darum, die geltenden Regeln als für alle gleich anwendbar zu verstehen. Wichtig ist es, Ungleichheit zuzulassen und aktiv über die Unzulänglichkeit und die prätentiöse Geschlossenheit der üblichen Auffassungen und Praktiken zu reflektieren; es soll sichtbar werden, dass dieses für den besonderen Fall nicht haltbar ist. Es geht also um eine solche Offenheit, bei der man die Verantwortung dafür übernehmen kann, etwas Persönliches, auf den ersten Blick Ungesetzliches zu tun. Anders gesagt: Die Tätigkeit, die dieser *Dekonstruktion* zu Grunde liegt, besteht darin, dass ein reflexives Moment eingeschaltet wird, mit dem Ziel zu untersuchen, ob die Normen einer Transformation oder Ergänzung bedürfen.

Jacques Derrida, von dem Victor Kal diese Betrachtung entlehnt, assoziiert diese Tätigkeit mit dem Gewähren von Gastfreundschaft, mit dem Empfangen der anderen Person und des Anderen, so wie er, sie oder es sich zeigt. Die *Dekonstruktion* ist also der Versuch, für jemanden oder etwas Raum zu gewinnen, einen Platz, zu dem eine Gerechtigkeit, der in der Gesellschaft noch keine Form gegeben wurde, Zugang hat (Victor Kal, 2004).[61]

Im dritten Kapitel ging es mit der Einführung von Aufschub als ‚Zwischenschritt' um eine analoge Betrachtungsweise, die notwendig ist, um die Gastfreundschaft zu dem wirklich Fremden zustande zu bringen.

In diesem philosophischen Abschnitt, der auf die Thematik der normativen Professionalität vorbereitet, beschäftige ich mich noch einmal kurz mit Bildern, die dazu anregen, über die Verwirklichung von Gastfreundschaft in dem Verhältnis zwischen Profis und ihren Klienten nachzudenken.

Verwunderung – Luce Irigaray führt ‚die Geste der Verwunderung' als Art und Weise ein, die moralische Sensibilität zu vergrößern, so dass „(…) wir uns auf eine gewaltfreie Weise zum Anderen und zum Anderssein des Anderen verhalten können." (Van den Ende, 1999, S. 149)

(…) die Verwunderung mobilisiert die Sinne, bringt einen in Bewegung, man öffnet sich für den Anderen und lässt sich von dem Anderen und von dem Anderssein des Anderen berühren. Außerdem verlangt und schafft die Ver-

---

61 Vgl. Derrida, 1991

wunderung einen Zwischenraum: zwischen ihm und ihr, (...) zwischen mir und dem Anderen (Mulder, in: Van den Ende, 1999, S. 188).

Die Verwunderung bietet Raum für das Anderssein des Anderen (und der eigenen Person). Verwunderung ist zugleich aktiv und passiv: Verwunderung wird bei einem ausgelöst, man erfährt sie (passiv), aber man muss sich auch (aktiv) wundern wollen. Verwunderung ist laut Irigaray eine der Gesten, die es ermöglicht, neue Werte zu schaffen.

Verwunderung schafft einen Zwischenraum, einen Raum zwischen Menschen, so wie die Plazenta zwischen Mutter und Kind. Irigarays Metapher der Plazenta ist viel sagend. Die Beziehung Mutter-Kind in der Gebärmutter wird häufig als ein Verschmelzen verstanden; trotzdem ist sie viel bemerkenswerter organisiert, nämlich so, dass jedes Leben (einzeln) respektiert wird. Die relative Autonomie der Plazenta, ihre Funktion als regulierendes Mittel, welches das Wachsen des Einen im Körper des Anderen garantiert, kann nicht auf einen Mechanismus von Fusion einerseits oder Aggression andererseits (der Embryo als fremder Körper, der die Mutter verschlingen würde) zurückgeführt werden. Es ist eine friedliche Koexistenz. Der Embryo ist zur Hälfte fremd für die Mutter und wird trotzdem nicht abgestoßen – während andere Fremdkörper sehr wohl abgestoßen werden. Dafür sorgt ein *Mechanismus der Toleranz*. Für Irigaray erfüllt der Zwischenraum, der durch die Geste der Verwunderung geschaffen wurde, die Rolle der Plazenta (Irigaray, 1993). Dem Unterschied wird Ausdruck verliehen, ohne dass von Bruch und Trennung die Rede ist.

Unterschiede geben schnell Anlass zu Entfernung. Irigaray verwendet die Verwunderung für eine *Ethik der Differenz*. In einem ethischen Verhältnis zu dem Anderen dürfe, nach Irigaray, nie feststehen, wer der Andere ist. Jeder solle möglichst viel Raum bekommen, um Unterschiede zu Anderen zu artikulieren. Die Frage „Wer bist du?" soll immer wieder gestellt werden und eigentlich prinzipiell unbeantwortet bleiben. Sonst würde der Andere zu einem feststehenden Wesen reduziert und somit fixiert und ‚angeeignet' werden. Aneignung ist oft das Unterwerfen des Anderen unter meine Normen, indem man den Anderen immer auf ‚gleich wie ich' oder eben ‚anders als ich' reduziert, wobei ‚ich' immer die Norm ist (Van den Ende, 1999). Irigaray ist also immer auf der Suche danach, wie eine Ethik entsteht, die zum Kultivieren von Werten motiviert, die zu Respekt und Engagement für das Anderssein von

Anderen anregen. Ihre ‚Ethik der Differenz', mit der Verwunderung als zentraler Geste, bildet, genauso wie die Dekonstruktion bei Derrida, ein wichtiges Grundmuster für das ‚Schaffen eines Raumes für den fremden Anderen', ein Ziel von *Kwartiermaken*.

Die Umarmung und ‚das Zwischenreich' – An Irigarays Idee der Verwunderung schließt sich die Metapher ‚der Umarmung' aus der Versöhnungsethik Miroslav Volfs an. Der in den USA tätige Theologe ist ein gebürtiger Kroate. Volf verschärft die Frage des fremden Anderen mit seiner Feststellung, dass es im Verstehen des Anderen Grenzen gibt. Deswegen hält er es – wider Erwarten – für besonders wichtig, sich die Fertigkeit anzueignen, den Anderen nicht zu verstehen. Er meint damit die Weigerung, dass man das fortwährend anwesende Bedürfnis zugibt, den Anderen in dem eigenen Bezugsrahmen zu verstehen. Eine solche Weigerung, die man als eine Form der Dekonstruktion verstehen muss, eröffnet seines Erachtens kreative Möglichkeiten für ein neues und besseres beiderseitiges Verständnis.

Volf verweist auf verschiedene Verfahren, mit denen eine Ausgrenzung stattfindet. Es gibt den Zwang zur Assimilation, das Dominiertwerden, das Aufgegebenwerden und die Gleichgültigkeit. All diese Formen von Ausgrenzung finden sowohl auf individueller als auch auf gesellschaftlicher Ebene statt.

Diesem Ausgrenzungsverfahren stellt Volf die *Umarmung* als Metapher für Versöhnung gegenüber. Die Umarmung ähnelt sehr der Verwunderung bei Irigaray. Mit seiner Phänomenologie der Umarmung zeigt Volf gleichsam vier Elemente ‚eines Dazwischens': das Öffnen der Arme als Einladung, den Anderen zuzulassen; das Warten auf den Anderen als Zeichen, dass Umarmung ohne Gegenseitigkeit ihr Ziel nicht erreichen kann; das Schließen der Arme – zwei Paar Arme, eine Umarmung und schließlich das Loslassen des Anderen als Zeichen, dass das Anderssein des Anderen in einem undifferenzierten ‚Wir' nicht neutralisiert werden darf (Witvliet, 1999).

Theo Witvliet spricht in seinem Artikel „Het geduld van de omhelzing"[62] – dem das Obige entnommen wurde – von dem *Zwischenreich*. Er betrachtet ‚das Zwischenreich' als einen Ort, der es ermöglicht, das Böse in der eigenen Kultur wahrzunehmen.

62 Dt.: *Die Geduld der Umarmung*

,Das Zwischenreich' symbolisiert Zeit und Raum, um sich gegenseitig zu erkunden und anzunähern. Das ‚Dazwischen' bewirkt, dass sich der Fremde und der Andere während einer Begegnung verändern, ohne dass der Unterschied aufgegeben wird. Der Zwischenraum schützt den Unterschied, bringt aber auch Verbindung zustande. In Situationen asymmetrischer Verhältnisse, und gerade in Situationen gewalttätigen Konflikts, ist ‚das Zwischenreich' für das Zusammenleben und die Gesellschaft eine absolute Notwendigkeit. Es geht im *materiellen* Sinne um den Raum von Einrichtungen, Institutionen und Kirchen, die als Ort dienen können, einen *symbolischen* Raum zu schaffen. Das Zwischenreich hat die Macht, gegen Prozesse der Marginalisierung und der Ausgrenzung ein Zusammenleben, in dem Platz für ein differenziertes Wir ist, zu ermöglichen.

So viel zum philosophischen Auftakt für die Erarbeitung des Begriffs ‚normative Professionalität'. Mit der Einführung der Begriffe Dekonstruktion, Verwunderung und Zwischenreich habe ich einen Hintergrund skizzieren wollen, wohingegen der Begriff normative Professionalität noch Form bekommen muss. Das geschieht anhand der folgenden Themen: ‚die Lebensführung der Klienten als Ausgangspunkt', ‚Subjektwerdung', ‚Burnout' und ‚gesellschaftliche Verantwortung'.

5.3 Die Lebensführung der Klienten als Ausgangspunkt

von:
B.J.Th. Claassen, Koordinator
Werkstattförderverein

an:
Ministerium für Raumordnung, Bauwesen, Städtebau
und Umweltschutz
Abteilung Wohngeld
Postfach 30944
2500 GX Den Haag

5 Normative Professionalität

Betrifft: Rückforderung von Wohngeld bei Einkommensschwachen

Sehr geehrte Damen und Herren,

Ihre Behandlung der Beschwerdeschrift von Frau X und unserer Unterstützung in dieser Angelegenheit vom 21. Februar beunruhigt den Werkstattförderverein[63] sehr.
Aus einer zweifellos recht bequemen Position in Den Haag heraus berufen Sie sich auf Regeln und Gesetze, auf deren Grundlage Sie eine Rückforderung des Wohngeldes bei einem Mindestgehalt für gerecht halten. Es scheint offenbar nicht bis zu Ihnen durchgedrungen zu sein, dass bei einem Minimum nichts mehr übrig bleibt, auch nicht für Rückzahlungsraten. Mit krummen Händen vom Rheuma sieht die Zukunft für Frau X nicht besonders rosig aus. Es ist eine heikle Situation, jedes Jahr wieder am Rande der Armut balancieren zu müssen, und dieses in einer Wohlstandsgesellschaft. Wenn man einmal vom Rand abgestürzt ist, winken Verluderung und Zwangsräumung. Wenn man aus dem Rennen ist, landet man in der Gosse: Frau X gingen schon viele voran. Wir als Streetworker stoßen täglich auf Härtefälle, auf Menschen, die nichts mehr mit dieser herzlosen Gesellschaft der Formulare und Nummern zu tun haben möchten. All diese Formulare und Nummern, die kalten Blicke und kühlen Stimmen im Dienst des Chefs, sie treiben die Menschen zu Verzweiflung und machtloser Wut, Aggression und Gleichgültigkeit. Davon wird die Gesellschaft krank.
Dennoch möchte die Stiftung Sie um Antwort auf die Frage bitten, ob Ihre Behörde gedenkt, derartig erschreckende Maßnahmen in Zukunft zu verhindern.

Mit freundlichen Grüßen
Werkstattförderverein, B.J.Th. Claassen, Koordinator

Obiger Brief lässt gut erkennen, wie die Welt eines Klienten und die eines Profis aufeinander stoßen können. Der Profi auf dem Wohnungsamt in seiner professionellen (System)Welt und die Klientin in ihrem Alltag haben beide, von ihren jeweiligen Welten aus betrachtet, in gewisser

---

[63] Ndl.: *Stichting ter ondersteuning van de Werkplaats*

Weise Recht. Dazwischen klafft jedoch ein Loch. Man kann von einem *privilegierten* Profi sprechen, der im großen Abstand zum *deprivierten* Klienten steht. In diesem Abschnitt wird die Aufmerksamkeit auf eine Sichtweise gerichtet, bei der der Alltag des Klienten der Ausgangspunkt ist. Der Profi würde die Systemwelt aus einer Haltung der Verwunderung und Reflexivität heraus *bis zu einem gewissen Grad* hinter sich lassen müssen.[64]

Eine Vorgehensweise, bei der die alltägliche Lebensführung des Klienten den Ausgangspunkt bildet, ist das von dem philosophischen Erwachsenenpädagogen Andries Baart (2001) entwickelte *Präsenzverfahren*. Die nahe und engagierte Pflege, die diese Vorgehensweise empfiehlt, ist explizit darauf gerichtet, die oben genannte Kluft zu überbrücken. Die Überbrückung beginnt mit dem Bewusstsein des Profis von der eventuellen Existenz dieser Kluft. Das Bewusstsein kommt in den folgenden zwei Aspekten zum Ausdruck:

a) der Profi erkennt, dass das Problem, mit dem der Klient kommt, für diesen wichtig ist, auch, wenn das für den Profi nicht sofort deutlich ist;

b) der Profi lässt sich persönlich und direkt ansprechen; er ist sich darüber im Klaren, dass er den Kontakt zu der Welt bildet, in der der Klient Halt sucht.

Mit dieser Nähe in Form einer konkreten Verbundenheit sind viele Spannungen verbunden. Der Profi muss Prioritäten setzen, seine Berufsausübung kennt Grenzen, er kann sich nicht alles gefallen lassen, die Normen des Klienten sind vielleicht überhaupt nicht vertretbar, er darf Klienten nicht ‚vorziehen', er muss sich gegenüber der Problematik des Anderen ‚vernünftig' verhalten und darf sich letztendlich nicht in dessen Probleme hineinziehen lassen.

---

[64] Dies wirft die Frage auf, ob man die Lebenswelt so dichotom gegenüber der Systemwelt platzieren kann. Harry Kunneman (u.a. 1998) spricht von Interferenzzonen, um zu beschreiben, dass man nicht nur von einer Kolonisierung der Lebenswelt durch die Systemwelt, sondern gleichermaßen von einer Kulturalisierung der Systemwelt sprechen kann. Der Einfluss der Lebenswelt macht sich innerhalb der Institutionen bemerkbar. In Kapitel 7 werde ich auf diese Frage zurückkommen.

5 Normative Professionalität

Den Alltag als Ausgangspunkt zu nehmen, scheint sehr kompliziert zu sein. Das macht eine nähere Erkundung der Herangehensweise, die die alltägliche Lebenswelt als Ausgangspunkt hat, notwendig.

Aspekte des nahen Profis – Eine Bedingung dafür, dem Klienten nahe zu kommen, ist, dass der Profi sich bemüht, zu dem Wirklichkeitsempfinden und der Situationsdefinition des Betroffenen vorzudringen. Baart (2001) unterscheidet zur Erweiterung und Präzisierung der bereits genannten zwei Aspekte in diesem Prozess verschiedene Dimensionen:

a) Trotz aller negativen Konnotationen wird die positive Seite eines marginalen und alternativen Lebensstils gesucht. Es geht darum, den vitalen, das heißt den möglicherweise vorhandenen rationalen Charakter des Lebensstils des Klienten zu erkennen, beziehungsweise zu sehen, dass das Handeln des Klienten am Anfang oft ‚kompetent' ist, auch wenn die Folgen davon auf die Dauer vielleicht sehr unerwünscht sind. Wenn der Profi die anfängliche Kompetenz nicht sieht, kann er nicht gut helfen.[65]
b) Dabei ist es nötig, dass der Profi ein großes Interesse für die Geschichten des Klienten zeigt. Die alltägliche Lebensführung des Klienten lässt sich ja durch die Geschichten erkennen.
c) Der Profi lässt sich jedoch nicht von den Geschichten überwältigen. Er übernimmt die Innenperspektive nicht; in solch einem Fall würde er mit dem Anderen in dessen Alltag zugrunde gehen. Er versucht, die Innenperspektive zu verstehen und sie in den Griff zu bekommen, um von dort aus adäquat handeln zu können.
d) Der Profi ist sich dabei der Gefahr bewusst, die droht, wenn Mechanismen der Ausgrenzung und der Erniedrigung, denen der Klient doch allzu oft ausgesetzt ist und die wahrscheinlich Grund für sein Kommen sind, von ihm fortgeführt und damit verstärkt werden.
e) Der Profi ist sich vor allem bewusst, dass die Wahrung der Würde von wesentlicher Bedeutung für den Klienten ist, für sein Selbstwertgefühl und damit für seine Identität.
f) Wichtig ist auch, dass der Profi sich stets klarmacht, mit welchen gesellschaftlichen Institutionen der Klient zu tun hat und welche Bedeutung diese Institutionen für ihn haben. Er bemerkt, mit wel-

---

[65] Wie im 4. Kapitel gezeigt, gilt dieser Aspekt sicher auch für ‚verrückte' Menschen.

chen Institutionen der Klient nicht in Beziehung steht und was dieses für den Klienten bedeutet.

g) Dabei ist der Profi sensibel für Wendepunkterfahrungen, das sind Erfahrungen, die eine positive Wendung im Leben des Klienten markieren (können). Er erkennt sie und versucht, sie möglichst herbeizuführen, die Bedingungen dafür zu fördern und eine beginnende Wende zu unterstützen. Andersherum ist das Signalisieren negativer Wendepunkte – der Fall nach unten – essentiell, so wie die Wahrnehmung aller Umstände, die eine negative Karriere oder ein ins Leere laufendes Weitermachen aufrechterhalten.

h) Bei einer Vorgehensweise, die den Alltag in den Mittelpunkt stellt, verhält der Profi sich als soziale Hilfequelle oder – falls er selbst nicht die Hilfequelle sein kann – als Hilfsmittel, damit soziale oder kulturelle Hilfequellen erreicht werden können (Baart, 2001).[66]

Nähe in der Armutsbekämpfung – Bei dieser Aufzählung von Aspekten des nahen Profis denkt man vielleicht an erster Stelle an einen *Hilfeleistenden*, zum Beispiel einen Sozialarbeiter oder einen sozialpsychiatrischen Krankenpfleger, sprich Casemanager. Der Gesichtspunkt des Alltags ist jedoch auch für die Professionellen bei allen Instanzen, die mit dem *materiellen* Aspekt des Alltags zu tun haben, von Bedeutung: Sozialdienste und andere Sozialämter, Wohnungsbaugesellschaften, die Ausländer- und Einbürgerungsbehörden. Die Organisationen, in denen diese Profis operieren, sind (notwendigerweise) in besonderem Maße ‚technisch'. Man wählt Standardbriefe und fertigt Klienten fahrplanmäßig ab, oft ohne den Klienten jemals gesehen zu haben. Diese vorgeschriebene, für effizient erachtete Vorgehensweise ist, wie sich in vielen Fällen herausstellt, überhaupt nicht zweckmäßig. Die ‚nicht-nahe' Vorgehensweise führt dazu, dass die so genannten einkommensabhängigen Regelungen zu wenig genutzt werden. Dieses ist umso bitterer, da diese Regelungen, weil eine strukturelle Erhöhung der Sozialhilfe fehlt, in der Armutsbekämpfung eine größer werdende Rolle spielen (Vlek, 1997). Es betrifft die Erhöhung der Hilfen durch Wohngeld, Unterstützungen durch die besondere Sozialhilfe und zusätzliche Hilfen im Rahmen des niederländischen Erwerbslosengesetzes (AOW).

---

66 Diese acht Aspekte scheinen nicht kulturgebunden zu sein, d.h. sie sind auch geeignet, Klienten aus anderen Kulturen zu erreichen.

Sozialhilfeempfänger sind selbst verantwortlich dafür, dass sie diese zusätzliche finanzielle Unterstützung erhalten. Aus einer Untersuchung von Wim van Oorschot (2000) geht hervor, dass 20 bis 50% der Berechtigten, und bei den Älteren sogar 70%, diese zusätzlichen Unterstützungen nicht in Anspruch nehmen. Sozialhilfeempfänger verloren dadurch im Jahr ca. € 260 beziehungsweise 3–4% ihres Einkommens. Älteren entgehen im Jahr sogar € 500 bis € 800.[67] Dieses sind sehr hohe Beträge, wenn man sie mit den wenigen Prozenten vergleicht, die jährlich in der politischen Diskussion über die Kaufkraft der Menschen mit einem Mindesteinkommen eine Rolle spielen.

Neben dem Fehlen zugänglicher Informationen als wichtigstem Grund für den Verzicht auf den Anspruch sowie dem Mangel an Selbstsicherheit und Selbstvertrauen spielen bei den betroffenen Bürgern Erwägungen eine Rolle, die (wiederum) mit Stolz zu tun haben (Van Oorschot, 2000). Auch Godfried Engbersen (2000) schließt aus seiner Untersuchung, dass arme Haushalte aus Selbstrespekt Hilfe ablehnen; man möchte nicht in eine sozial schwächere Position eingeordnet werden. Er verweist auf eine ‚Kultur des Misstrauens' gegenüber öffentlichen Einrichtungen; Klienten haben Angst vor dem Eingriff in ihre eigene Autonomie.

Wenn man bedenkt, dass ein Drittel der armen Haushalte über keine unterstützenden Netzwerke verfügt und dass diese Gruppe zum Teil mit der Gruppe, die kaum von den lokalen Maßnahmen zur Bekämpfung der Armut profitiert, zusammenfällt, muss daraus gefolgert werden, dass die Armutsbekämpfung aus Mangel an einer Orientierung am Alltag der ‚armen Klienten' nicht erfolgreich sein wird. Gerade sie, die von der Hilfe der Ämter und Behörden abhängig sind, verfügen oft nicht über die Kompetenzen, sie zu nutzen, während das Fehlen dieser Kompetenzen auch oft der Grund für die Abhängigkeit von diesen Hilfequellen ist.

Anders gesagt: Die Einstellungen und Probleme der Hilfesuchenden bilden ein Hindernis dafür, bei den Institutionen des Wohlfahrtsstaates, bei denen sie Hilfe suchen, Anschluss zu finden. Profis sind für die Gruppe, die die Hilfe am dringendsten braucht, am schwersten zu erreichen (Baart, 2001).

---

67 Ursprüngliche Angaben aus dem Jahr 2000 in niederländischen Gulden.

Gastfreundschaft

Als Beispiel ist hier nicht zufällig das der Armutsbekämpfung gewählt. Bei der Entwicklung vom psychiatrischen Patienten zum Bürger ist die Verfügbarkeit eines zufrieden stellenden Einkommens essentiell. Integration beziehungsweise gesellschaftliche Teilnahme kostet Geld. Der weitaus größte Teil der Menschen mit chronisch psychiatrischer Problematik kommt in dieser Hinsicht zu kurz. Diese Gruppe gehört zu einer der größten Kategorien des ‚echten Minimum-Einkommens'. Als Folge von Sozialgesetzesnovellen befinden sich heutzutage von der Gesamtzahl der Sozialhilfeberechtigten 70% auf dem niedrigsten Niveau (in den siebziger Jahren waren es 25%). Der größte Teil dieser Gruppe von 70% ist über sehr lange Zeit von einer Mindestzahlung abhängig, ohne Aussicht auf Arbeit. Die Reintegration der Arbeitsunfähigen, die nicht zu 100% arbeitsunfähig sind, stagnierte trotz der Hochkonjunktur in den Niederlanden in der Mitte der neunziger Jahre des 20. Jahrhunderts. In den sozialen Werkstätten sind in den Niederlanden höchstens 10% der Arbeitnehmer Menschen mit psychiatrischer Problematik. Wenn außerhalb dieser Werkstätten Arbeit gefunden wird, handelt es sich meistens um andere subventionierte Arbeit, mit der das ursprünglich geringe Einkommen kaum überschritten wird (Vlek, 1999). Im Projekt *Kwartiermaken* in Zoetermeer engagiert man sich für die Armutsbekämpfung in Zusammenarbeit mit der Organisation *Menschen am Minimum* (*MIM*). Freiwillige der *MIM* halten in der Tagesstätte *Reakt* eine Sprechstunde ab und der *Kwartiermaker* macht Besucher auf die Informationen und Hilfe aufmerksam, die von der *MIM* geboten werden. Auf eine persönliche und respektvolle Art und Weise lotsen die Freiwilligen dieser Selbsthilforganisation die Klienten durch das aus Regeln bestehende Labyrinth. Die *MIM* hat es sich auch zum Ziel gesetzt, alarmierende Signale an verantwortliche Beamte weiterzuleiten und strukturelle Verbesserungen anzustreben.

Es ist deutlich geworden, wie die Armutspolitik wegen des Fehlens von Nähe in der Berufsausübung ihr Ziel verfehlt. Die Bürokratie steht der Gastfreundschaft entgegen. Ohne Orientierung auf den Alltag kommt eine wirkliche Begegnung zwischen Profis und Klienten nicht zustande. Die ‚technische' Professionalität braucht einen normativen Rahmen: die neugierige Haltung des nahen Profis. Im folgenden Abschnitt wird untersucht, wie der Profi, sogar in den bürokratisiertesten Sektoren, den Menschen hinter dem Klienten im Auge behalten kann und welche Rolle die eigene Lebensethik dabei spielt.

5.4 Die Subjektwerdung

„... gute Hilfe erkennt man daran, dass sie ihre Einrichtung auf den schwächsten oder problematischsten Hilfesuchenden, und nicht auf den leistungsfähigsten oder besseren oder klügeren, abstimmt" (Baart, 2001, S. 679ff). In *De bureaucratische bestendiging van gevoelens van overbodigheid*[68] beschreibt Baart, wie die schwachen Menschen, die Hilfe suchen, sich nicht so geben können, wie sie sind, sondern in einer Sprache, die nicht die ihre ist, ihre Fragen stellen müssen und dabei ein verzerrtes und partielles Selbstbild abgeben. Dieses wird durch die Funktionsweise der Bürokratie provoziert. Es gelingt jemandem dann nicht, im gegebenen Gefüge zur Existenz zu gelangen. „Der Hilfesuchende ist abgeschrieben (dann einfach nicht da), als *Person* existiert er nicht, er existiert nicht *an dieser Stelle*, weder mit seiner *eigenen Identität* noch nach seinem *eigenen Maß*, noch im *Idiom* oder *Vokabular*, in dem er sich adäquat artikulieren kann" (Baart 2001, ebenda). Kern des Problems ist, dass der Hilfesuchende im Prozess der Suche nach Hilfe „noch werden muss". Anerkennung ist der Schlüsselbegriff. Jeder Kontakt in der hier hinterfragten Versorgungs-, Hilfe- und Dienstgewährung sollte darauf ausgerichtet sein, das Selbstwertgefühl zu stärken. Das Selbstvertrauen wächst dadurch, dass man jemanden seine eigenen Möglichkeiten erfahren lässt (die Bedeutung von Empowerment) und spüren lässt, dass er oder sie dazugehört. Indem man für jemanden Aufmerksamkeit zeigt, der – in den Worten Baarts – ‚ich' sagen kann/darf und dem Raum für seine Eigenart bereitet wird, wird eine Person ‚geschaffen'. Dabei ist es von Nutzen, wenn der Betroffene in der Begegnung mit dem Profi sein Problem nicht an die Regeln der aufgesuchten Einrichtung anpassen muss. Es ermutigt ihn, wenn das Problem nicht bagatellisiert wird. Der Profi verhilft jemandem zur Existenz, wenn er die Details nicht vernachlässigt, Verbindungen nicht durchtrennt und nicht auf Zusammenhänge verzichtet. Die Tatsache, dass der Klient seine Post nicht öffnet (aus Angst vor dem Inhalt), seinen Verabredungen nicht nachkommt (aus Verwirrtheit oder Angst vor dem, was auf ihn zukommt), seine Papiere nicht ordentlich aufbewahrt oder nicht zweckmäßig handelt, muss in seinem Kontext verstanden werden. Bei einer Begegnung, bei der das Subjektwerden im Mittelpunkt steht, wird der Raum des Betroffenen nicht

---

68 Dt.: *Die bürokratische Aufrechterhaltung des Gefühls der Überflüssigkeit*

von dem System der jeweiligen Einrichtung besetzt. Dieses System wird, in der Terminologie des 3. Kapitels, aufgeschoben, oder, in den Termini dieses Kapitels, dekonstruiert. Die Logik des Klienten zählt. Instanzen, die nicht auf die Probleme eingehen, Klienten damit allein und die Probleme nicht zum Vorschein kommen lassen, unterschlagen nicht nur das jeweilige Problem, sondern auch den jeweiligen Menschen. Wenn Menschen und Probleme keinen Raum bekommen, in den Worten Baarts nicht ‚geborgen' werden, findet die Umkehrung des Subjektwerdens statt: Desubjektivierung (Baart, 2001).

Opfer oder Täter? – Es stellt sich die Frage, ob die Identität der zu Subjekten gewordenen Klienten in obiger Annäherung nicht zu sehr die des Opfers ist. Schiebe ich trotz der subjektivierenden Absichten dem Klienten nicht zu sehr die Opferrolle zu? Vermittle ich nicht zu sehr, dass das Opfer nichts dagegen tun konnte? Baart meint, dass dieses Risiko vermieden werden soll: Das Subjektwerden kann nicht stattfinden, wenn der Betroffene als moralischer Akteur nicht berücksichtigt wird. Um sich Respekt zu verschaffen, muss der Klient nicht unschuldig sein; auch sollte in der Begegnung die Frage nach der Schuld nie nicht gestellt werden. Vielmehr verhält es sich andersherum: Durch Subjektivierung kann der moralische Täter hervortreten und Verantwortung übernehmen (Baart, 2001).

> Meine psychiatrische Erfahrung hat zum Verlust meines Selbstwertgefühls geführt, daran hat das psychiatrische Versorgungssystem nichts ändern können. (...) Vielleicht denkt man, dass (zu viel) Empathie zu Hospitalisierung führt. Doch Hospitalisierung ist ein Ausdruck von mangelnder Sicherheit; die Sicherheit muss man (erst) in der psychiatrischen Versorgung erfahren, um von dort weggehen zu können. Das ist wieder das Selbstwertgefühl, und das findet man in ebenbürtigen Beziehungen wieder. Diese erlebe ich in der *Multilog*-Gruppe (Verhaar, 1999, S. 19).

Dem Anderen – in der Terminologie Kunnemans – *individualisierend* entgegenzutreten, ist nicht zwangsläufig die Bekräftigung des Inhalts seiner Erfahrungen, Emotionen und Auffassungen. Individualisierung kann auch Kritik oder sogar Konflikt beinhalten, solange der Betroffene dabei den Raum bekommt, auf die Kritik zu reagieren und somit unter Umständen zu einer anderen, einer neuen ‚Eigenheit' zu kommen. Der

Klient muss wissen, dass er im Entwickeln einer, wenn nötig, neuen Geschichte über sich selbst unterstützt wird; die Aussicht auf eine möglicherweise andere Fortsetzung der Lebensgeschichte muss erkennbar sein. Eine solche Behandlung steht der Negation, von der die Rede ist, wenn man Menschen buchstäblich nicht kennen will, gegenüber. Indem man nicht zuhört, schaut und berührt, indem man zum Schweigen bringt oder vorgibt, dass das, was gefühlt, gesagt oder getan wird, nichts zur Sache tut, wird so getan, als ob die Person selbst nicht wichtig sei (Kunneman, 1995). Dann spricht man von Desubjektivierung.

Bildformung – Profis vermitteln bewusst und unbewusst Bilder ihrer Klienten. Vorstellungen von Jämmerlichkeit wechseln sich ab mit Eindrücken von Brutalität und Aggressivität, Abhängigkeit und forderndem Verhalten, oder als: ‚der ist richtig verrückt' oder ‚mit dem ist nichts anzufangen'. Derartige (auch unausgesprochene) Benennungen führen ein Eigenleben; sie führen zu einer Stigmatisierung: Der Klient bekommt einen Stempel aufgedrückt, der auch außerhalb der Sphäre, in der ‚gestempelt' wird, seine Wirkung nicht verfehlt. Baart (2001) spricht deshalb von der Notwendigkeit eines Bildersturms, um den Abbau von stigmatisierenden Symbolen, die das Subjektwerden verhindern, zu beschleunigen.

In der Dissertation *Als u zelf*[69] liefert der Theologe Herman Meininger (1997) im Zusammenhang mit der Sorge für und mit dem Umgang mit *geistig Behinderten* einen Beitrag zu diesem Bildersturm und damit zur Auffassung der Subjektwerdung. Profis müssten sich stets fragen, so Meininger, wie die von ihnen angewendeten Bilder gesellschaftlich funktionieren. Inwiefern hat ein bestimmtes Bild die Macht, zu Haltungen und Verhalten aufzufordern, die durch die Randgruppe so erfahren werden können, als würden sie ihrer eigenen Authentizität gerecht? Die Bilder, die in Umlauf sind, bestimmen in beträchtlichem Maße die Möglichkeit, den Anderen zu erfassen. Profis, sagt Meininger, werden oft mit einer Lebensweise ihrer Klienten konfrontiert, die weit von den herrschenden Idealen des Menschseins abweicht. Das kann unwillkürlich negative Gefühle auslösen. Die Lebensweise, mit der man konfrontiert wird, bildet so eine Bedrohung der eigenen Identität. Der Unterschied zum Anderen kann als so wesentlich erfahren werden, dass der Andere

---

[69] Dt.: *Wie Sie selbst*

nicht mehr als ‚ein Mensch wie ich' empfunden werden kann. Hier drängt sich die Frage auf, wie man dem vorbeugen kann, dass Profis ihre Klienten durch Überakzentuierung der Unterschiede einer Einseitigkeit ausliefern, ohne dass sie in Bezug auf Unterschiede der Gleichgültigkeit verfallen.

Normative Professionalität – und im Besonderen diese Erörterung über Subjektwerdung – richtet ihre Aufmerksamkeit auf den engen Zusammenhang zwischen dem Selbstbild des Profis und der Art und Weise, wie er den Anderen wahrnimmt, danach auf die Wirkung dieser Wahrnehmung und darauf, wie sich der Andere selbst wahrnimmt. Meininger plädiert dafür, den Anderen, den Klienten, den Hilfebedürftigen zu betrachten als

> jemanden, der besondere Probleme bei der Realisierung eines Lebens, das durch die Person selbst als wertvoll und sinnvoll erfahren werden kann, erleidet. Die in der Versorgung Tätigen bieten Hilfe beim Finden, Ausdrücken, Pflegen und Entwickeln des eigenen Wertes (Meininger, 1997, S. 44).

Für die Menschen am Rand bilden Institutionen und Einrichtungen häufig den einzigen Kontakt, den sie in ihrem Alltag haben. Darum ist es von größtem Interesse, dass dem Anderen in diesen Kontakten Achtung und Respekt entgegengebracht wird. Selbstwertschätzung und Anerkennung durch andere sind eng miteinander verknüpft. Die Beziehung mit dem Anderen ist das konstituierende Moment des Subjekts. In der Beziehung kommt das Subjekt zum Ausdruck oder auch nicht.

Auch hier bildet die Hermeneutik das Instrumentarium, die moralische Situation meiner Begegnung mit dem Anderen in ihrer ganzen Mehrdeutigkeit zu begreifen. Die Hermeneutik kann angewendet werden, um stets aufs Neue ‚die Eigenheit des Anderen' in Beziehung zum Selbst – hier des Profis – wahrzunehmen. Im vorhergehenden Kapitel sahen wir bereits, dass die Identität der Person in der Geschichte, die er über sich selbst erzählt, zustande kommt, eine Geschichte, für die andere Co-Autoren sind, genauso wie die beteiligte Person einen Teil der Geschichte der anderen ausmacht.

Im Rahmen dieses Kapitels über Profis ist es wichtig zu erkennen, dass diese Geschichte immer mehr als ein medizinisches, verhaltensforschendes, juristisches oder finanzielles Dossier umfasst, wobei *der Profi* der Hauptautor ist. In der subjektivierenden Herangehensweise ist man bestrebt, *den Klienten* selbst als Hauptautor seiner Geschichte zu gewinnen. Dafür müssen manchmal alte Eindrücke und Etikettierungen – oder in dieser Hinsicht verordnete Reaktionen – weichen, aufgeschoben, angepasst oder abgeschafft werden. Hier spielt die Dekonstruktion, mit der Konzentration auf Gerechtigkeit für eine besondere Gruppe, eine Rolle.

Es sei nochmals betont, dass es hier einerseits um Profis in der psychosozialen Versorgung geht, in deren Berufsausübung, so könnte man sagen, Subjektwerdung im Mittelpunkt steht; aus genau diesem Grund kann übrigens auch vieles misslingen. Andererseits geht es um viel flüchtigere, aber in Bezug auf das Erleben von Respekt nicht unbedeutende Kontakte mit Amtsärzten, mit Sachbearbeitern im Sozialamt, mit Arbeitsvermittlern, mit der Polizei oder mit Angestellten von Wohnungsbaugesellschaften. Es sollte deutlich sein, dass der Mensch mit praktischen Problemen, die oft Anlass für die zweite Art des Kontaktes sind, gerade in einer subjektivierenden Behandlung mit ernst gemeinter Aufmerksamkeit rechnen kann.

Wechselseitigkeit und Selbstrespekt – Aber wo bleibt in der erforderlichen Aufgeschlossenheit für den Anderen ‚das Selbst' des Profis? Um den Anderen als Anderen zu sehen, muss der Profi schon jemand sein und mit den Worten Meiningers ‚sich selbst achten'. Wir sahen bereits, dass der Platz des ‚Selbst' nicht durch das Andere eingenommen werden soll. Die Besessenheit durch den Anderen würde genauso gut eine negative Folge haben: auch dann kann der Andere nicht als Anderer erscheinen.

Es geht darum, so behauptet Meininger – und hier kommt er auf das Dilemma zwischen Bagatellisieren und Überakzentuierung des Unterschiedes zurück –, zwischen zwei Klippen hindurchzusegeln. Bei der ersten Klippe handelt es sich um das ungebrochene Selbst, welches den Anderen unterwirft; die zweite Klippe ist der Andere, der mich in einer unbegrenzten Verantwortung geißelt. Bei der ersten Klippe besteht die Gefahr der Erniedrigung des Anderen, wovon hier zuvor immer die Rede war. Das geschieht, wenn das sich selbst annehmende ‚Ich' versucht, die Position einer selbstverständlichen Einheit herzustellen, durch einen Umgang, der darauf ausgerichtet ist, den Anderen mir gleich zu machen. Es ist eine Taktik, in der das ‚Selbst' das anfängliche Berührtwerden ungeschehen macht, indem das Problem in den Anderen verlagert wird und es als ein Problem angesehen wird, das einer technisch-instrumentellen Lösung bedarf. Dadurch bleiben das ursprüngliche Selbstbild und der Lebensplan unangetastet.

Meininger geht es in seinem Buch um die Moral des Respekts und um Rückbezüglichkeit. Psychiatrische Versorgung, in diesem Kapitel jede Begegnung zwischen Klienten und Profis in einem professionellen Kontext, bedeutet dann das Suchen nach einer Erhöhung oder Wiederherstellung des Selbstrespekts des Anderen durch Verbesserung oder Wiederherstellung von Gegenseitigkeit. Für jede Begegnung ist das die höchste Norm. Es geht um die Suche nach dieser Wiederherstellung, einer Gegenseitigkeit, die den Selbstrespekt *beider* Partner in der Beziehung zum Ziel hat. Versorgung (oder eine fürsorgliche Dienstleistung) bedeutet hier also Anteilnahme am Selbstrespekt des Anderen ‚wie Sie selbst'.

Meininger betont, dass durch einen Mangel an Gegenseitigkeit der Respekt *beider* Teilnehmer für die Begegnung beschädigt wird. Selbstrespekt und Respekt dem Anderen gegenüber sind Kehrseiten derselben Medaille. Respekt dem Anderen gegenüber impliziert ein Handeln, welches den Selbstrespekt des Anderen im Auge hat. Gleichzeitig ist dieses Verhalten hervorragend geeignet, um die fragile Balance zwischen Respekt dem Anderen gegenüber und Selbstrespekt zu bewahren und folglich die zweite Klippe der unbegrenzten Verantwortung für den Anderen zu umsegeln.[70] Somit handelt dieser Abschnitt auch von Sorge für sich selbst.

Wie verhält sich nun das oben Genannte zu dem Wissen, den Ansichten und den Fähigkeiten, die Profis sich in ihrer jahrelangen Ausbildung zu Eigen gemacht haben? Meininger betont, dass es darum geht, wie Wissen, Ansichten und Fähigkeiten im Umgang mit Patienten angewandt werden. Die Einstellung ist keine Ergänzung einer adäquaten (praktischen) Anwendung, sie ist der zentrale Aspekt in der Begegnung.

---

70 Eine analoge Denkweise ist bei Zygmunt Bauman (2002) zu finden. Bauman spricht von einem Balanceakt zwischen zwei Klippen. Auf der einen Seite liegt die Scilla der Gleichgültigkeit und der sauberen Hände, getarnt als bedingungsloser Respekt für Andermanns Freiheit. Auf der anderen Seite werden wir von der Charybdis der Unterdrückung belauert. Das Schicksal ‚der moralischen Person' ist es, zwischen diesen zwei Extremen Kurs zu halten und der Gefahr der Gleichgültigkeit, der Herzlosigkeit und der Verführung zu trotzen. Die vertragliche Verpflichtung oder das Protokoll löst dieses Problem nicht. Die moralische Verantwortlichkeit spielt eine Rolle.

5 Normative Professionalität

Die hermeneutische Haltung

Wenn es um Versorgung für Menschen mit schwerer geistiger Behinderung geht, bekommt die Funktion des Selbstbildes in der moralischen Reflexion auf das eigene Handeln noch eine zusätzliche Dimension. Das Interpretationsproblem, welches übrigens in jeder versorgenden Beziehung auftaucht, verlangt vom Versorgenden eine bestimmte Qualität. Um der Eigenheit eines Anderen gerecht zu werden, bedarf es einer Fähigkeit, die vergleichbar ist mit der, einen Text zu entschlüsseln. Man könnte deshalb von einer hermeneutischen Kompetenz sprechen. Die Aufgabe ist die, die Bedeutung des ‚Anderen' zu enthüllen, ohne dass dadurch das ‚Anderssein' verloren geht. Das ‚Andere' ist in diesem Zusammenhang der schwer geistig behinderte Bewohner. Wenn die Interpretation nicht gleichzeitig ‚Enteignung' des Anderen und demzufolge Assimilation bedeuten soll, dann muss derjenige, der interpretiert, eine klare Auffassung des ‚Eigenen' in sich selbst haben. Wer sich selbst nicht kennt, kann auch den Anderen als Anderen nicht (er)kennen. Aufgrund des spezifischen Charakters der versorgenden Beziehung mit dem geistig Behinderten (...) nimmt das Selbstbild einen wichtigen Platz ein (Reinders, 1996, S. 17).

Jetzt, am Ende dieses Abschnittes, werden Aspekte einer hermeneutischen Haltung benannt. Sie zeigen große Verwandtschaft mit den Merkmalen der Herangehensweise, die die alltägliche Lebensführung in den Mittelpunkt stellt. Es ist deutlich, dass beide Vorgehensweisen einander berühren: Sie haben beide den Prozess der Subjektwerdung zum Ziel.

1) Die Haltung ist rezeptiv. Es geht um eine Passivität, die vom Willen getragen wird, dem Anderen Raum und Zeit zu geben, in seinem Anderssein zu erscheinen. Es geht nicht um passives Warten, sondern das Warten besteht aus dem Suchen nach Formen menschlichen Umgangs. Das Suchen sieht in einer Sorge- und Dienstleistungssituation vielleicht anders aus als im Kontakt mit der Polizei, dem Sozialdienst oder der Wohnungsverwaltung. Und doch geht es auch bei diesen Instanzen darum, Aufmerksamkeit für den passiven Moment in der Begegnung zu fordern. Es setzt Aufgeschlossenheit für den Anderen voraus und die Fähigkeit, berührt zu werden. Außerdem setzt es eine Bereitschaft voraus, stets aufs Neue zuhören zu können.
2) Die Haltung ist auf die konkrete Wirklichkeit bezogen und forschend. Der Profi versucht, zusammen mit dem Betroffenen herauszufinden,

wo Möglichkeiten für eine Zusammenarbeit liegen und wie man miteinander auskommt.
3) Der Profi sieht den Anderen als ein Ganzes. Es wird kein Teil von anderen Teilen isoliert. Der Profi lässt sich nicht durch das isolierte Problem beherrschen, generalisiert es nicht, sondern erkennt den relativen Platz in der Lebensgeschichte des Betroffenen. Auf der anderen Seite verabsolutiert der Profi auch seine eigene Unabhängigkeit nicht.
4) Der Profi sucht Nähe; für den Anderen bedeutet dies Sicherheit. Manchmal wird diese nach Nähe suchende Bewegung mit Bevormundung verwechselt, aber das ist eine Missdeutung dieser Bewegung. Die Nähe darf niemals so groß sein, dass der Raum für die Gemeinschaft ganz von nur einem der beiden Partner eingenommen wird. Die Eigenheit der Personen setzt einen Raum zwischen dem Einen und dem Anderen voraus und nicht ein Zusammenfallen.
5) Die hermeneutische Haltung ist kreativ. Es handelt sich um eine Kreativität, die den Anderen und das Selbst näher an die eigene Wirklichkeit bringt, indem die Beziehung mit dem Anderen realistisch beziehungsweise in einer biografischen Perspektive wahrgenommen werden kann. Trotz ihrer Zerbrochenheit kann die Wirklichkeit des Alltags als offen erfahren werden, können neue und unerwartete Bedeutungen entdeckt werden, die über diese Zerbrochenheit hinaus auf eine menschliche, lebenswerte, hoffnungsvolle Wirklichkeit verweisen.
6) Beharrlichkeit ist der abschließende Grundton in all diesen Einstellungsaspekten. Die Perspektive ist empfindlich und steht hilflos der Bedrohung durch Sinnlosigkeit gegenüber. Ein Leben aus der Hoffnung auf ein Zusammen-Leben heraus, in dem Menschen in ihrer Eigenheit zu ihrer Bestimmung kommen können, verlangt Geduld und Durchhaltevermögen (Meininger 1997).

Dieser Abschnitt beschäftigte sich mit dem Blick des Profis auf den Klienten und mit der ‚Subjektwerdung' als Thema der Versorgung. Es wurde deutlich, dass mit der Subjektwerdung des Klienten auch der des Profis gedient ist. Ein solcher Prozess erfordert eine hermeneutische Kompetenz: die Fähigkeit, die Bedeutung der Situation, in der der Andere sich befindet, zu entschlüsseln.[71]

Dabei steht das persönliche Engagement des Profis zur Diskussion. Im folgenden Abschnitt wird untersucht, wie sich dieses persönliche Engagement zu dem in großem Maße auftretenden Burnout verhält.

5.5 Burnout

Die stetig wachsende Zahl der Personen aus den so genannten Kontaktberufen, die aus psychischen Gründen erwerbsunfähig werden, macht eine eingehende Reflexion der Position des *normativen Profis* notwendig. Wie kommt es, dass so viele Fachkräfte an ihrer Arbeit zugrunde gehen? Denn obwohl über die genaue Anzahl ständig neu gemutmaßt wird und auch die Vermutungen über die Ursachen auseinander gehen, kann festgestellt werden, dass eine erhebliche Zahl von Menschen aus bestimmten Berufsgruppen erschöpft ist.

Was macht den Profi so empfindlich? Warum ist das Arbeiten mit Menschen ein so heikles Unterfangen? Offensichtlich geht in der Begegnung zwischen dem Klienten und dem Profi regelmäßig etwas schief, oder liegt es an etwas anderem?

Ich rekapituliere noch einmal, worauf es beim *Kwartiermaken* ankommt, um bei der Problematik des Burnouts zu bleiben. *Kwartiermaken* arbeitet an einer Verbundenheit mit Menschen mit psychiatrischen Problemen oder anderen ‚anders Seienden' mit dem Ziel, die Chancen einer Teilnahme an der Gesellschaft nach eigenen Wünschen und Möglichkeiten zu verstärken. Eine engagierte Einstellung von Profis in den Berufen der Hilfe- und Dienstleistungen, des Sozialamtes, der Polizei oder Hausverwaltungen ist aus den oben dargestellten Gründen entscheidend für das Wohlergehen (materiell und immateriell) der Menschen am Rande der Gesellschaft. Ihre Chancen, diese Randposition

---

[71] In seiner Antrittsvorlesung zeigte Widdershoven (1995), wie der niederländische Dichter Gerrit Achterberg in seinem Gedicht *Minister* den Arzt als jemanden präsentiert, der auf mathematische Weise beurteilt, losgelöst von der Welt des Patienten. *Sie zählen. / Ich benenne. / Und mit dem einem Namen habe ich Sie in Ihren Millionen getroffen. / Ich mache das Gesetz. / Ich bewege mich sprunghaft. / Das Gesetz machen Sie. Sie gehen rückwärts weiter. / Zwischen uns gibt es eine ungedämpfte Tiefe. / (Von Ihnen aus gesehen). Sie ordnen. / Ich bin immer wieder mein eigener Gewinn. / (Den Sie ordnen.) / Ich bin mein eigener Verlust, der Nullpunkt, auf den Sie lauern und rufen: O Mutter der Zahlen. / Aber wenn sich Kristalle in mir ausbreiten, / starren Sie und wenden sich ab.*

zu verlassen, nehmen damit zu. In den vorangegangenen Abschnitten wurde Engagement in einer auf den Alltag ausgerichteten Herangehensweise dargestellt, in der Respekt und Gegenseitigkeit eine Rolle spielen. In diesem Abschnitt möchte ich untersuchen, ob diese ‚nahe Arbeitsweise' nicht auf Kosten des Wohlbefindens des Profis geht. Dadurch würde, abgesehen davon, dass dem Profi Kummer bereitet wird, die Zielstellung von *Kwartiermaken*, die Verbundenheit, in Frage gestellt.

Burnout kann auf viele Weisen definiert werden. Eine präzise Definition lautet wie folgt:

> Burnout ist ein durch Erwartungen beeinflusster, auf die Arbeit bezogener, dysphorischer und dysfunktioneller Zustand, in den jemand verfällt, ohne dass von psychopathologischen Erscheinungen die Rede ist. Die Person hat in der Vergangenheit im Dienst durchgehend gut gearbeitet, sowohl gefühlsmäßig (affektiv) als auch was die gebotene Leistung betrifft, und kann nicht ohne Hilfe von außen oder ohne eine grundlegende Erneuerung des Umfeldes zu dem früheren Arbeitsniveau zurückkehren (Brill, in Schaufeli, 1997, S. 46, 47).[72]

Ein oft genannter Kontext des Burnout ist der Zerfall des Gefühls für Autorität, wodurch der Professionelle nicht mehr wie selbstverständlich Macht ausstrahlt oder Vertrauen erweckt. Das Vertrauen muss in einem mühsamen, zeitraubenden und häufig frustrierenden Prozess gewonnen werden.[73] Andere meinen, dass das Burnout vor allem Mitarbeiter in sozialen Berufen trifft, weil das Selbstbild und das eigene Weltbild durch

---

[72] Burnout kann beim Sozialarbeiter zu Depersonalisierung führen, sowohl hinsichtlich seiner selbst als auch im Bezug auf den Klienten. Dieser begegnet einer negativen, zynischen und harten Haltung. Klienten werden als unpersönliche Objekte betrachtet und behandelt (Desubjektivierung). Die Depersonalisierung des selbst des Sozialarbeiters ist eine extreme Verfremdung hinsichtlich der eigenen Person. Das Wahrnehmen und Denken wird von den Betroffenen nicht mehr als Teil seiner selbst und sich auf das Selbst beziehend erfahren. Wenn sich in der psychosozialen Versorgung Tätigen übermäßig mit ihren Klienten identifizieren, ist die Gefahr groß, dass sie von der Frustration und Apathie, mit denen ihre Klienten sie so oft konfrontieren, angestachelt werden. Doch auch der Umgang mit zynischen Kollegen führt beim Betroffenen zu Zynismus. Schließlich kann der ausgebrannte Kollege dann nur schwerlich dem Klienten als positives Vorbild dienen. Burnout ist demzufolge ansteckend in alle Richtungen (Edelwich und Brodsky, in Schaufeli, 1997).

5 Normative Professionalität

den intensiven Umgang mit anderen immer wieder in Frage gestellt werden. Der Mitarbeiter wird auf höchst existentiellem Niveau auf die Probe gestellt (siehe auch Abschnitt 5.4; Abschnitt Bildformung). Burnout scheint nicht spezifisch mit den innewohnenden Aspekten der Arbeit, dem Umgang mit manchmal schwierigen Klienten, zusammenzuhängen. Arbeitsbelastung und fehlende soziale Unterstützung sind eher die Verursacher (Schaufeli, 1997). Eine Studie über Burnout bei psychiatrischem Pflegepersonal weist in die gleiche Richtung: „Die Schlussfolgerung ist, dass Burnout des Pflegepersonals in psychiatrischen Einrichtungen sicher nicht an erster Stelle durch das Verhalten der Patienten bestimmt wird (...)", so Paul Betgem (2000, S. 206).

Freudenberger (1974) zufolge ist Burnout eher ein Prozess als ein Zustand. Er signalisiere in Bezug auf Burnout eine abwärts gerichtete Spirale. Menschen, die das Gefühl hätten, ausgelaugt zu sein, wehrten sich dagegen. In der Regel täten sie das allerdings mit falschen Strategien, durch die die Burnout-Erscheinungen gerade verstärkt würden. Diese falschen unbewussten Strategien beschreibt er durch die vier D: disengagement (Beziehungen mit anderen werden gekappt), distancing (das Abstand-Schaffen, psychologisch und physisch), dulling (sich gefühllos geben, abgestumpft werden) und denial (zu leugnen, dass etwas nicht stimmt). Freudenbergers Heilmittel gegen Burnout ist, auffällig genug, closeness (Nähe). Um die Nähe des Anderen freilich spüren zu können, müsse man, so sagt er, zunächst in Kontakt mit den eigenen authentischen Gefühlen kommen. Der Berufstätige muss lernen, sich offen und verletzbar zu zeigen und darf nicht länger leugnen, dass etwas nicht stimmt.

Ein Kontext von Burnout scheint die organisatorische Einbindung des Arbeitnehmers zu sein. Als Faktoren in der Organisation, die das Entstehen eines Burnout fördern, werden genannt: fehlende Anleitung,

---

73 Gründe, weswegen so oft *junge* Professionelle vom Burnout betroffen sind, können sein, dass sich diese Gruppe eine Anzahl Mythen wie Freiheit, Verfügungsrecht und Autonomie aufgebürdet hat; wohingegen man es in der Praxis mit Bürokratie, mitunter anstrengenden Klienten und vorprogrammierten Aktivitäten zu tun hat. Die Arbeit ist weniger heroisch als erwartet und die Routine liegt auf der Lauer. Von Selbstentfaltung ist oftmals keine Spur. Außerdem hat die große Öffentlichkeit wenig Interesse an der Arbeit der sozialen Berufe. Anerkennung durch die Klienten, die eigene Organisation und die Gesellschaft bleiben oft aus (Schaufeli, 1997).

wodurch Profis ihrem Schicksal überlassen werden, hoher Arbeitsdruck, durch den keine Zeit bleibt, über Probleme sprechen zu können oder um Rat zu bitten, die geringe Stimulation in einigen Jobs durch Überqualifizierung, das zu eingeschränkte Gebiet, auf das sich der Kontakt mit dem Klienten erstreckt (ebenfalls durch Überqualifizierung), oder (wiederum) die wenige Zeit, die zur Verfügung steht, wodurch Befriedigung ausbleibt. Ebenso gilt das für das beschränkte Maß an Autonomie, den Unterschied in Zielsetzungen der Organisation und der professionellen Mitarbeiter, schlechte Leitung und schließlich soziale Isolation bei der Arbeit (Schaufeli, 1997).

Der Rückschluss scheint gerechtfertigt, dass ‚persönliche Hilfe' (gerichtet auf die Person des Anderen und mit persönlichem Einsatz), wie sie im Projekt *Kwartiermaken* angestrebt wird, an sich nicht der Verursacher des Burnout ist. Diese ‚persönliche Hilfe' kann allerdings nur dann wachsen, wenn das Management der Organisation sich dafür einsetzt, den Mitarbeitern selbst auch subjektivierend entgegenzutreten.

Bürokratie hat zu einer Zielgerichtetheit von Hilfe- und Dienstleistungen beigetragen, zu unparteiischer breiter Verfügbarkeit, zu Vertrauen und Rationalität. Sie hat allerdings auch zu geringerer Verbundenheit, nämlich zu institutionalisiertem Engagement geführt (und dadurch doch wieder zu Ungerechtigkeit). Die Bürokratie ist nicht durch ansprechbare Personen geprägt, sondern durch anonyme Abläufe und Vorschriften. Das ist nicht nur schlimm für die Klienten, sondern genauso für die Mitarbeiter. Engagement und Emotionen werden im bürokratischen Sinne nicht als Quellen der Erkenntnis, sondern als Störungen und minderwertige Kenntnisse angesehen. Das ist auch der Grund dafür, dass man ausgelaugt ist. Das Herausfiltern des Persönlichen und das Ausgrenzen des Ichs als eine Quelle der Hilfe stellt ein Hindernis für die eigene Sorge dar (Baart, 2001).

Professionelle Mitarbeiter brauchen Raum, um eigene Verbindungen herzustellen zwischen ihren biografischen Widrigkeiten und dem Lernprozess, den sie in diesem Rahmen mit vielen Rückschlägen durchmachen, einerseits und den Institutionen und Organisationen, in denen sie arbeiten, andererseits. Die Verbindungen können nicht einfach so produziert werden. Sie entstehen im (Mikro-)Niveau kommunikativer Beziehungen, in denen die Leitung die Mitarbeiter als Personen und in ihrer Einzigartigkeit sieht und anerkennt. Technisch-instrumentale Methodenauffassungen müssen mit kommunikativer oder auch hermeneutischer Qualität ergänzt werden. Nicht nur der effektive und durchdachte Einsatz von Fertigkeiten bedarf der Aufmerksamkeit, sondern auch die normativen Gesichtspunkte und die Subjektivität des Mitarbeiters. In der existentiellen Qualität des Lebens des professionellen Mitarbeiters liegt ein wichtiger Anknüpfungspunkt für das Beweglich- und Vitalhalten der eigenen Professionalität (Kunnemann, 1996).

5.6 Professionalität und gesellschaftliche Verantwortlichkeit

Unsere Gesellschaft scheint auf hoher Leistungsfähigkeit und hohem Tempo aufgebaut zu sein; Menschen mit Kompetenzen auf einem anderen Gebiet scheinen nicht zu zählen, werden bald als lästig hingestellt oder gelten als unbrauchbar. Ein professioneller Mitarbeiter, der sich nicht so einfach mit der Gesellschaft, wie sie jetzt ist, identifiziert oder der sich eine eigene Haltung erlaubt, schafft auch für seinen Klienten andere Identifikationsmöglichkeiten. Die Dekonstruktion, von der im ersten Abschnitt die Rede war, bezieht sich hierauf. Im Hinblick auf den (gesellschaftlichen) Raum für den fremden Anderen ist es zwingend notwendig, dass professionelle Mitarbeiter über die eigenen Normen und Werte in Bezug auf die sie umgebende Welt, deren Teil sie sind, reflektieren. Darin unterscheidet sich der *normative* professionelle Mitarbeiter vom *technisch-instrumentalen* Berufstätigen. Der normative professionelle Mitarbeiter ist sich der Anforderung des Systems und dessen Verknüpfung mit individuellen Daseins-Projekten bewusst. Er weiß, dass von dem eigenen spezifischen Blickwinkel symbolisch Gewalt ausgehen kann, z.B. von der Einrichtung, in der man arbeitet, oder von der Erziehung, die man durchlaufen hat, oder von der gesellschaftlichen Position, die man erreicht hat (Kunnemann, 1996). Das ist der Fall, wenn sein spezifischer Blickwinkel totalisiert wird, das heißt, wenn er diesen als allgemeingültig für den Anderen, der sich in einem ganz anderen Kontext befindet, erklärt.

Gesellschaftliche Verantwortung kommt im Nahesein-Wollen zum Ausdruck – damit wird ja ein erster Schritt in Richtung Integration gemacht –, aber sie endet dort nicht. Mit dem Konzept der normativen Professionalität wird vom Profi erwartet, dass er die gesellschaftliche Komponente der Probleme seiner Klienten in gesellschaftliche Auffassungen überträgt, und zwar in zwei Richtungen. Der Klient wird in seinem gesellschaftlichen Kontext gesehen, und das schlägt sich in ‚der Behandlung' nieder, ob das nun die Auszahlung der Zuschüsse betrifft, die Klagen über Diskriminierung oder die Therapie.[75]

Die zweite Richtung betrifft die Übernahme politischer oder gesellschaftlicher Verantwortung. So wehrten sich die Träger der sozialen Arbeit in den achtziger Jahren gegen die immer wieder neuen und einschneidenden Regeln, durch die nicht nur Klienten, sondern auch Mitarbeiter Opfer wurden (Vlek, 1997). Heutzutage wird die soziale Arbeit noch immer in die Mangel genommen: einerseits durch den Druck, immer mehr Sozialhilfeempfänger aus der Sozialhilfe herauszuholen, und andererseits durch das Fehlen von Möglichkeiten für eine beträchtliche Zahl von Sozialhilfeempfängern, aus der Sozialhilfe herauszukommen (Lammerts und Swinnen, 1998).

Die Vermittlungstätigkeit der Menschen, die, außer den Klienten selbst, das meiste über die Probleme wissen, ist von großem Gewicht. Das bietet Politikern und Führungskräften die Gelegenheit, die Lebenswelt der Klienten kennen zu lernen, und zeigt Klienten das Engagement der professionellen Mitarbeiter, was in verantwortungsvoller Bürgerschaft zum Ausdruck kommt (Van der Laan, 1994). Diese Forderung müsste auch ermöglichen, dass Politik mehr auf die Einzelfälle aus der Praxis ausgerichtet wird. Politik muss aus Erfahrungen von Mitarbeitern gespeist werden, insofern sie sich auf die Lebenswelt ihrer Klienten hin orientieren. Das soll gleichzeitig das Engagement der eigenen Institution vergrößern und die Gefahr eines Burnout-Syndroms verringern.

Auf diese Weise brauchen, um bei dem Beispiel der Armut zu bleiben, *Armenbetreuung* und *Armutsbekämpfung* nicht einander gegenübergestellt zu werden. Armenbetreuung läuft nach dieser Auffassung Gefahr, Menschen auszuschalten. Der Akzent der Problemdefinition und der Umgang mit dem Problem liegt nun zu einseitig bei den Zurückgebliebenen: ihnen muss man helfen, zu ‚normalen' Bürgern zu werden. Die normalen Bürger kommen nur als Helfer zur Sprache, ausdrücklich nicht als Teil des Problems, behauptet Raf Janssen von der Stiftung Sjakuus. Er betont, dass Menschen nicht einfach so arm seien, sondern arm gemacht würden. Janssen zufolge müssen die Politik, die im Bereich der sozialen Sicherheit Arbeitenden und die Hilfe Leistenden anders mit

---

75 Wie wichtig eine gesellschaftlich engagierte Einstellung für den therapeutischen Prozess ist, beispielsweise bei Opfern (sexueller und politischer) Gewalt, haben Herman (1993) und Richters (1995) überzeugend dargelegt.

Armut und den Armen umgehen. Anstelle einer auf die Individuen ausgerichteten Herangehensweise an die Betreuung plädiert er für eine auf die Gesellschaft ausgerichtete Herangehensweise im Sinne der Armutsbekämpfung. Die Nicht-Armen befänden sich nicht außerhalb der Armutsproblematik. Zu Verletzlichen gehören Verletzer, zu Benachteiligten gehören Benachteiliger, zu Ausgegrenzten gehören Ausgrenzende und zu Gejagten gehören Jäger. Armut sei die Folge von Regelungen, die den Wohlstand auf eine bestimmte Art und Weise sammelten und verteilten. Armutshelfer versuchten nach Janssen, einer Reformpolitik Form zu geben, bei der Zurückgebliebene in den Sog des normalen Fortschritts gezogen würden. Solch eine Armutspolitik unterstütze eine ökonomische Ordnung, die ihre Kraft gerade daraus schöpfe, dass sie große Gruppen von Menschen regelmäßig nicht mitspielen lasse. Die Aufmerksamkeit solle sich weniger auf die Art und Weise richten, wie arm gemachte Menschen in das Normale eingepasst werden könnten, sondern sich mehr mit einer Diagnose über die ‚Krankheit des Normalen' befassen. Wir müssen uns, so Janssen, mit einer Studie über den Reichtum beschäftigen. Wer nicht bereit sei, über Reichtum zu sprechen, müsse über die Armut schweigen (Janssen, 2000). Meines Erachtens ist es die Kraft des Begriffs ‚normative Professionalität', die bewirkt, dass er die zwei Optionen, dem Armen nahe zu sein und die Armut zu bekämpfen, miteinander verbinden kann.

5.7 Zusammenfassung

Der Konflikt, der Widerstreit zwischen Standard und Abweichung, Allgemeinem und Besonderem, Vorschrift und Alltagsleben kommt in der professionellen Praxis darin zum Ausdruck, dass Hilfe und Beistand unerreichbar sind. Die Begriffe Dekonstruktion, Erstaunen und ‚das Zwischenreich' helfen, über Begegnungen mit Profis nachzudenken, in denen ‚das Anderssein des Anderen' Gestalt annehmen kann. Die Zwangsjacke der gefestigten Systeme, Gesetze und Prozeduren steht in Frage. Der Profi reflektiert darüber, was nötig ist, um dem Fremden und dem Unbekannten wirklich zu begegnen. Das Augenmerk liegt immer darauf, den Unterschied beizubehalten, ohne einen Bruch oder eine Trennung vorzunehmen. Das meint Irigaray mit der Ethik der Differenz.

Damit sie ihre Klienten sich entfalten lassen, müssen die Profis offensichtlich die alltägliche Lebensführung ihrer Klienten als Ausgangspunkt nehmen. Das Entfalten des Anderen in seinem Anderssein steht der Objektivierung gegenüber, welche die Klienten so oft in der professionellen Praxis erleben. Eine nahe Berufsausübung in einer Organisation, die für eine persönlich betroffene Haltung Raum schafft, gibt Genugtuung und Zufriedenheit und führt nicht zum Burnout. Im Schaffen des Raumes liegt die Herausforderung für den normativ professionellen Manager (und für die zahlende Behörde). Im letzten Abschnitt wurde gezeigt, dass eine nahe Haltung gleichzeitig zu gesellschaftlichem Engagement und Gesellschaftskritik aufruft. Die Beziehung zwischen der individuellen Problematik und dem größeren Kontext macht bei einer engagierten Berufsausübung eine Reflexion dieses größeren Kontextes dringend notwendig.

6 Freundschaftsdienst –
Jedes Mal, wenn sie kommt, bin ich froh

Aber bist du schon einmal mit einem schmutzigen Koffer auf die Straße gegangen? (...) Und hast du vielleicht einen Zettel auf meinem Rücken befestigt mit: „Keefman ist verrückt", nachdem du mich auf die Straße geworfen hattest? Denn das wirft man mir vor. (...) Ich traue mich nicht, in einem Restaurant essen zu gehen, denn dort hängen Schilder am Fenster: „Nur für das Establishment". Ich kann diese Schilder lesen, weil ich taub bin. Denn ich kann mich nicht verkleiden wie du. Wer nackt geboren ist, bekommt nie einen passenden Anzug. (...) Sie nehmen einen auf den Arm, wenn man mit so einem Zettel auf dem Rücken herumläuft. Hättest du mir doch nur diesen Stock gegeben. (...) Dann wäre ich ein Tauber, der um ein Stück Brot bittet. Wer sich verkleiden kann, der gehört dazu. Aber ich bin noch nie so nackt gewesen, Freund. Deswegen habe ich einen Skandal verursacht. (...) Keefman kam mitten in der Nacht, weil es nie zu spät ist, die Wahrheit zu erzählen. Keefman kam mitten in der Nacht, weil ihr tagsüber taub seid. Weil ihr die Menschen dann von Pontius zu Pilatus schickt. Weil ihr dann mit euren Zetteln zu beschäftigt seid, um zu sagen, dass ich zu den Obdachlosen gehen soll. Aber ich gehe nicht zu den Obdachlosen. Bist du schon mal bei den Obdachlosen gewesen? Musstest du schon mal deine Kleider abgeben, weil du keine Unterkunft hattest? Musstest du dich schon mal mit grüner Seife duschen, weil Landstreicher voller Läuse sind? Musstest du schon mal in einem Schlafsaal voller heruntergekommener Penner in einem Nachthemd aus Jute schlafen? Das musstest du nicht. Solange die Gesellschaft noch Ärzte braucht, um Keefman abschieben zu können, wirst du nicht bei den Obdachlosen landen. (...) Ich habe einen Skandal verursacht. (...) Jetzt bist du böse, weil ich die Wahrheit in deine Ohren getönt habe und sie nicht mehr raus will.

JAN ARENDS, 1972

Vor ein paar Wochen habe ich, vielleicht zum ersten Mal, echte Einsamkeit gefühlt. Es schien sogar, als ob ich nicht bei Sinnen sei.
Alle Menschen in meiner Umgebung leben ihr Leben so, als ob ihre Existenz doch mit einem bestimmten Ziel verbunden sei. Du, die Mehrheit, die Menschen, die die Frage nicht beantworten, wenn ich sie stelle, aber sich doch verhalten, als ob ihr Leben mit einem Ziel geschmückt sei, müssen doch etwas haben, das ich nicht habe.
Aber seit gestern habe ich jemanden in meinem Leben. Jemanden, der meine Einsamkeit hören, sie mit mir teilen will. Ich denke, dass dieser Mensch, im Gegensatz zu allen anderen, nicht dumm ist. Sie sagt nicht so viel, aber ab heute werden wir uns öfter sehen. Sie will mit mir über meine Einsamkeit und meine Schmerzen sprechen. Wie realistisch ist dieser Wunsch? Lieber Gott! Ich werde bemerken, dass ich nicht einsam bin, wenn ich meine Einsamkeit mit jemandem teile.
Ich habe Lust, über diese Begriffe zu sprechen, die für die Menschheit wichtig sind. Diskutieren mit ihr, stundenlang, tagelang unentwegt reden. Ich muss ab jetzt diese Sachen sagen, die mir und jedem Hoffnung geben. Die dem Leben Sinn geben können. (Baycılı, 1998).

6.1 Einführung

In dem Roman *De Markov-keten*[76] (1998) erzählt Sevtap Baycılı die Geschichte eines Mannes, der sich in seelischer Not befindet. Er ist eingesperrt. Er fragt sich, wie er in dieser Einrichtung gelandet ist, und versucht, sich an seine Vergangenheit zu erinnern. Eines Tages erscheint dieser ‚jemand' bei ihm auf der Bildfläche. Er gleicht einem ‚Buddy', den auch der Freundschaftsdienst organisiert.[77]

Der Freundschaftsdienst ist ein wichtiges Teilprojekt des *Kwartiermakens*. Freundschaftsdienst schafft ‚Freunde' für Menschen, die ihre Freunde durch ihre psychischen Probleme verloren haben und für die es durch diese Probleme auch nicht so einfach ist, Freunde zu finden.

---

76 Dt.: Die *Markov-Kette*. Die Kompilation nach Baycılı entstand für das Neujahrsfest des Freundschaftsdienstes am 22. Januar 1999.
77 Baycılı sagt selbst über ihr Buch: „Dieses Buch ist für alle gestörten Menschen unserer Zeit geschrieben worden. Ich finde, dass sie uns verdeutlichen, was mit den Menschen los ist. Was ich deutlich mache, ist, wie weit es kommen kann (...)."

6 Freundschaftsdienst

Für sie gibt es niemanden, mit dem man zusammen über den Markt bummeln kann, mit dem man den Geburtstag der Königin feiern[78], ausgehen oder ein gutes Gespräch führen kann. Ehrenamtliche verpflichten sich dazu, für ein Jahr einen halben Arbeitstag pro Woche für jemanden ein Buddy zu sein. Die ‚Teilnehmer' beantragen prinzipiell selbst einen Buddy. In der Praxis ist die Nachfrage viel größer als das Angebot. Kapitel 3 behandelte deswegen auch andere Formen von Freundschaft: Freunde in Sportvereinen, ehrenamtlichen Organisationen oder bei offenen Treffs, die versuchen, diejenigen, denen es schwer fällt, den Schritt über die Schwelle zu machen, gastfreundlich zu empfangen.

Thematik – Ein Weg, Raum zu schaffen, dem Fremden Gastfreundschaft zu bieten, ist der Freundschaftsdienst. Die Hypothese lautet, der Freundschaftsdienst sei eine Bürgerpraxis, die den Widerstreit einkalkuliert. In diesem Kapitel wird die Frage untersucht, wie der Umgang mit dem Widerstreit der Bürger untereinander, wie ihn der Freundschaftsdienst vor Augen hat, als Beispiel für andere Bürger und Profis dient.

Nach einer kurzen Einleitung wird in diesem Kapitel anhand eines Fragments aus dem Sokratesvortrag von Anil Ramdas (1997)[79] Verbundenheit als das wichtigste Element des Freundschaftsdienstes aufgezeigt. Im Folgenden wird der Freundschaftsdienst – in der Diskussion mit anderen – als Präsenzverfahren dargestellt, wie es von Andries Baart entwickelt worden ist (Baart, 2001). Zum Schluss wird – als Vorspiel zum nächsten Kapitel – über die Frage reflektiert, was der Freundschaftsdienst uns über Bürgerschaft lehrt.

---

78 Niederländischer Feiertag zu Ehren der Königin am 30. April.
79 Es handelt sich hier um den jährlich wiederkehrenden so genannten *Socratesvortrag*, den der *Humanistisch Verbond* ins Leben gerufen hat. Der *Humanistisch Verbond* gehört zu den *Samenwerkende Organisaties voor Maatschappelijk Activeringswerk* (*SOM*, dt.: *zusammenarbeitende Organisationen für gesellschaftliche Aktivierungsarbeit*), zu denen auch die nationale Vereinigung *Humanitas, Actioma*, das Büro für gesellschaftliches Engagement der Kirchen, mit der Losung *samen op weg* (dt.: *zusammen unterwegs*) und seit 2001 *Ishan*, das *Institut für Islamistische gesellschaftliche Versorgung*, gehören. *SOM* steht für den freiwilligen Einsatz von Menschen, der beim Lösen gesellschaftlicher Fragen unerlässlich ein wichtiger Faktor für eine langlebige, gerechte und solidarische Gesellschaft ist.

Hintergrund – 1992 wurden von dem Amsterdamer *Kwartiermaken*-Projekt *IEP* (*Integratie van ex-psychiatrische patiënten*[80]) Besucher von Tagesstätten, Bewohner von betreuten Wohneinrichtungen und Patienten des Sozialpsychiatrischen Dienstes nach ihren Bedürfnissen gefragt. Als wichtiger Wunsch ergab sich dabei der nach einem Coach oder Begleiter; nach jemandem außerhalb der psychosozialen Versorgung, der sie in der oft als ungastlich erlebten Welt leiten könnte. Gedacht wurde an ein ehrenamtliches Projekt, bei dem Ehrenamtliche und Betroffene, Menschen, die einen ‚Buddy' suchen, miteinander in Kontakt gebracht und ‚verbunden' werden könnten. Menschen mit langfristigen psychiatrischen Problemen hatten ein Bedürfnis nach mehr Möglichkeiten, sich als integrierte (Mit-)Amsterdamer in einer Umgebung ihrer Wahl zu bewegen (Onderwater, 1997).

So entstand der Freundschaftsdienst: Im Sommer 1993 fing der Koordinator des Freundschaftsdienstes im Amsterdamer Viertel ‚Oud West' mit der Arbeit an. Auf einen ersten Aufruf reagierten 40 Ehrenamtliche! Und nach zögerlichem Anfang meldeten sich auch die Interessenten. „Einmal pro Woche bin ich glücklich", erzählte eine Teilnehmerin den Forschern des Verwey-Jonker-Instituts (Kruiswijk u.a., 1997). Zum Erstaunen vieler schien Freundschaft planbar zu sein. Zwischen zwei Welten fand eine Begegnung statt, man zog zusammen los. Mit den Begriffen des *Kwartiermakens* ausgedrückt: Die Verbundenheit der Bürger mit der Zielgruppe wurde mobilisiert. Man kann von einer bescheidenen Integration sprechen. Die Stärke des Freundschaftsdienstes liegt in der Einfachheit des Konzeptes. 1995 bekam das Projekt den „Marga-Klompé-Preis für Frieden und Gerechtigkeit" für „bahnbrechende ehrenamtliche Arbeit mit einer starken Vorbildwirkung". Das Konzept Freundschaftsdienst spricht tatsächlich andere an und erlebt einen großen Aufschwung. Im Moment gibt es in den Niederlanden ca. sechzig derartige Projekte.[81] Auch für andere Zielgruppen wurden Buddyprojekte organisiert (Glissenaar und Reijn, 1999).

---

80 Dt.: *Integration ex-psychiatrischer Klienten*
81 Seit 1990 ist die Stiftung *Horizon* (dt.: *Horizont*) aktiv. Startpunkt war das psychomedizinische Zentrum Vijverdal. Sie vermittelte Ehrenamtliche und Patienten, um den Kontakt mit der Welt „draußen" herzustellen. Vgl. Driessen u.a., 1999.

6.2 Anil und Emile

Der Publizist Anil Ramdas plädiert in seinem *Sokratesvortrag* von 1997 eindringlich für Freundschaft zwischen Menschen aus unterschiedlichen Bevölkerungsschichten. Er erzählt aus eigener Erfahrung. Als er sieben Jahre alt war – er wohnte damals in Surinam und war Hindu –, hatte er einen kreolischen Freund, Emile. Das war ungewöhnlich. In dieser Zeit lebten Kreolen und Hindus strikt getrennt nebeneinander her. „Meine Kinderzeit war von Rassenhass geprägt", schreibt Ramdas. Die Hindus waren stolz auf ihre Kultur, ein System von Denkarten und Riten. Es war aber ein bescheidener Stolz, denn ihre Kultur galt auch als altmodisch und traditionell. Emile durfte von seinen Eltern aus mit Anil zu hinduistischen Festen gehen. Wenn die Hindus boshaft fragten, was dieser Kafrie bei ihnen tue, wurde der kreolische Freund Emile zu einem Familienangehörigen deklariert. Anil wurde seinerseits von Emile verteidigt, wenn er zur Hinduschule musste, die zufälligerweise in einem kreolischen Viertel lag. Der Weg von und zur Schule war ein Martyrium, schreibt Ramdas. „Unsere Taschen wurden in Wassergräben geworfen, in unsere Haare wurde Sand gestreut, weil er so schön am Kokosöl klebte, ich wurde gezwackt, bespuckt und gequält, wenn Emile nicht mit mir ging."

Zehn Jahre später hatte Anil nur noch Kontakt zu hinduistischen Freunden. Kurz vor der Unabhängigkeit hatten sich die Zeiten geändert. Bei den kulturellen Abenden, organisiert von den neu gegründeten hinduistischen Jugendvereinen, herrschte eine grimmige, bedrückte Atmosphäre. Hindus neigten in beunruhigender Weise zu Extremismus. Bei den Wahlen war die Hindu-Partei von einem Verbund zwischen weißer Elite und Kreolen besiegt worden. Die Unabhängigkeit stand vor der Tür. Außerdem wurde das Niederländische abgeschafft und das *Sranangtongo* der Kreolen die offizielle Sprache. Hinduistische Brandstiftungen in Paramaribo waren die Antwort auf diese ‚kreolische' Gefahr. Unter den Freunden Anils wurde über den Beitrag, den sie für die Verteidigung ihres Volks leisten könnten, nachgedacht. Die Holländer mussten erkennen, dass die Hindus gegen die Unabhängigkeit waren.

Das Surinam von 1974 hatte finstere Zeiten durchzustehen. Rauchwolken hingen über der Stadt, und die Polizei hatte erklärt, gezielt auf Ruhestörer und Brandstifter zu schießen: An einem Sonntagnachmittag sitzt Anil mit vier hinduistischen Jugendlichen in einem Auto, voll beladen mit Benzinkanistern, um das Regierungsgebäude in Brand zu setzen. Sie biegen in die Straße ein, in der das Gebäude steht, aber drei Polizisten halten dort Wache; die fünf fahren also weiter. Jeder ist erleichtert, außer dem Anführer. Als sie an einem schwarzen Jungen vorbeifahren, sagt er: Seht ihr diesen *Kafrie*? Lasst uns ihn in Brand stecken. Ramdas: Ich muss an Emile denken, wie wir gemeinsam im Kino saßen und Liedchen sangen. Ich sehne mich nach der Unschuld von damals, nach unserer geschwisterlichen Freundschaft und plötzlich wird mir klar, dass ich dabei bin, einen Freund zu verleugnen, der sich immer für mich eingesetzt hat. Ich sage, dass mir schlecht ist und steige aus dem Auto.

Ramdas möchte, so sagt er, mit seiner Geschichte der jungen multikulturellen Gesellschaft etwas beibringen. Europäer seien Amateure auf dem Gebiet des Multikulturalismus. Der Status als Aus-/Einwanderer habe sich lange ausschließlich auf Europäer bezogen, jetzt kämen die Farbigen in die weiße Welt. Nach fast dreißig Jahren denkt er immer noch über die Beweggründe nach, die ihn zum Extremismus verführen konnten. Noch immer weiß er nicht, warum sich so plötzlich Atmosphäre, Stimmung, Tonart, Sprache, Gebote und Verbote änderten. Und diejenigen, die denken, dass es ihnen vielleicht nie passieren wird, wissen nicht, wie gewaltig sie sich irren, sagt Ramdas drohend. Aber gerade weil es um solche großen Fragen geht – um die Frage, wie eine Gesellschaft zusammenbleibt und warum sie auseinander fällt – würde man erwarten, so Ramdas, dass sich die Denker und Dichter der Niederlande damit leidenschaftlich beschäftigen würden. Das Gegenteil aber ist der Fall. Ramdas wendet sich gegen die Vorstellung, er strebe nach ‚schönen Floskeln'. Er sieht stattdessen das *persönliche Interesse*, das in Freundschaften, Beziehungen, Kontakten, Verhältnissen und Romanzen zum Ausdruck kommt, als Basis für das Zusammenhalten der Gesellschaft. Ohne Freundschaft keine Nuancierung, keine Verbundenheit, keine Solidarität, meint er. Ramdas sieht Solidarität als Ergebnis der Sensibilität, Identifizierung und Empathie. Freundschaft vergrößert die Fähigkeit zur Identifikation. Letzteres wird *Kontakthypothese* genannt.[82]

---

82 Ramdas erläutert diese Kontakthypothese mit einem Beispiel aus einer anderen Welt: wer sich als Hetero mit einem Homo anfreundet, wird Homosexuelle danach immer anders wahrnehmen. Wenn dieser Hetero zufällig Zeuge dessen wird, dass ein Homosexueller verprügelt wird, ist die Chance groß, dass er in dem Opfer seinen Freund sieht und es verteidigt.

Engel, die ihre Flügel verlieren – Vieles spricht für diese *Kontakthypothese*, aber was ist, wenn jemand eine schlechte Erfahrung mit seinem Freund macht? Kehrt sich die Hypothese dann nicht um? Ist das nicht die Wirkung des Stigmas – die Generalisierung im negativen Sinne? Die Geschichte von Ramdas ist noch nicht zu Ende. Immigranten können sich ihm zufolge nicht über ein begeistertes Interesse der Intellektuellen freuen; im Allgemeinen erscheinen sie als minderwertig oder erregen Ärger. Sie sind *zu minderwertig*, denkt Ramdas, weil Hilfe Leistende, Forscher, Politiker und Journalisten sie als traurige und armselige Wesen darstellen: Sie haben nur Probleme, sind arbeitslos, wohnen in alten Häusern, werden diskriminiert. Der *Ärger* wird durch Verwirrung ausgelöst; Einwanderer scheinen nämlich keine lieben Leute zu sein. Sie passen sich nicht an, lernen kein Niederländisch, erzählen falsche Flüchtlingsgeschichten, und Muslime, die selbst zu Respekt aufrufen, erweisen sich als intolerante Fundamentalisten. Ihr ‚Opfersein' haben sie sich selbst zuzuschreiben und solchen Opfern will keiner helfen. Hilfebedürftige müssen die Hilfe auch wert sein; das ist ein allgemeines moralisches Gesetz. Die Opfer des Unrechts müssen selbst immer das Recht achten; diejenigen, die verfolgt werden, müssen selbst zu jeder Zeit unschuldig sein. Und, oh weh, die Engel, die die Flügel verlieren, weil sie allzu menschlich sind – dann schmilzt jedes Mitleid wie Schnee in der Sonne.

Freundschaft, Unterschied und Parteilichkeit – Ramdas behauptet, dass es in seinem Plädoyer für Verbundenheit nicht um eine Umarmung aus blinder Liebe gehe. Eine solche Haltung unterscheide sich nur wenig von der Haltung der Missionare und Hilfe Leistenden, die finden, dass Farbige ‚gleich viel Recht auf unsere Zivilisation' haben. Einwanderer würden immer in die Position des absolut Anderen gebracht: entweder des perfekten Anderen und des besseren Anderen, oder gerade in die des bedürftigen Anderen und des wehrlosen Anderen. In all diesen Fällen ist die eigene Überlegenheit, der schroffe Unterton und die Exotisierung des Einwanderers letztendlich das Resultat (Ramdas, 1997).

Für den Freundschaftsdienst ist der Sokratesvortrag von Anil Ramdas ein wirksamer Lehrsatz. Seine Abneigung gegen schöne Floskeln als auch gegen böse Klischees verbindet er mit einem wunderbaren Plädoyer für persönliche Verbundenheit. Das Interesse Ramdas' an der Freundschaft zwischen Menschen aus verschiedenen Gruppen, ‚nicht gleichartigen'

Menschen, Menschen, die sich unterscheiden, wirkt inspirierend für das Konzept von Freundschaftsdienst.[83] Genau das hat das Projekt *Kwartiermaken* mit dem Teilprojekt Freundschaftsdienst erreichen wollen: Freunde, die Partei ergreifen.

> Freunde zieht man vor. Gerade aus der Parteilichkeit zieht Freundschaft ihre wunderbare Kraft: Was ist schöner, als Partei für jemanden zu ergreifen, der einem nicht gleicht; für den Fremden einzutreten, ist das nicht der moralische Kern des Multikulturalismus? (Ramdas, 1997)

Im Rahmen des *Kwartiermakens* könnte man über ‚den moralischen Kern der vielfältigen Gesellschaft' sprechen.

Mit dieser Geschichte wollte ich nicht die Probleme einer Freundschaft zwischen Schwarz und Weiß und der zwischen „Normalen" und „Nicht-Normalen" über einen Kamm scheren. Die Erfahrung Ramdas', dass Freundschaft, als eine mitfühlende Beziehung aufgefasst, Einfühlung und Solidarität ermöglicht, ist für den Freundschaftsdienst mehr als ermutigend. Natürlich können negative Erfahrungen einen Riss in dieser Solidarität verursachen. Aber gerade wenn es sich um Erfahrungen über einen längeren Zeitraum hinweg handelt und auch um mehr als eine Erfahrung, kann eine schlechte Erfahrung nuanciert werden. Ehrenamtliche Mitarbeiter des Freundschaftsdienstes diskutieren über Erfahrungen auf Themenabenden, und Teilnehmer und Ehrenamtliche treffen sich auf Festen und Feiern. Psychiatrische Patienten sind keine Engel, sie mögen es auch nicht, übermäßig bemuttert zu werden und nur aus Mitleid am gesellschaftlichen Austausch teilnehmen zu dürfen. Sie möchten einfach dazugehören, mit einbezogen werden. Dazu braucht man Verbundenheit.[84]

---

83 Ca. 63% der einheimischen, niederländischen jungen Menschen zwischen 12 und 24 Jahren hatten im Jahr 2000, als diese Studie entstand, türkische, marokkanische, surinamische und/oder antillianische/arubische Freunde oder Bekannte. In der Altersgruppe zwischen 25 und 34 Jahren waren es 48% (Informationen von *Forum*, Institut für multikulturelle Entwicklung).

84 Kraan (1999) weist in einem anderen Zusammenhang auf die Bedeutung von direktem persönlichen Kontakt hin. Die Medien würden über Gewalt und psychiatrische Patienten selektiv berichten. Ein negatives Programm wirke noch zwei Jahre nach. Die Bildformung würde positiv beeinflusst, wenn der Patient in seinem alltäglichen Leben selbst zu Wort käme. Am meisten beeinflusse allerdings der direkte persönliche Kontakt, wenn man ein gleichwertiges, persönliches und motiviertes Ziel anstrebe.

6.3 Das Konzept ‚soziale Unterstützung'

Wie kann die soziale Umgebung Menschen mit Psychiatrie-Erfahrung so unterstützen, dass sie sich außerhalb des Krankenhauses besser behaupten können? Bei der Methode der *Unterstützung* sind Kontakte zu und Beziehungen mit anderen von großer und oft ausschlaggebender Bedeutung für die Gesundheit und das geistige Wohlbefinden (Schrameijer, 1990). Psychiatrie-Erfahrene seien manchmal weniger in der Lage, nützliche und dauerhafte soziale Beziehungen zu haben oder aufrechtzuerhalten. Die Desintegration dieser Beziehungen führe zur Isolation. Isolation sei ein *Stressfaktor*, und der könne einen wieder oder mehr krank machen. ‚Soziale Unterstützung' solle als ein geschützter Freiraum funktionieren, oder anders gesagt als ein Puffer; soziale Unterstützung gleiche den Stress aus. Jedenfalls ist das die Hypothese. Der Soziologe Flip Schrameijer hat das *Paradigma* der sozialen Unterstützung gründlich untersucht und lässt fast kein gutes Haar daran. Er sagt übrigens nicht, dass soziale Unterstützung nicht helfe. Er zeigt in seiner Studie vor allem die Beschränktheit der empirischen Forschung zur sozialen Unterstützung: Es gebe Definitionsprobleme, und spezifische Kontexte würden nicht berücksichtigt. Die Studie Schrameijers ist für meine Untersuchung insofern wichtig, als sie die Probleme des *Konzepts* der sozialen Unterstützung aufzeigt. Jemand mit psychischen Problemen zu einem Buddy zu verhelfen, weil er danach fragt, scheint gut. Aber ist es denn auch immer so gut?

Zuerst weist Schrameijer auf das Problem hin, dass die Umkehrung der Pufferhypothese, nämlich dass das Fehlen von unterstützenden Beziehungen Stress verursachen und dadurch die Symptome verschlimmern kann, in der Forschung zu sozialer Unterstützung wenig Beachtung findet. Die Beweisführung wird also nur von einer Seite geleistet, und das ist nicht stichhaltig.

Schrameijer weist uns in Bezug auf Netzwerke auf ein zweites Problem hin: Man gehe im Allgemeinen davon aus, dass solche Netzwerke soziale Unterstützung bieten. Ein soziales Netzwerk sei aber noch kein unterstützendes Netzwerk. Die Mehrheit der Menschen habe auch nicht-unterstützende soziale Beziehungen, sogar Beziehungen, die den Stress erhöhen. Es gehe also um die Qualität des Netzwerkes; Unterstützung sei erst Unterstützung, wenn sie als solche erfahren werde. Dieses erklärt übrigens, dass auch scheinbar sozial integrierte Menschen, Menschen mit einer Arbeit, einem Partner oder irgendeinem Netzwerk, doch beim Freundschaftsdienst einen Buddy suchen.

Ein drittes Problem liegt in der Beurteilung von Einsamkeit und Isolierung. Viele Menschen, die an Schizophrenie leiden, so Schrameijer, erführen durch ein Übermaß an Eindrücken und Interaktion mit anderen einen Nachteil, im Besonderen, wenn missbilligend auf abweichendes Verhalten reagiert werde. Rückzugsverhalten bekomme eine Funktion. Das Netzwerk werde dann nicht als unterstützend erfahren. Die Isolation hänge mit dem Bedürfnis zusammen, eine zerbrechliche Selbstachtung zu schützen. Einsamkeit stehe oft im Zusammenhang mit einer geringen Selbstachtung und Gewissensbissen und Scham aufgrund von gesellschaftlichem Versagen. Das bedeute keineswegs, dass von einer freiwillig gewählten Isolation die Rede sei; es bedeute, dass im Hinblick auf Freundschaftsdienst äußerst sorgfältig auf die angebotene Beziehung geachtet werden müsse. Manchmal sei es außerdem notwendig, die in einem bestimmten Moment formulierte Bitte um einen Buddy weiter zu unterstützen und zu erkunden. Ein Beispiel von der Koordinatorin des Freundschaftsdienstes Amsterdam: Ein ambulant tätiger sozialpsychiatrischer Krankenpfleger habe bei ihr angerufen, ob er seine Klientin beim Freundschaftsdienst anmelden könne. Seine Klientin Joke traue sich nicht nach draußen und habe ihre Fenster verhängt. Während des ersten Gesprächs bei ihr zu Hause habe sie (die Koordinatorin) versucht, Joke anzusprechen. Das habe kaum geklappt, da Joke gegenüber Fremden bei sich zu Hause Todesängste ausstehe. Sie möchte also keinen Buddy des Freundschaftsdienstes, fragt aber, ob sie sie noch einmal anrufen könne. Durch ihren Vorschlag, einen Buddy zu suchen, der sie regelmäßig anruft, erhellt sich ihr Gesicht. Nachdem sie ein halbes Jahr miteinander telephoniert haben, geht der Telefonbuddy zu ihr nach Hause, wäscht Jokes Haar und macht ihr eine Dauerwelle (Bosman, 1999).

Schrameijer bemerkt an vierter Stelle, dass die Unterstützung, die man bekomme, auch zu einer zu großen Abhängigkeit führen könne, was das Gefühl von Wohlbefinden und persönlicher Kompetenz schwer angreife. Viele Menschen mit Psychiatrie-Erfahrung hätten in dieser Hinsicht eine Reihe von inadäquat gewährter Unterstützung hinter sich. Die Angst vor Autonomieverlust und die Frage, wie man damit umgehen kann, werden am Schluss dieses Kapitels behandelt.

6 Freundschaftsdienst

Alles in allem ist Unterstützung nicht gleich Unterstützung; nicht jede beabsichtigte Unterstützung wird als solche erfahren.

In seiner empirischen Studie holt Schrameijer das Unterstützungsparadigma fachkundig und stichhaltig von seinem Sockel. Das Paradigma befindet sich seines Erachtens in einer großen Krise. Seine Schlussfolgerung ist, dass die Methode der Unterstützung einer drastischen Änderung bedarf. Seiner Meinung nach steht es außer Frage, dass Menschen für ihr seelisches Gleichgewicht aufeinander angewiesen sind. Um sich gegenüber sich selbst und anderen zu orientieren und um eine Identität zu entwickeln und aufrechtzuerhalten, habe man das Bedürfnis nach emotionalem Kontakt, nach Anerkennung und nach dem Gefühl, zu anderen zu gehören. Man könne die große Bedeutung von sozialer Unterstützung schlichtweg voraussetzen – insofern sie diese Bedürfnisse befriedige. Für Schrameijer steht jedoch die Frage im Mittelpunkt, wie man zu Unterstützung gelangen kann, ohne dass die Nachteile der Handlungen, die für den Erhalt der Unterstützung nötig sind, die Oberhand gewinnen. Laut Schrameijer haben Untersuchungen zu sozialer Unterstützung wenig zur Beantwortung dieser Frage beigetragen. Er sieht die Lösung in einer *kontextspezifischen Vorgehensweise*, bei der in erster Linie die Bedeutung von Interesse sei, die Menschen – mit oder ohne soziale Unterstützung – selbst ihrer Situation beimessen. Nach dem moralischen Ansporn durch Ramdas und der Erörterung des Werts des Paradigmas sozialer Unterstützung wird im Nachfolgenden mithilfe des Präsenzverfahrens von Andries Baart versucht, das Konzept Freundschaftsdienst inhaltlich zu vertiefen und genauer zu untersuchen, was Freundschaftsdienst zu wertvoller Unterstützung macht.

6.4 Das Präsenzverfahren

Hintergrund – Der Freundschaftsdienst scheint viel mit dem *Präsenzverfahren* gemein zu haben, wie es von Andries Baart in den vergangenen Jahren beschrieben wurde. Präsenz kann als der Anfang fürsorglicher und Hilfe bietender Beziehungen, als Antwort auf ein universelles Verlangen nach Nähe und Verbundenheit zusammengefasst werden. Freundschaftsdienst kann nun anhand des Präsenzverfahrens näher skizziert werden. Die damit verbundene Anerkennung von Freundschaftsdienst anhand dieser Begriffe beziehungsweise eine „deutliche Identifikation der Bemühungen" ist für den Fortbestand und das Selbstbewusstsein dieser Art von Projekten wichtig. Außerdem kann die Vorbildwirkung für die Gesellschaft und die psychosoziale Versorgung verstärkt werden. Baart hat die Präsenztheorie aus seiner Studie über die pastorale Arbeit in alten Stadtvierteln entwickelt. Auch er nennt die Analogie zu den Freundschaftsdiensten. Auf der Suche nach dem Kern der Arbeit von Seelsorgern mit Menschen, die sich nach seinen Worten sozial überflüssig fühlen, merkte er, dass er sozusagen mit falschen Augen sah. Letztendlich, so konstatiert er, ergebe sich das Präsenzverfahren aus einer anderen Art des Wahrnehmens.

Kehren wir – als Gedankenstütze – noch einmal zur Entstehung des Freundschaftsdienstes zurück. Auf Wunsch der damaligen *Adviesgroep Innovatiefonds*[85], die das Projekt bewilligte, wurde angestrebt, die beabsichtigten Resultate des Freundschaftsdienstes so gut wie möglich in Worte zu fassen. Es wurde versucht zu zeigen, wie die Freunde helfen würden, die Integration zu fördern, u.a. durch „wichtige Nebenwirkungen":

> Es ist bekannt, dass Vorurteile der Integration und Partizipation im Weg stehen und dass Nicht-Teilnahme der Zielgruppe am gesellschaftlichen Leben die Vorurteile weiter aufrechterhält und verstärkt. Das Projekt Freundschaftsdienst beabsichtigt, Menschen aus ihrer Isolation zu holen. Menschen aus der Zielgruppe finden durch dieses Projekt nicht nur einen Freund, sondern auch einen Halt (einen Buddy), der ihnen hilft, gesellschaftliche Schritte zu unternehmen, die vorher unmöglich schienen, Angst einflößten oder wegen einer unüblichen Herangehensweise zu Enttäuschungen führten. Die Buddys können helfen, jemanden aus der Zielgruppe auf den Weg zu einer Tagesbeschäftigung oder bezahlter oder unbezahlter Arbeit zu verhelfen, jemanden in die kulturelle Szene einzuführen, aber auch der Besuch eines Geschäfts, eines Marktes oder eines Parks kann ein unterstützender Schritt sein. In diesem Projekt sind die ehrenamtlichen Helfer so etwas wie Kommunikationssachverständige, die Raum für den Kontakt zwischen der Wirklichkeit des (ex-) psychiatrischen Patienten und der Wirklichkeit des Wohngebiets, der anderen Bewohner, der Einrichtungen und Organisationen schaffen. Das „Begleiten"

---

85 Dt.: *Beratungsgruppe Innovationsfonds*

6 Freundschaftsdienst

(wie *Kwartiermaken* ein Begriff von Van Weeghel und Zeelen, 1990), das im Mittelpunkt des Casemanagement-Projektes steht, und das *Kwartiermaken* fallen im Freundschaftsdienst sozusagen zusammen.[86]

Unter dem Druck der Geldgeber ist es verführerisch, Freundschaftsdienst instrumentell im Hinblick auf die Integrationsziele des *Kwartiermakens* zu beschreiben. Damit werden wir in doppelter Hinsicht der Eigenart des Freundschaftsdienstes nicht gerecht. Erstens führt Freundschaftsdienst nicht ohne weiteres zu Integration: ‚Meinem Buddy geht es immer schlechter'. Zweitens führt es manchmal zu etwas anderem: ‚Mein Buddy sehnt sich immer nach mir'. Das hier sind die Aussagen ein- und derselben ehrenamtlichen Helferin. Ohne die möglichen Wirkungen und Nebenwirkungen zu vernachlässigen, macht die Analyse von Baart eine andere Sichtweise auf den Freundschaftsdienst möglich, eine, die diese Praxis ‚genauer ins Bild bringt', indem das ‚Da-Sein für einen anderen' als solches anerkannt wird. Das zeigt auch das große Interesse für die Freundschaftsdienste nach der ersten Vorstellung des *Präsenzverfahrens* in der dritten Ausgabe der Zeitung *Kwartiermaken* (Tomassen, 1998).

Baart kritisiert seine eigene in erster Linie zu problemorientierte Sichtweise, seine übermäßige Beschäftigung mit der auch von Geldgebern erwünschten Planmäßigkeit, sein Denken in Lösungsbegriffen und außerdem seine Ausrichtung auf die Theorie. Er ermahnt sich selbst, dass etwas auch gut sein kann, wenn es (noch) nicht fundiert ist. Vielleicht muss dann eine neue Theorie entworfen werden! Und damit hat er sich auf Tausenden von Seiten beschäftigt. Baart fragt sich in seiner Studie, welche Analysekategorien dann wohl geeignet wären. Präsenztätige scheinen sich mit Kategorien wie Nähe, Erlebnisartikulation, Verständnis zeigen und manchmal mit dem Anbieten von Interpretationen zufrieden zu geben.

Das trägt vielleicht indirekt zu Lösungen bei, doch, so betont Baart, diese Bedeutung darf nicht forciert werden. Die Bedeutung des Handelns muss festgestellt werden, auch wenn sie nicht instrumentell oder strategisch zu benennen ist. Eine Theorie, die Raum für nicht-instrumentelles Handeln bietet, es fundiert und rechtfertigt, ist wichtig.

---

86 Auch Casemanager und andere in sozialen Berufen Tätige müssten in ihrer Arbeit mehr oder weniger *Kwartiermaker* sein.

Das Präsenzverfahren selbst – Obwohl nicht jede Einsamkeit fatal ist und es sehr einengende Gemeinschaften gibt, ist dieses doch die Bedeutung von Präsenz: dass, allgemein gesagt, ein Mensch in Einsamkeit ‚dahinsiecht' und in Gemeinschaft aufblüht. ‚Miteinander umgehen' hat sich durch alle Zeiten und Kulturen als außerordentlich wichtig erwiesen. Was sind die Merkmale einer Herangehensweise, in der das Miteinander-Umgehen in einer fürsorglichen Beziehung im Mittelpunkt steht? Baart nennt acht Merkmale, oder eigentlich acht Gruppen von Merkmalen; pro Eigenschaft folgen als eine Art Erläuterung noch weitere Merkmale. Er betont diese Merkmale sehr, was vielleicht den Pfarrern recht ist, mit denen er das Präsenzverfahren entwickelte, aber den ehrenamtlichen Helfern des Freundschaftsdienstes, auch nach Baarts Meinung, eher weniger.

Im Folgenden also die Merkmale, die helfen, über die Werte nachzudenken, die innerhalb des Freundschaftsdienstes realisiert werden:

1) *Frei sein für*. Der Terminkalender des Präsenztätigen ist offen. Er wird in großem Maße davon bestimmt, was der Andere auf die Tagesordnung setzt. In dieser Hinsicht ist der Präsenztätige nicht ausgebucht. ‚Frei sein für' bezieht sich auch auf das Streben, sich dem Anderen in seiner Eigenheit zu nähern und ihn nicht mit Voreingenommenheit zu belasten; dessen ‚Merkwürdigkeit' darf erhalten bleiben.

2) *Offen stehen für*. Der Präsenztätige wendet sich dem Anderen zu und ist zugänglich. Er zeigt Interesse, Emotionen und Mitgefühl. Er lädt dazu ein, miteinander umzugehen.

3) *Eine aufmerksame Beziehung beginnen*. Der Präsenztätige hat keinen geheimen Terminkalender; er ist sensibel für das, was da ist, und frei, um für den Anderen Interesse zu haben. Die Verbundenheit an sich ist wertvoll.

4) *Sich dem Bestehenden anschließe*. Der Präsenztätige geht mit jemandem um, so wie dieser ist, und auf der Grundlage dessen, was da ist. Er gibt dadurch Anerkennung und Bestätigung und realisiert dadurch Werte, die helfen, im Leben zurechtzukommen.

5) *Perspektivwechsel*. Der Präsenztätige lernt viel, z.B. die Welt aus der Perspektive des Anderen wahrzunehmen. Er lernt zu sehen, woraus das Ehrgefühl eines Anderen besteht, welche kulturellen Rollen er erfüllen möchte oder wie wichtig es ist, noch mehr Kränkungen zu vermeiden.

6) *Sich anbieten*. Präsenztätige bieten die eigenen Möglichkeiten im Netzwerk des Anderen an. Manchmal besteht dieses Angebot darin, dass man sie mit zu Instanzen begleitet, eine Beratung regelt oder Hilfe organisiert. Auf jeden Fall teilt man ein paar Stunden in der Woche die soziale Welt eines Anderen und lässt den Anderen auch ein Teil seiner eigenen Welt sein und zeigt, wie man anders im Leben steht, oder man zeigt die eigene (Gegen-)Geschichte. Über das entstandene affektive Band, behauptet Baart, können manchmal auch kulturelle Güter transportiert werden, wie andere Identitätsmodelle und andere Verhaltensformen.

7) *Geduld und Zeit*. Der Präsenztätige nimmt sich selbst Zeit und gönnt dem Anderen Zeit. Zeit steht beim Präsenzverfahren nicht im Zeichen einer Lösungsproduktion, sondern im Zeichen von Bedeutung bzw. im Zeichen des Schaffens von Bedeutungen, die Sinn ergeben. *Bedeutungszeit* ist offen, und das genau bewirkt, dass sie mit Sinn gefüllt werden kann (siehe auch Kunneman, 1996). Die Methode der Intervention, charakteristisch für einen großen Teil der psychosozialen Versorgung, ist auf das Verschwinden von etwas ausgerichtet, das Präsenzverfahren auf das Erscheinen und das Präsentieren von etwas, das normalerweise nicht gezeigt werden darf.

8) *Das Vertrauen erweckende Interesse*. Der Präsenztätige ist loyal, interessiert und zugetan. Treu sein ist tröstend, die Erlösung aus der Einsamkeit. Wenn Trauer und Leid als vorhanden gewürdigt und nicht als enteignend oder minimierend dargestellt werden, geht davon Trost aus. Wenn Trauer in seiner ganzen erschütternden Kraft da sein darf, ist das tröstend. Durch das Präsentsein wird der Präsenztätige vertrauenswürdig. Die Treue darf nicht in Unterwürfigkeit umschlagen, und der Präsenztätige muss unterscheiden können zwischen *Verhalten*, das nicht passt – das man aber einfordert –, und der *Person*, der man dennoch treu bleiben kann (Baart, 2001).

Für den Präsenztätigen bedeutet dieses uneigennützige und bedingungslose Da-Sein nicht, dass es ihm nicht gut tut; auch er wird auf diese Weise mehr zum ‚Menschen' und bekommt auch seinerseits Anerkennung. Wenn dieses nicht sogleich durch den Buddy geschieht, dann doch sicher durch die Organisation, zu der man gehört. Man macht die Erfahrung, für das Leben eines anderen von Bedeutung zu sein. Es ist kein Zufall, dass eine starke Verwandtschaft zwischen den hier genannten Charakteristika des Präsenzverfahrens und der hermeneutischen

Haltung des Profis im vorhergehenden Kapitel besteht. In dem Maße, wie sich der Profi eine hermeneutische Haltung aneignet, soll er auch mehr und mehr zu einem Präsenztätigen werden und umgekehrt.

Ein Freundschaftsdienst, der mit diesen Merkmalen des Präsenzverfahrens arbeitet, erfordert einen spezifischen organisatorischen Kontext. Man braucht einen professionellen Koordinator, der neben dem ‚Verkuppeln' von Teilnehmern mit Ehrenamtlichen Zeit und Raum hat und schafft für Treffen zum Austausch der gemachten Erfahrungen sowie deren gemeinsamen Reflexion. Bei solchen Treffen zeigt sich, wie wichtig es ist, Worte für die Praxis der täglichen Begegnungen zu finden. Natürlich sind Paare dabei, bei denen es einfach prima läuft; man unternimmt etwas zusammen und kommt gut miteinander aus. Doch für viele Ehrenamtliche ist ‚für jemanden da zu sein' keine unkomplizierte Tätigkeit, wie aus dem folgenden Ausschnitt eines Themenabends des Freundschaftsdienstes Zoetermeer ersichtlich wird.

> Ehrenamtliche: „Meine Teilnehmerin ist eine Borderlinerin. Nach unserem ersten Kontakt hat sie sich selbst sehr schwer verwundet. Sie musste ins Krankenhaus; ich habe sie wochenlang dort besucht. Danach musste sie in die Psychiatrie und erfuhr, dass sie nicht mehr zum Betreuten Wohnen zurückkehren konnte. Eine ganze Zeit lang war es so, dass jedes Mal, wenn ich sie sah, wieder eine andere Stelle verbunden war. Sie fügte sich immer wieder Verletzungen zu. Sie ist nun Invalide. Ich gehe noch immer alle zehn Tage zu ihr, und in den Schulferien gehen wir einen Tag aus, das ist dann immer ein ganz großes Trara. Wenn ich ihr einen Besuch abgestattet habe, bin ich danach immer fürchterlich müde, fühle mich regelrecht ausgelaugt. Aber ich merke auch, dass sie es sehr schätzt, dass ich komme. Der Krankenpfleger sagt das auch: Sie freut sich wirklich auf dich. Ich hatte jedoch vom Freundschaftsdienst erwartet, dass man Menschen unter die Arme greifen kann, dass man die Schwellenängste verringern kann, dass man dazu beiträgt, dass auf diese Art und Weise irgendeine Besserung und Veränderung zum Guten auftritt ... Doch sie macht nur Rückschritte."
>
> Koordinator: „Ich glaube fest daran, dass du jemandem eine Botschaft vermittelst, wenn du jedes Mal wieder da bist; dass es das Wichtigste ist, was man für jemanden tun kann."
>
> Ehrenamtliche: „Ich frage mich manchmal, ob ich nützlich bin. Vielleicht mache ich ihr ihre Situation nur noch bewusster?" Eine andere Ehrenamtliche: „Das habe ich mich auch schon gefragt. Ich wage es kaum, etwas aus meinem eige-

nen Leben zu erzählen. Wenn sie mich fragt: ‚Was hast du gemacht?', dann muss ich mir gut überlegen, was ich sage und was besser nicht." Die erste Ehrenamtliche: „Ich habe mit Freunden darüber geredet und sie haben mich davon überzeugt, dass ich damit doch etwas Gutes mache." Auf den Vorschlag des Koordinators, die Betroffene darauf anzusprechen, antwortet sie: „Nein, ich weiß sehr wohl, dass sie möchte, dass ich komme. Daher rührt ja auch meine Motivation, eben weil sie nach mir Ausschau hält. Und wenn man den nötigen Abstand einkalkuliert und nicht zu viel erwartet, kann man auch das Gefühl der Einseitigkeit verkraften." Doortje Kal: „Und was soll Geesje, die Koordinatorin, oder was sollen wir tun, um dich zum Durchhalten zu ermutigen?" „Einfach ab und zu zuhören. Ich breche es ja auch nicht ab. Ich denke gar nicht daran. Wir haben ausgemacht, in den Herbstferien einen Nachmittag auszugehen und zum Schluss essen zu gehen. Und dann fragte X, ob ich es gut finden würde, wenn noch jemand mitkommt. Ja, das finde ich ganz toll." Geesje: „Toll für A, denn der kommt dann auch mal raus und X bekommt dann auch eine etwas andere Rolle. Normalerweise ist sie die Empfängerin, und nun ist sie diejenige, die sagt: ‚Möchtest du auch etwas haben?'"

Das Präsenzverfahren als Kommentar zu sozialer Hilfeleistung und Gesellschaft – Baart zeigt in seiner Untersuchung, wie die sozialen Institutionen und unsere gesamte Gesellschaft von einer Ideologie der Machbarkeit durchzogen sind. Psychisches Leiden ist in der Machbarkeitsperspektive etwas, das durch Therapien und Medikamente geheilt werden muss. Die von Baart untersuchte Praxis der Pastoren in „alten Stadtteilen" zeigte, dass der Genesungsprozess der Betroffenen oftmals nicht erfolgreich ist oder dass das Leiden wieder zurückkehrt. Für Baart war dies Anlass zu untersuchen, worin sich die Arbeit der Pastoren von der der Hilfe Leistenden unterscheidet. Viele Hilfe und Dienst Leistende sind auf *Intervention* ausgerichtet, auf das ‚Machen' oder Heilen, während die Pastoren sich mehr neben die Gemeindemitglieder stellen, bei ihnen sind, um auch für sie da zu sein. Es ist nicht Baarts Absicht, das Präsenzverfahren gegen das der Intervention auszuspielen. Das Interventionsverfahren hat auch seine Berechtigung. Aber er ist der Auffassung, dass die Interventionsbetrachtung ein höheres Präsenzniveau haben sollte. Freundschaftsdienste (und die Pfarrei in der Gemeinde) können den sozialen Institutionen den Wert des Präsenzverfahrens zeigen.

Wie im vorhergehenden Kapitel besprochen, ist die Orientierung auf den Lebensbereich der Kern des Präsenzverfahrens. Ehrenamtliche der Freundschaftsdienste sind den Fachleuten der sozialen Arbeit in dieser Hinsicht einen Schritt voraus. Sie zeigen, was es für beide ‚Parteien' bedeutet, sich in den Lebensbereich von Außenseitern zu begeben. Es geht darum, zusammen mit jemandem etwas zu tun – was, ist weniger bedeutend; es geht um die Wichtigkeit des Präsentseins in der Lebenswelt und die Anerkennung, die davon ausgeht. Freundschaftsdienst schafft den ‚Raum für das Anderssein', den *Kwartiermaken* beabsichtigt, einerseits dadurch, dass man den Menschen aus Randgruppen einen Ort bietet, an dem sie so erscheinen können, wie sie sind, und an dem ihre Geschichte angehört wird. Andererseits macht der Ehrenamtliche das Angebot, ‚mal loszuziehen' und den Lebensbereich über das eigene Haus hinaus zu erweitern. „Wer sich nirgends zeigen darf (...), wurzelt nicht, auch nicht in sich selbst (...) Wenn man keinen Platz einnimmt, stellt sich niemand auf dich ein" (Baart, 2001, S. 678ff.).

Ehrenamtliche des Freundschaftsdienstes sollen nicht als verlängerter Arm der sozialen Einrichtungen gesehen oder eingesetzt werden. Das würde das erste Präsenzmerkmal ‚frei sein für' aushöhlen. Es würde zudem bedeuten, dass die sozialen Versorgungsinstanzen so bleiben können, wie sie sind. Freundschaftsprojekte zeigen etwas von der Unzulänglichkeit der versorgenden Einrichtungen wie auch die Mängel in der Gesellschaft. Es gibt nicht ohne weiteres Raum für Menschen, die ‚anders' sind. Die Gesellschaft hat die Pflichtversorgung an die Versorgungsbürokratie delegiert. Freundschaftsprojekte sind als Signal für das ungenügende Funktionieren dieser Versorgungsbürokratie aufzufassen. Ein Teil der Nachfrage nach Hilfeleistung wird durch eine nicht zufrieden stellende nahe Versorgung der sozialen Einrichtungen aufrechterhalten. Die Freundschaftsdienste bringen also das Bedürfnis nach einem höheren Präsenzanteil bei den sozialen Einrichtungen und im Hilfeangebot zur Sprache. Die Präsenz ist als Haltung auch in der Gesellschaft notwendig; nicht alle individuellen menschlichen Fragen können durch soziale Hilfeinstanzen gelöst werden. Diese Haltung zeigt der Freundschaftsdienst.

Baart stellt ‚die tragische Vorgehensweise' der verbissenen Machbarkeitsideologie gegenüber. Manche Dinge wolle unsere Kultur ‚nicht wahrhaben', obwohl sie wahr seien, so Baart. Man könne von einer ‚Flucht aus der Tragik' sprechen (Baart, 2001, S. 707-713). Je mehr unsere Gesellschaft durch ‚das Können' beherrscht wird, je mehr wir können, desto bitterer werde all das erfahren, was wir nicht können. Je weiter fortgeschritten die Antidepressiva seien, desto tragischer sei das Schicksal desjenigen, bei dem sie nicht geholfen hätten. Baart plädiert für das wehrlose, passive Trösten. Nicht die Bekämpfung von Gebrochenheit schaffe einen Sinn, sondern die konkrete, aktive Hingabe an die Zerbrechlichkeit. Die Machbarkeitskultur liefere eine sehr spezifische Lesart des Leidens und sei auf die Macht über das Leiden gerichtet. Doch diese Kultur reiche nicht aus, damit könnten das viele Leid und das Leiden nicht verschwinden, und die Verlogenheit, dass diese Kultur helfe, vergrößere sich lediglich.

Das Präsentsein in einem Kontext des Leidens sei wichtig. Das ist Trost, sagt Baart. Trösten sei auf diese Weise auch eine Form des Handelns. Die herrschende Auffassung über das Handeln sei das *Schaffen* einer neuen Situation, und mit Übermut werde das eliminiert, was an Störungen auftrete. Das Handeln der Präsenztätigen – Baart nennt es das „Handeln auf tragische Weise" – stehe nicht in hohem gesellschaftlichen Ansehen. Dafür sei innerhalb des Denkens im Rahmen des Marktmechanismus kein Platz. Präsenztätige und die Paare des Freundschaftsdienstes operieren auf einem anderen Spielfeld. Man habe kaum Sprache zur Verfügung, um *die Notwendigkeit, mehr und mehr Mensch zu werden*, auszudrücken. Baart hat mit seiner Theorie der Präsenz einen Beitrag dazu liefern wollen. Meines Erachtens ermöglicht er damit auch eine Vertiefung der Praxis von Freundschaftsdienst.

Der Freundschaftsdienst kann also als Kulturkritik aufgefasst werden. Man wendet sich gegen die herrschenden Muster der Welt, hin zum Nicht-Abgestimmten. Nicht um die Welt endgültig hinter sich zu lassen, sondern um miteinander zu ihr zurückzukehren und darin einen speziellen Wert zu vertreten. Dieser Wert ist nicht durch das gebräuchliche ‚eine Hand wäscht die andere' oder durch das Zahlen mit gleicher Münze motiviert, sondern durch einen *nicht bezifferbaren Wert*.

Das Angebot des Freundschaftsdienstes beruht nicht ohne Grund auf Gegenseitigkeit. Freundschaftsdienst durchkreuzt die vom Markt diktierte gesellschaftliche Ordnung. Wie jemand auftritt, der eine nicht mit Geld zu messende Forderung erwidert, kann anderen Bürgern – und damit der Gesellschaft – etwas zeigen, das auch sie anspricht. Wenn Bürger in ihren Netzwerken Menschen begegnen, die sich als Buddy zu erkennen geben, können diese dem guten Vorbild folgen. Nicht unbedingt als Buddy, aber zum Beispiel, indem sie Engagement zeigen, wenn es darauf ankommt (siehe auch Duyndam, 1997).

Mit der Präsenztheorie teilt Baart die Bedenken Schrameijers gegen das Unterstützungsparadigma in vielerlei Hinsicht. Schrameijer verlangt eine kontextspezifische Annäherung, bei der das Interesse der Bedeutung gilt, die die Menschen ihrer jeweiligen Situation geben. Baart spricht darüber in der radikalsten Form.

6.5 Freundschaft von Buddys

Die Freundschaftsdienste alias Buddyprojekte können sich eines regen Interesses erfreuen. In den letzten Jahren wurden viele Publikationen dem Phänomen der arrangierten Freundschaften gewidmet.

Dennoch werden auch über den Gebrauch des Begriffs ‚Freundschaft' Bedenken geäußert, zum Beispiel von Joachim Duyndam während einer Lesung anlässlich der Präsentation des Bandes *Vriendschap op maat*[87] (Glissenaar und Reijn, 1999).

Duyndam findet es nicht richtig, dass die Buddys der Freundschaftsdienste *Freunde* genannt werden. Er möchte auf verschleiernde und allzu beschönigende Assoziationen und Identifikationen aufmerksam machen. Freundschaft ist nach Duyndam durch Gleichheit, Spontanität und Anteilnahme gekennzeichnet. Innerhalb der Freundschaftsdienste herrscht keine Gleichheit, die Freundschaften sind nicht spontan und die Anteilnahme ist auch eine andere als die in einer gewöhnlichen Freundschaft. Es gibt einen Unterschied zwischen Gleichheit und Gleichwertigkeit, argumentiert Duyndam. Bei echten Freunden spreche man, trotz Unterschieden, von Gleichheit, Symmetrie, Gegenseitigkeit, Gleichgesinnung, geteiltem kulturellem Geschmack, Erkennen, und man fühle sich beieinander zu Hause. Das sei bei arrangierten Freundschaften nur selten der Fall, und deshalb könne man nicht von Freundschaft sprechen.

Nun macht kein einziges Buddyprojekt ein Geheimnis daraus, dass man Ehrenamtliche sucht, um für Menschen einen Buddy zu finden,

---

87 Dt.: *Freundschaft nach Maß*

denen das aufgrund ihrer psychiatrischen Geschichte oder aus welchem Grund auch immer selbst nicht gelingt. Beim Freundschaftsdienst geht es um ehrenamtliche Arbeit, die mit einem Aufwand von minimal ein paar Stunden pro Woche für mindestens ein Jahr verbunden ist. Die Betonung des freundschaftlichen Kontaktes und des ‚miteinander tolle Dinge tun' macht deutlich, dass es nicht um eine soziale Einrichtung geht. Es geht um das ‚Da-Sein für den Anderen'. Das kann zunächst eine ziemlich asymmetrische Tätigkeit sein, genau wie Solidarität es ist. Übrigens, dass aus diesen nicht-spontanen Kontakten manchmal ‚normale' Freundschaften entstehen, das beweisen die Freundschaftsdienste auch. Und vielleicht kann man auch bei näherer Betrachtung einer so entstandenen Freundschaft noch immer nicht von Symmetrie sprechen, aber geteilter kultureller (oder kulinarischer) Genuss kann auch viel bewirken. Außerdem, ist Symmetrie denn wirklich ein so wichtiger Bestandteil von Freundschaft?

Duyndam nennt noch andere Aspekte, wodurch sich eine echte Freundschaft von den Buddys des Freundschaftsdienstes unterscheidet, zum Beispiel das ‚nicht auf der Hut sein müssen'. Besser kann man seiner Meinung nach Freiheit in einer Freundschaft nicht ausdrücken. Nun ist genau die erlebte Unsicherheit im normalen gesellschaftlichen Umgang ein Grund dafür, dass die Teilnehmer der Freundschaftsdienste nach einem Buddy fragen. Jemand, mit dem man normal umgehen kann, genauer: ohne auf der Hut sein zu müssen. Für den Ehrenamtlichen ist es (tatsächlich) manchmal genau umgekehrt. Dieser ist sich der erlebten Unsicherheit seines Buddys bewusst und versucht, ihm oder ihr durch seine ‚Freundschaft' Sicherheit zu bieten. Er ist in gewissem Sinne auf der Hut, damit sein Buddy das einmal nicht sein muss.

Ein anderer Aspekt betrifft die Anerkennung, die der Ehrenamtliche dem Buddy geben soll. Duyndam fragt sich, welchen Wert eine solche Anerkennung habe. Seiner Meinung nach habe Anerkennung nur Wert, wenn sie von einem unabhängigen Anderen kommt, von jemandem, der seine Anerkennung genauso gut versagen könnte. Aber ist Freundschaft – wie Ramdas betonte – nicht auch, jemanden durch dick und dünn zu unterstützen, selbst wenn der Andere im Unrecht ist? Wie Baart schon anführte, muss das nicht zu sklavischer Nachahmung führen; Verhalten kann missbilligt werden, ohne die Person abzuweisen. Bei den Freundschaftsdiensten geht es eher darum, was wir im vorhergehenden Kapitel ‚jemanden entstehen lassen' nannten; auf dieser grundsätzlichen Ebene liegt die hier gemeinte Anerkennung. In diesem Zusammenhang ist der Unterschied zwischen zwei Arten von Respekt einleuchtend. Die eine Art von Respekt (*appraisal*) ist an bestimmte Bedingungen gebunden; es ist Respekt, den man verspielen kann, indem man sich, sozusagen, nicht gut benimmt oder wenig leistet. Die zweite Art von Respekt basiert auf der Anerkennung von etwas als das, was es ist (*recognitio*). Ein Mensch verdient Respekt, weil er Mensch ist. Dieses Recht kann er nicht verspielen (Bauduin, 2000).

Schließlich gibt es für Duyndam Anteilnahme auch nur in einer echten Freundschaft: nur ein echter Freund weiß, was der Andere fühlt, und kann daher mitfühlen. Tatsächlich scheinen Ehrenamtliche bei den Themenabenden in zahlreichen Momenten ihre Buddys nicht so gut zu verstehen; sie begreifen nicht, was der Andere fühlt. Das ist auch genau der Grund, weshalb viele Teilnehmer so allein sind. Dessen ungeachtet scheinen ehrenamtliche Buddys *allerdings* sehr gut in der Lage zu sein mitzufühlen. Sie vertiefen sich in ihren Buddy, um etwas von ihm zu verstehen, aber beherrschen auch die Kunst, jemanden nicht zu verstehen (siehe Miroslav Volf im vorherigen Kapitel) und zu sehen, dass die Person darin Anerkennung braucht – sein zu dürfen, wie sie ist.

> Die Einsamkeit – die war natürlich direkt gegenwärtig, aber sie wurde mir sehr deutlich, als ich zum ersten Mal den Arm um sie legte und sie einfach beglückwünschte. Das ist nicht so einfach – sie sorgt sehr schlecht für sich. Das Haus ist ein Saustall. Letztens wollte sie mit einem sehr verstaubten Filter Kaffee kochen, also hat sie den ein bisschen abgestaubt, und ich wollte den Kaffee wirklich nicht. Aber dann merkte ich, herrje, niemand war jemals nett zu diesem Menschen. Darum ist sie auch so froh, wenn ich mal zu ihr sage: ‚Oh, wie lieb von dir, das hast du gut gemacht.' Oder auch das: es gibt eigentlich niemanden, der sie mal berührt. Ich fand das eine herzzerreißende Erfahrung (Ausschnitt von einem Themenabend des Freundschaftsdienstes in Zoetermeer).

Es scheint, als ob Duyndam mit seinem Kommentar zum Gebrauch des Begriffs Freundschaft in den Buddyprojekten genau über die Thematik des Widerstreits hinweggeht. Freundschaftsdienst ist eine Antwort auf eine Spannung; eine einfache, aber auch eine ungewöhnliche und somit charakteristische Antwort. Jemand, der seinen Weg nicht findet, bekommt einen Buddy, um mit ihm gemeinsam loszugehen.

Freundschaftsdienste und Buddyprojekte: die Wörter sagen es schon. Es geht um Dienste und Projekte, es geht um vermittelte und organisierte „Freundschaften zwischen Menschen, die einen Stoß vertragen und Menschen, die einen kleinen Anstoß brauchen", wie es eine Teilnehmerin des Freundschaftsdienstes in Zoetermeer treffend auf den Punkt brachte.

Es sind keine spontanen Freundschaften, und doch kann da viel spontan passieren. Es sind keine symmetrischen Freundschaften, auch wenn man beidseitig sehr gut voneinander profitieren kann. Manchmal fühlt man sich beieinander heimisch, manchmal hat einer ein Auge darauf, dass sich der Andere heimisch fühlen kann.

6.6 Verletzliche und sorgende Bürgerschaft

Freundschaftsdienst ist keine „psychosoziale Versorgung" und will auch nicht im Dienst dieser Versorgung stehen. Ich erwähnte bereits, dass Freundschaftsdienst eher als Kommentar zu den entsprechenden Diensten, aber auch als Reaktion auf das ‚Fehlen von Präsenz' in der Gesellschaft gesehen werden kann. Den Freundschaftsdienst realisiert, so könnte man sagen, eine ‚sorgende Bürgerschaft', eine Bürgerschaft, bei der *Sorge* nach der folgenden Definition aufgefasst wird:

> Sorge ist eine positive, gefühlsmäßige und unterstützende Antwort auf die Situation und die Umstände anderer. Sie ist eine Antwort, die unsere Verbundenheit mit ihrem Wohlbefinden, unsere Bereitschaft, uns mit ihnen in ihrem Schmerz und ihrem Leiden zu identifizieren, zum Ausdruck bringt, und sie ist eine Antwort auf unser Verlangen, alles zu tun, was möglicherweise eine Erleichterung ihrer Situation bringen kann (Callahan, 1990, S. 144).

Kunneman bekräftigt den individuell-menschlichen oder auch persönlich-existentiellen Faktor in der sorgenden Beziehung. „Der existentielle Kern einer sorgenden Beziehung ist die Erfahrung, dass man gebraucht wird, dass das eigene Wohlergehen für den Anderen um seiner selbst willen wichtig ist. Das gilt auch für die Erfahrung, dass ein Anderer für dich wichtig ist und dass dann sein Wohlergehen um seiner selbst willen für dich wichtig ist" (Kunneman, 1993, S. 117). Der sich kümmernde Bürger merkt, dass er nach seinen eigenen Werten handelt und damit ein

Gefühl von Integrität und Identität, ein Gefühl der Verbundenheit und vielleicht die Erkenntnis, über das Tägliche hinauszuwachsen, bewahrt (Duyndam, 1997).

Selbstachtung als Fundament der Sorge – Manche Menschen mit psychiatrischer Vergangenheit sind jedweder Form von Sorge oder sozialer Einrichtung feindlich gesinnt. Sie haben ebenfalls Schwierigkeiten, um einen Buddy zu bitten. Das Leben fällt ihnen zwar schwer, aber sie befürchten, dass sie ihren Selbstwert und ihre Unabhängigkeit verlieren, wenn sie Sorge in Anspruch nehmen oder auch einen ehrenamtlichen Buddy zu Hilfe holen. Diese Abwehr und dieser Widerstand spiegeln die Angst und oft genug auch die Erfahrung, auf einen Fall reduziert zu werden (vgl. auch Baart und Schrameijer). Der Ethiker Henk Manschot (1997) macht das Selbstwertgefühl gerade zum Fundament der Sorge, sowohl beim *Empfänger* als auch beim *Geber*. Ohne dieses Fundament besteht für die Betreuer das Risiko, entweder Opfer einer zu weit führenden Selbstaufopferung oder Opfer einer zu wenig differenzierten Haltung zu werden. Für die Empfänger der Sorge besteht die Gefahr, sich selbst zu verlieren oder Probleme mit deplatzierten Schuldgefühlen zu bekommen.

Den Menschen Sorge angedeihen zu lassen, die der Hilfe bedürfen, ist ein vitaler moralischer Wert. Er ist unabdingbar in einer humanen Gesellschaft, so Manschot. In der Geschichte allerdings wurden die Empfänger der Sorge immer wieder in eine Abhängigkeitsposition gedrängt. Das ist eine Position, in der Menschen sich aus moralischer und psychischer Sicht weniger selbstbewusst und wertvoll fühlen. Sorge scheint jeweils ein negatives Bild des Betreuten zu erzeugen.

Im Rahmen einer Reflexion über Freundschaftsdienste ist es wichtig, den Erlebnissen und Verhaltensweisen, die ein Betreuter in unserer Kultur unbewusst übernimmt, nachzugehen. Es ist immer noch nicht selbstverständlich, dass man auch in den eigenen Augen ein vollständiger und angenommener Mensch bleiben kann, wenn man von der Sorge und Unterstützung anderer abhängig ist. Die gesellschaftliche Identität, in die der Hilfe Suchende hineingerät, ist historisch gesehen mit negativen Assoziationen beladen (Manschot, 1994).

Wer sich selbst in der Rolle des sorgenden Bürgers annehmen und würdigen will, muss andere Quellen als diejenigen, die die Identität des modernen Bürgers anbieten, erschließen. In dem Buch *The Diary of a Good Neighbour* stellt die Autorin Doris Lessing (1984) die in ihrem Beruf erfolgreiche Janna als eine Person dar, die sich selbst deutlich machen muss, warum für andere zu sorgen auch für sie selbst wichtig ist, für ihre Gefühle der Selbstachtung und des Respekts. Sie muss am eigenen Beispiel deutlich machen, wie ihrem persönlichen Erleben menschlicher Würde damit gedient ist. In ihrem Kontakt mit der alten Maudie, die Sorge braucht und sie zugleich abweist, entdeckt Janna, wie sie selbst in sozialer und menschlicher Hinsicht arm geworden ist, unterentwickelt und auch gefühllos, unfähig, das Wohl und Weh der Anderen wirklich zu sich durchdringen zu lassen.

Im Kontakt mit Maudie erfährt Janna, wie einseitige Bürgerschaft aussieht. Lessing hält dem modernen Bürger einen Spiegel vor. Kann sich sorgen zu unserem Verständnis vom Menschsein beitragen? Wie kann man für etwas sorgen, ohne den eigenen Lebensraum zu verlieren? Wie kann Sorge so in das eigene Leben integriert werden, dass sie zur Selbstachtung beiträgt? Viele lassen diese Frage lieber außen vor. Das hat zur Folge, dass andere zu schwer belastet werden. Manschot zufolge geht das bei beiden Gruppen zu Lasten ihres Menschseins. Er stellt die Frage, wie die verletzlichen Seiten des Lebens erneut einen angemessenen Platz erhalten können und wie im gemeinsamen Ertragen der ‚menschlichen Schwächen' Menschen in ihren Möglichkeiten, Mensch zu werden, wachsen können (Manschot, 1997).

6.7 Zum Schluss

In den obigen Ausführungen wurde Freundschaftsdienst vor allem positiv geschildert. Es war auch die Absicht, die ethische Bedeutung von Freundschaftsdienst aufzuzeigen und Freundschaftsdienst als ein ansprechendes Projekt darzustellen, in dem (mehr) selbstverantwortliche Bürger ihrer Sensibilität für Menschen aus Randgruppen Ausdruck verleihen. Der Wert der *Präsenz* ist anhand des Freundschaftsdienstes eingeführt worden. Aber die Praxis des Freundschaftsdienstes ist auch anfällig. Obgleich, wie schon gesagt, in immer mehr Gemeinden in den Niederlanden Freundschaftsdienste eingerichtet werden, besteht vor allem das Problem des Mangels an Ehrenamtlichen. Das führt zu unerwünschten Wartelisten und verführt die Koordinatoren zu nicht-optimalen Verbindungen, durch die die Wahrscheinlichkeit des Aufgebens größer wird. Diese Not hat allerdings den Vorteil, dass kreativ über andere Formen von Freundschaft nachgedacht wird. Manchmal braucht jemand nicht unbedingt ‚einen Buddy von außerhalb', und Leidensgenossen können untereinander vermittelt werden. Wenn sie sich ‚zusammen stark' nach draußen begeben, bleibt der Aspekt der Integration erhalten. Wenn nicht, gehört es immer noch zu den sehr geschätzten Kontakten unter Leidensgenossen. Diese Praxis hat sich bei den Organisationen der Psychiatrie-Erfahrenen schon lange bewährt. Vielleicht kann man von Leidensgenossen sagen, dass sie besser als jeder andere die Präsenz als Wert zu schätzen wissen. Des Weiteren wurden zum Beispiel in Amsterdam für und mit den Menschen auf der Warteliste Gruppenaktivitäten organisiert. In Zoetermeer suchte die Sachbearbeiterin des Bereichs ‚Gastfreundschaft' für den Treff, für die Organisationen von Ehrenamtlichen oder die Sportvereine Buddys (s. Kapitel 3). Man wurde auch immer kreativer und professioneller bei der Werbung Ehrenamtlicher.

Außer dem Mangel an Ehrenamtlichen haben viele Projekte Geldsorgen. Die Koordinatoren verbringen viel Zeit mit der Suche nach Geldgebern, Zeit, die zu Lasten des Werbens und Begleitens der Ehrenamtlichen und der sorgfältigen Partnerfindung geht. Es ist für Freundschaftsdienste verführerisch, sich von Institutionen der psychiatrischen Versorgung finanzieren zu lassen. Aber es besteht die reale Gefahr, dass sie dann genötigt sind, als verlängerter Arm dieser Institutionen operieren zu müssen, obwohl die Kraft der Freundschaftsdienste zu einem Teil gerade in ihrer Unabhängigkeit liegt.

Die Aufzählung dieser Probleme macht es umso erforderlicher zu untersuchen, ob ‚Präsenz' und ‚Sorge' in das Gesellschaftskonzept aufgenommen werden können. Das geschieht im folgenden Kapitel.

7 Beteiligte Bürger

Mein Freund, ich bin froh, dass du es gut findest, dass ich wieder verrückt bin.

JAN ARENDS, 1972

7.1 Einleitung

„Schizophrenie macht mich für immer zu einem Bürger zweiter Klasse." Auf die Frage, wie Ian sich selbst sieht, antwortet er:

Nun, ich hasse mich wirklich. (...) Ich weiß nicht, warum ich mich hasse. Es ist allein schon die Haltung, die Menschen gegenüber psychiatrischen Patienten einnehmen. Sie wollen dir keine Arbeit geben und überhaupt keine Verantwortung. Ich habe versucht, ehrenamtlich bei einer Stelle zu arbeiten, wo man auf Kinder aufpasst. Ich bewarb mich und erzählte ihnen, dass ich ein Lehrerpraktikum gemacht hatte, und auch, dass ich in psychiatrischer Behandlung gewesen war. Sie schrieben mir nie zurück und boten mir keine Stelle an. Es handelte sich ja um ehrenamtliche Arbeit (Barham und Hayward, 1991, S. 152).

Ian hatte in der Vergangenheit einige ernsthafte Selbstmordversuche unternommen und denkt darüber nach, es erneut zu tun. Und es scheint nicht sehr realistisch zu sein, dass sein Kampf um die Bürgerschaft, darum, in die Gesellschaft aufgenommen zu werden, eine positive Wendung nehmen wird. Ian zeigt das Leiden der ‚sozialen Überflüssigkeit', das Nichts-Gelten, ohne dass andere das ernst nehmen. Barham und Hayward folgern, dass die Erfahrung der Unterbewertung ein zentrales Thema in der Diskussion über Bürgerschaft sein sollte. Was ist notwendig, um Menschen mit psychiatrischen Problemen als ‚Partner im menschlichen Dasein' zu akzeptieren? Welche Strukturen können dabei hilfreich sein? Die Frustrationen von Menschen mit psychiatrischer Erfahrung sind nicht so sehr in medizinischen Fragen, sondern eher in dem fehlenden Verständnis für ihr Wohlbefinden und ihren Platz in der Gesellschaft begründet. Medizinische Perspektiven sind nicht unwichtig, aber sie lösen die sozialen Probleme der (ex-)psychiatrischen Patienten nicht. Die Identität des psychiatrischen Patienten, die negativ erlebt wird, findet keinen Ausgleich in einer positiven Identität der Bürgerschaft. Auf diese Weise wird eine doppelte Ausgrenzung erfahren. Es würde für die Zielgruppe zu kurz greifen zu sagen, dass ökonomische und soziale Hilfestellung ausreicht. Es gibt einen Unterschied, auch in den Augen der Gruppe selbst. Das Verrücktsein kann nicht abgeschafft werden, doch die Optionen und Ressourcen können erweitert werden (Barham und Hayward, 1991).

Thematik – Welche Auffassung von Bürgerschaft ist am besten geeignet, den Widerstreit zur Geltung kommen zu lassen, der die Entwicklung vom Patienten zum Bürger begleitet? Ohne konkrete Aufmerksamkeit für die Spannung, die der Unterschied mit sich bringt, läuft der Prozess vom Patienten zum Bürger auf einen Assimilationsprozess hin zu braver Bürgerschaft hinaus, so lautet meine Hypothese. Darin ist kein Platz für das Anderssein des Patienten-Bürgers. Das kann zu Isolation führen. Die Frustration, die hieraus hervorgeht, lässt eine entgegengesetzte Bewegung vom Bürger zum Patienten befürchten. Ein Konzept von Bürgerschaft, in das der Wert ‚Sorge' aufgenommen ist, öffnet für Bürger und Behörden Perspektiven, mit dem Widerstreit umzugehen, der zwischen dem Vertrauten und dem Fremden besteht.

Das Projekt des *Kwartiermakens* ‚Wohnen und Psychiatrie' dient hier als Fallbeispiel.

Dieses Kapitel ist folgendermaßen strukturiert: Zuerst wird der Wert des Begriffs ‚Bürgerschaft' dargelegt. Dann zeige ich anhand von Sevenhuijsen, wie ein Konzept der Bürgerschaft, in das Sorge integriert ist, zu einem anderen Blick auf das Anderssein führt und außerdem zu Sorge als sozialer Praxis in unterschiedlichen Umgebungen anspornt. Anhand des Sokratesvortrags Kunnemans stelle ich diese sich öffnende und sich kümmernde Bürgerschaft in den Mittelpunkt der heutigen Wissens- und Informationsgesellschaft. Die Rolle der bezahlten Arbeit für die Einbürgerung der Menschen am Rand der Gesellschaft kommt in ihrer ganzen Mehrdeutigkeit zum Ausdruck.

Danach lenke ich die Aufmerksamkeit auf Vorfälle rund um das Wohnen des ‚Patienten als Bürger'. Ein Bericht des *Kwartiermakens* über eine *Sorge(n)anlaufstelle* dient mir als Ausgangspunkt, um über die Bedingungen für eine „beteiligte Bürgerschaftspraxis" zu reflektieren.

7 Beteiligte Bürger

7.2 Sich öffnende Bürgerschaft

Der Begriff der Bürgerschaft bietet der Patientenbewegung die Möglichkeiten, Rechte zu beanspruchen und der Marginalisierung entgegenzutreten (Oudenampsen, 1999). Gleichzeitig wird das gängige Modell der Bürgerschaft von der Patientenbewegung kritisiert. Die Möglichkeiten fangen erst an, wenn man das Bild vom Standardmenschen hinter sich lässt. Die Patientenbewegung steht in dieser Hinsicht nicht allein. Der gängige Inhalt des Begriffs ‚Bürgerschaft' hat durch die bleibende Anwesenheit großer Gruppen von Immigranten an Selbstverständlichkeit eingebüßt, behaupten Sawatri Saharso und Baukje Prins (1999). Der Begriff sei erneuerungsbedürftig. Da die Gesellschaft multikultureller werde, müsse das Gedankengut rund um die Bürgerschaft neu bewertet werden – wenn die Anerkennung des Andersseins ernst genommen werden solle.

Eine ähnliche Argumentation gilt meiner Meinung nach für die Anwesenheit von Menschen mit psychiatrischen Problemen oder mit körperlichen und geistigen Behinderungen. Mit dem Prozess der Vergesellschaftlichung wird ja die Teilnahme am gesellschaftlichen Leben und damit die vollwertige Bürgerschaft für die Angehörigen dieser Gruppen beabsichtigt. Die Dringlichkeit des Plädoyers für eine Neubewertung des Bürgerschaftskonzepts wird noch durch die Tatsache verstärkt, dass mit der immer multikultureller werdenden Gesellschaft immer mehr Menschen mit psychiatrischen Problemen Immigranten sind. Das Modell der Bürgerschaft passt für sie sozusagen von beiden Seiten nicht. Wenn Vergesellschaftlichung ernst genommen wird, muss das Modell der Bürgerschaft in Frage gestellt werden, weil dieses Modell nur den Menschen, die dem Standardmenschen ähneln, die Chance gibt, ihre Bürgerschaft ganz auszuüben (Van Houten, 1999).

Saharso und Prins fordern, dass die dominante Kultur für Immigranten aufgeschlossen sein soll. Sie meinen damit, dass sich die Institutionen der dominanten Gesellschaft öffnen müssen, um ethnische Unterschiede zu integrieren. In diesem Zusammenhang wirkt es klärend, einen Unterschied zwischen *substantiellen* und *formellen* Rechten zu machen. ‚Standardbürger', psychiatrische Patienten und Immigranten haben – außer denjenigen ohne gesetzlichen Status – dieselben formellen Rechte. Alle haben offiziell Zugang zur Bürgerschaft. Aber substantiell haben Immigranten und Psychiatrie-Erfahrene oft nicht die Chance, ihre Bürgerschaft auszuüben, zum Beispiel hinsichtlich des Rechts auf Arbeit, weil sie einfach nicht akzeptiert werden. Saharso und Prins wenden sich gegen die Argumentation, dass Immigranten sich selbst für die Emigration entschieden haben und sich deswegen anpassen sollen. Angesichts der Situation in vielen Ländern der Welt und der Geschichte des einzelnen Immigranten sei diese letztere Forderung jedoch nicht vertretbar (Saharso und Prins, 1999). So sollte auch die Rückkehr des psychiatrischen Patienten hin zum Bürger in der Auffassung von Bürgerschaft Anerkennung finden, gerade weil das ‚normale Konzept der Bürgerschaft' zu ihrer (unfreiwilligen) Ausgrenzung führte.

Alles in allem scheint ‚der psychiatrische Patient als Bürger' sehr geeignet zu sein, Problembereiche in Konzeptionen der Bürgerschaft aufzudecken, was auch für den Bürger als potenziellem Patienten wichtig ist. Obwohl ‚der' psychiatrische Patient genauso wenig wie der Modellbürger existiert, haben psychiatrische Patienten mehr als andere Bürger mit Restriktionen zu tun, die sich aus ihrer Krankheit oder Behinderung ergeben. Außer mit den Einschränkungen selbst werden sie zusätzlich mit den Reaktionen der Gesellschaft konfrontiert. Wir haben in der Geschichte von Ian gesehen, dass das Letztgenannte eine große Bedeutung hat. Bei den psychiatrischen Patienten erkennt man sozusagen vergrößert verschiedene gesellschaftliche Marginalisierungstendenzen.

Aus (feministisch) ethischer Sicht hat die Politologin Selma Sevenhuijsen (1996) mit großem Nachdruck ein Konzept der Bürgerschaft vorgelegt, das dem Widerstreit (des Normalen und Nicht-Normalen) Raum bietet. Sevenhuijsen kritisiert die zentrale Rolle, die eine Arbeitsbeteiligung in der Sicht der Bürgerschaft spielt, und schlägt vor, Sorge in das Konzept der Bürgerschaft aufzunehmen. Für die Website des Projekts *Kwartiermaken* fasste ich ihre Meinung über Bürgerschaft folgendermaßen zusammen:

Sich öffnende Bürgerschaft –

Sorge wird in unserer Gesellschaft mit der Pflege von Kranken, Behinderten oder Kindern verknüpft. Weil aber Sorge mit dieser Praxis verknüpft wird, fällt es nicht unter das normale Modell von Bürgerschaft. Man findet es normal, keine Sorge zu brauchen (außer wenn man krank ist) und auch keine Sorge zu bieten (außer wenn man Kinder oder kranke Eltern hat). Das Konzept der ‚normalen Bürgerschaft' stützt sich auf das Arbeitsethos. Darin ist Sorge nur eine Ablei-

7 Beteiligte Bürger

tung von Arbeit: Sorge als Reparatur – um wieder mit der Arbeit anfangen zu können (oder bei Kindern als Vorbereitung auf die Arbeit). Vollwertige Bürgerschaft ist in unserer Gesellschaft also mit gesellschaftlicher Beteiligung in Form von Lohnarbeit verknüpft. Aus diesem Denken über Bürgerschaft, das in der sozialdemokratisch-liberalen Politik mehr denn je im Mittelpunkt stand, spricht ein Ideal, nämlich dass wir eine Situation anstreben sollten, in der Sorge nicht nötig ist. Und dieses Ideal übersieht Teile des Lebens, übersieht die Abhängigkeit, die uns alle betrifft – in welch wechselndem Maß auch immer. Deswegen ist es ein schädliches Ideal. Die Ideologie der Beteiligung am Arbeitsmarkt marginalisiert Sorge und als Folge dessen das Verletzliche und das Abhängige. Die Marginalisierung der Sorge und Verletzlichkeit hat allerlei negative Konsequenzen. Sie führt schnell zu sozialer Ausgrenzung, zu ängstlicher Abneigung gegenüber allem, was ‚anders' ist, zu der Erfahrung des Fremden als ‚das Andere', zu der Verneinung des Fremden in uns selbst. Die feministische Sorgeethik plädiert dafür, die Sorge als einen fundamentalen Wert anzuerkennen. Wenn Sorge als fundamentaler Wert ernst genommen wird, erscheinen auch Abhängigkeit und Verletzlichkeit in einem anderen Licht. Das ‚Andere' muss dann nicht länger verbannt werden, projiziert auf ‚die Anderen'. Es muss nicht länger vom eigenen Subjektideal, nämlich dem des autonomen Einzelnen, getrennt werden, sondern gehört dazu. Und dann sind wir bei einem anderen Modell von Bürgerschaft angekommen, nicht bei dem des autonomen Einzelnen, sondern bei dem des verletzlichen Einzelnen. *Kwartiermaken* will für diese verletzliche Bürgerschaft eine Lanze brechen.[88]

---

88 Mans (1995) weist darauf hin, wie krank es macht, wenn Gesundheit als Norm funktioniert. Sie stellt die Frage, ob eine Gesundheitsnorm nicht mit der ökonomischen Norm der Arbeit und Produktivität zu tun habe und ob das Gesundheitsideal nicht mit dem Glauben an die Machbarkeit der Gesundheit zusammenhänge. Führe dieser Glaube nicht zu überhöhten Erwartungen beim Individuum und lege das nicht einen (zu) schweren Druck auf die Verantwortlichkeit für das eigene Leben? Sei Gesundheit nicht ein krankmachendes Ideal, weil es den Menschen eine Pflicht des ‚Könnens' auferlegt, die viel ‚Nicht-Können' verursacht und das auch als problematisch stigmatisiert. Statt diese (rhetorischen) Fragen zu beantworten, entscheidet sich Mans dafür, das ‚Nicht-Können' zu Wort kommen zu lassen und für den Kranken einzustehen, und zwar aus drei Gründen: (1) Krankheit ist eine nicht erkannte Wirklichkeit, weil es wenig Raum für Hoffnungslosigkeit, den Moment, an dem etwas nicht mehr geht, für Menschen, die mehr können, gibt; es würde helfen, wenn dafür Raum da wäre; (2) Krankheit ist eine wesentliche Erfahrung; Krankheit ist etwas, was nicht gewollt werden kann, aber es gehört wesentlich zum Leben dazu; (3) Krankheit ist (manchmal) ein Heilmittel gegen die Qualen der Gesundheit, der Beginn eines anderen, gesunderen Lebens.

Sorge als soziale Praxis – Die Perspektive Sevenhuijsens hat für den Patienten als Bürger zweierlei Bedeutung. Erstens wird derjenige, der von der Sorge abhängig ist, nicht auf Distanz gehalten, sondern als jemand wie ich selbst betrachtet, der auch von Sorge abhängig ist, war oder sein wird. Menschen entwickeln dadurch, dass es andere Menschen gibt, die sie anerkennen und sie in ihrem Individualitätsgefühl bestätigen, die auf ihre Anwesenheit in der Welt Wert legen und sich konkret bemühen, ihre Kapazitäten zur Geltung kommen zu lassen, ein Selbstwertgefühl (Sevenhuijsen, 2000). Zweitens wird die Bahn für sorgende Haltungen freigemacht, auch (oder gerade) bei den Bürgern, die nicht beruflich in der Sorge tätig sind.

Hier findet eine Neubewertung des Anbietens von Sorge statt. Wenn Sorge in das Konzept der Bürgerschaft integriert ist, stehen Sorge und Autonomie einander nicht länger gegenüber. Gute Sorge fördert dann die Selbstachtung des um Sorge Ersuchenden und des Sorge Gebenden. Diese Sicht auf Sorge durchbricht ein verengtes Modell von Bürgerschaft, bei dem nur Autonomie, Fähigkeit zur Selbstsorge und Arbeitsethos zählen.

Sevenhuijsen sieht die „andere Bürgerschaft" in einem „Sozialstaat neuer Art". Sorge muss vom Rand ins Zentrum des „politischen Urteilens und kollektiven Handelns" gestellt werden. Sevenhuijsen untersucht die Frage, wie die Staatspolitik aussehen muss, um Bürgern zu ermöglichen, gut über Sorge zu urteilen, beziehungsweise „gut auf dem schmalen Grat von radikalem Anderssein und Gleichheit zu handeln".

Gleichheit bedeutet hier Mitbürgerschaft und steht der Ausgrenzung und der Marginalisierung gegenüber.

Sevenhuijsen findet in ihrer Suche hinsichtlich der Auffassung von Sorge Unterstützung von Joan Tronto (1993). Tronto sieht Sorge auf der allgemeinsten Ebene als eine menschliche Aktivität, die alles umfasst, was wir machen, um unsere Welt zu gestalten, weiterzuführen und zu reparieren, damit wir so gut wie möglich darin leben können. Die Welt umfasst unsere Körper, uns selbst und unsere Umgebung, die wir miteinander in einem Komplex, in einem das Leben stützenden Gewebe, zu verbinden versuchen (Sevenhuijsen, 2000).

Ich halte es für wesentlich, Sorge in diesem breiten Rahmen aufzufassen. Damit bekommt der Begriff Sorgeethik eine weit reichende Bedeutung. Wenn die Sorge mit dieser Bedeutung in die Auffassung über die Bürgerschaft einbezogen wird, entfernt man sich automatisch vom

7 Beteiligte Bürger

momentan wichtigsten Ausgangspunkt der Bürgerschaft, nämlich der Fähigkeit zur Selbstsorge und damit der bezahlten Arbeit. Das Sorgeethos relativiert dann das Arbeitsethos. Menschen, die sich aus irgendeinem Grund nicht (mehr) an der bezahlten Arbeit beteiligen (können/dürfen), müssen sich aufgrund dieser Relativierung weniger durch ihre Leistungen oder Tätigkeiten legitimieren. Wie paradox es auch scheint, gerade durch die Relativierung des Arbeitsethos zugunsten der Fürsorglichkeit (bezahlte und unbezahlte) könnte auch für Menschen mit Handicaps Arbeit zu den Möglichkeiten gehören. Hoffnungsvoll redet Sevenhuijsen vom ‚Kippen der Unternehmenskulturen'.

Diese sorgeethische Betrachtung macht deutlich, dass tägliche Sorge an verschiedenen Stellen der Gesellschaft eine Rolle spielen muss: Sorge als moralische Orientierung und Sorge als soziale Praxis. Damit wird den Tendenzen zur Romantisierung und Privatisierung der Sorge wie auch der Verbindung von Sorge mit Symbolen und Normen der Weiblichkeit ein Gegengewicht geboten.

Sevenhuijsen versucht konsequent die Frage zu beantworten, wie Menschen die Sorge für sich selbst, für andere und für die Welt miteinander vereinen können. Die politische Frage, die dazugehört, sei die Frage, wie die Sozialpolitik hierbei eine unterstützende Rolle übernehmen könne. Das moralische Potenzial der Sorge solle sich nicht auf das Private beschränken. Die Idee der sich kümmernden Bürgerschaft solle in einem öffentlichen Kontext gesehen werden (Sevenhuijsen, 2000).

Vergesellschaftlichung kontra moderne Bürger? – Im PON-Jahrbuch 2001 mit dem Titel *Voor elkaar. Zorgen in de moderne samenleving*[89] finden wir ein ähnliches Plädoyer, hier auf die Vergesellschaftlichung zugespitzt. Die Forscher des *Nederlands Instituut van Zorg en Welzijn*[90] Gabriël van den Brink und Mia Duijnstee treten in ihrem Beitrag für eine Revitalisierung dessen ein, was sie „kulturelle Produktionsbedingungen der Sorge" nennen. Nach einer pessimistischen Analyse der Möglichkeiten zur Vergesellschaftlichung weisen sie auf die Dringlichkeit eines Umschwungs im Denken über die Sorge bei Bürgern, Behörden, Geldgebern, Institutionen und Profis hin. Wenn der Spielraum im individuellen und professionellen Bereich nicht vergrößert würde und

---

[89] Dt.: *Füreinander. Sorgen in der modernen Gesellschaft* (PON: Institut für Rat, Forschung und Entwicklung in Nordbrabant)
[90] Dt.: *Niederländisches Institut für Sorge und Wohlbefinden*

wenn es nicht zu einem Umschwung in der gesellschaftlichen Wertung von Sorge und Sorgearbeit käme, führe eine Vergesellschaftlichung zu den den Intentionen entgegengesetzten Wirkungen, so die Behauptung von Van den Brink und Duijnstee. Sorge solle synonym sein mit einer sinn- und wertvollen Beschäftigung, mit einer Form der sozialen Partizipation. Jeder müsse sich beteiligen, wenn wir dieses schaffen wollen. Sorge solle in ein arbeitsreiches Leben integriert werden können. Wenn Arbeitnehmer und Arbeitgeber, Behörden und Bürger nicht dazu beitragen, dann stößt, so Van den Brink und Duijnstee, die Vergesellschaftlichung an die Grenzen der Fürsorglichkeit des modernen Bürgers. Denn der wirtschaftliche Rationalismus nehme einen immer größer werdenden Raum ein.

Die pessimistische Analyse von Van den Brink und Duijnstee bezieht sich auf die drastische Veränderung, der das Leben eines modernen Menschen ausgesetzt sei. Die Ansprüche an das Leben und an die Selbstentfaltung sind laut Van den Brink und Duijnstee viel höher als früher. Die Lebensführung der Menschen ist viel komplexer und wechselhafter als vor 25 Jahren. Eine Folge dessen sei, dass die Wirkungen der Veränderungen, die in der Sorge auftreten – die Vergesellschaftlichung – und die Veränderungen im Leben eines modernen Bürgers miteinander in einem Spannungsverhältnis stehen. Wenn nicht länger die ummauerte totale Institution im Mittelpunkt stehen solle, sondern das gesellschaftliche Dasein des Sorge Suchenden, dann müsse die Gesellschaft dafür auch Chancen bieten – es scheint, als hätte diese keine Zeit mehr dafür.

Die Autoren haben also vor allem Interesse an dem Widerstreit, der durch die Vergesellschaftlichung ausgelöst wird. Sie betrachten die Selbstentfaltung und die Ansprüche an das Dasein aber als quasi unumstößliche und deutlich bestimmte Größen. Als hätten wir die Anforderungen an das Dasein nicht selber hochgeschraubt, als hätten wir uns nicht von dem, was der Markt uns als ein Leben in Selbstentfaltung vorführt, führen und verführen lassen. Es war der Verdienst des kanadischen Philosophen Charles Taylor, die Idee der Selbstentfaltung von der Oberflächlichkeit zu befreien.

Taylor glaubt, dass das Ideal der Authentizität – was ich hier als Synonym mit der Entfaltung des ‚Ich' erachte – erst vor bedeutungsverleihenden Horizonten einen Wert bekomme. Ein Aufruf, man selbst zu sein und den Anderen sich selbst sein zu lassen, sei hohl und leer wenn er nicht in einem moralisch gezeichneten oder gefärbten Raum stattfinde, einem Raum, in dem Werte im Spiel sind, die dem Dasein einen Sinn geben. Anders gesagt: Man fühlt sich in einer Einheit mit sich selbst oder man entfaltet sich selbst, wenn man nach eigenen Werten handeln kann und wenn man dabei ein Gefühl der Integrität und der Verbundenheit hat.

Das Ideal der Selbstentfaltung ist nicht isoliert. Es erfordert einen Sinnhorizont und einen Horizont der Perspektiven.

Eine Person, die den Sinn des Lebens sucht und versucht, sich selbst als bedeutungsvoll zu definieren, macht dieses vor einem Hintergrund wichtiger Fragen, wie zum Beispiel über die Umwelt, die Gesellschaft, das Miteinander, die Solidarität. Wenn wir uns bei der Suche nach Selbstentfaltung den Anforderungen versperren, die von außen auftauchen, dann verdrängen wir bedeutungsvolle Umstände. Dann beschäftigen wir uns mit der Form und nicht mit dem Inhalt. Zusammenfassend: Ich kann meine Identität und Selbstentfaltung nur vor dem Hintergrund der Dinge definieren, die wichtig sind (Taylor, 1991).

Während Sorgeethiker wie Manschot und Sevenhuijsen die Bürgerschaft um den Aspekt der Sorge (leisten und empfangen) erweitern und bereichern, betrachten Van den Brink und Duijnstee eine einseitig mit Sorge befasste Bürgerschaft als zu eng. Sie glauben, dass die Diskussion nicht genau genug geführt wird, und behaupten, dass „ganz vorsichtig" Wege gesucht werden müssen, das Paradox der „Vergesellschaftlichung in einer Epoche der geringer werdenden Zeit" zu überwinden.

Dass diese „Zeit der sich verringernden Zeit" in den Niederlanden in den Jahren der Produktivitätssteigerung eintrat oder dass dies eine Frage der moralischen Orientierung der Bürger, Unternehmen und Behörden ist, wird von Van den Brink und Duijnstee nicht erwähnt. (Außerdem wenden sie sich fast ausschließlich den Problemen der ehrenamtlichen Sorge zu. Dieses erweckt unberechtigterweise den Eindruck, dass eine Vergesellschaftlichung lediglich eine Frage der Verschiebung von professioneller Sorge hin zu freiwilliger Sorge ist.)

Obwohl Van den Brink und Duijnstee auf den Widerstreit hinweisen, der mit der Vergesellschaftlichung verbunden ist, gehen sie diesem Widerstreit auch aus dem Weg. Wenn sie behaupten, dass Menschen immer weniger Zeit für Menschen haben, die sie nicht erwarten, nähern sie sich sogar „dem Recht, nicht gestört zu werden". Deswegen muss eine sorgende Bürgerschaft im weitest möglichen Sinne mit fürsorglichen sozialen, kulturellen, politischen und ökonomischen Aktivitäten verbunden werden. Nur auf diese Weise ist es möglich, den Widerstreit ganz zu erkennen, ohne diesen einseitig ‚dem Anderen' aufzuerlegen.

7.3 Träge Fragen in einer schneller werdenden Gesellschaft

Harry Kunneman rückt in seinem Sokratesvortrag (1999) ‚die Sorge' auf eine besondere Weise in den Mittelpunkt des öffentlichen Bereichs. Nur verwendet er das Wort ‚Sorge' nicht. Kunneman behauptet, dass die heutige Wissens- und Informationsgesellschaft immer schneller werde, vor allem zum Beispiel in der weltweiten zwischenmenschlichen Kommunikation über das Internet. Dabei scheine das Schnellerwerden reiner Selbstzweck. Es handele sich offenbar nicht darum, den Fragen der Ausgrenzung, Dauerhaftigkeit und Sinngebung gerecht zu werden. Diese Probleme nennt Kunneman träge Fragen. Kennzeichen der schneller werdenden *technisierten Gesellschaft* sei, dass sie *träge* Fragen in schnelle Fragen, die effizient gelöst werden müssen, zu transformieren versuche. Wenn dieses nicht gelinge, müssten sie an einen anderen Ort verbannt werden, weil sie außerhalb der Kompetenz der technisierten Gesellschaft fielen, oder – was schlimmer ist – außerhalb ihrer Interessensphäre.

Kunneman meint, dass die trägen Fragen jedoch nicht von der Beschleunigung zu trennen sind (Man denke zum Beispiel an die wachsende Zahl von Menschen, die berufsunfähig werden oder die psychosozialen Einrichtungen in Anspruch nehmen, DK). Deswegen müssten wir lernen, im Kern der technisierten Gesellschaft damit umzugehen. Dort müssten Qualitätsmaßstäbe geschaffen werden, um nicht nur großzügig für die Beschleunigung, sondern auch für Fragen zur Ausgrenzung und zum Umgang mit Unterschieden Platz zu schaffen – für Fragen von Menschen (und Erdteilen), die weniger auf das Schnellerwerden ausgerichtet seien. Es gehe darum, die Beschleunigung weniger zum neuen Abgott zu machen und gerade die Eigenheit, die Individualität, die Marginalität sprechen zu lassen.

Kunneman wendet sich nicht von der Beschleunigung ab; er betont die (neuen) Möglichkeiten der technisierten Gesellschaft bei der Schaffung von Wohlstand. Die Ausbreitung der Konsummöglichkeiten kann

7 Beteiligte Bürger

aus seiner Sicht viel zur Identität der Menschen und ihrem Gefühl, dabei sein zu dürfen, beitragen.

Es ist Kunnemans Ziel, die technisierte Gesellschaft letztendlich derartig umzuformen, dass auch für die trägen Fragen der Bürger Raum entsteht. Obwohl seiner Meinung nach auf nationaler Ebene die schärfsten Kanten der Ausgrenzung abgestumpft werden, erkennt er, dass die Zweit- und Drittklasse-Bürgerschaft, die für die weniger Schnellen übrig bleibt, immer noch problematisch ist. Er betont in seiner Darlegung dennoch die ambivalente Art und Weise, mit der eine Einbeziehung überhaupt stattfindet. Diese lässt den Eigenwert und die Bedeutung der trägen Fragen außen vor, mit der die Randgruppe die Gesellschaft konfrontiert. Träge Fragen sind existentielle Fragen, die den Wert des Lebens betreffen. Existentielle Fragen beschäftigen sich mit Krankheiten, Leiden und Tod, mit Dauerhaftigkeit und Zweiteilung, mit Ausgrenzung von Menschen und Weltteilen und dadurch mit Solidarität.

Träge Fragen bilden die Kehrseite des Schnellerwerdens. Sie kündigen sich oft langsam, aber doch unvermeidbar an. Sie sind auch einigermaßen undurchsichtig und haben nach Kunneman eher mit Suchen als mit Finden zu tun. Die Lösungen der trägen Fragen werden von der technisierten Gesellschaft nur ernsthaft geprüft, wenn sie die Beschleunigung selbst nicht in Frage stellen.

Die Versöhnung der schnellen technisierten Gesellschaft mit den trägen Fragen sucht Kunneman in einer Verbindung von dem, was er *kognitive und narrative Lernprozesse* nennt. Letztere beziehen sich zwar auf die trägen Fragen, treten aber in die schnelle Organisation ein. Auch diejenigen, die nicht zu den Randgruppen gehören, werden nämlich mit trägen Fragen konfrontiert. Er bemerkt *Unterströme*, die auf die ‚akute Bedeutung' hinweisen, die die Aufnahme der trägen Fragen in die Kerninstitutionen der Gesellschaft hat, nicht nur für die Menschen der gesellschaftlichen Randgruppen. Durch die Verdrängung der trägen Fragen fallen nämlich auch ‚die schnellen Menschen' über Bord.

Heleen Pott (2000) spricht als Reaktion auf Kunneman von der dämonischen Wirklichkeit, in der wir leben: Menschen sind zu Wegwerfartikeln geworden, *disposable people*. Sie sieht eine gerädete Kultur voller überstresster flexibler Arbeitnehmer ohne Zeit zur Reflexion.

Kunneman betrachtet *die Erkenntnis* dieser dämonischen Wirklichkeit als einen wichtigen Unterstrom oder als Anzeichen für Veränderung. Er glaubt, dass die wichtigste Errungenschaft der sechziger Jahre das

„Recht auf Unabgestimmtheit" gegenüber „den traditionellen Glaubenssystemen" und auf divergierende Ideologien ist. Dieses Recht müsse als Entwurfsprinzip für Beziehungen zwischen Menschen gelten, besonders was den Umgang mit den trägen Fragen betreffe. Er findet diesen Umgang mit trägen Fragen in zahlreichen humanistischen Tätigkeiten wieder.[91] Diese Tätigkeiten befinden sich jedoch alle *am Rand* der technisierten Gesellschaft. Kunnemans Plädoyer betrifft schließlich den Umgang mit trägen Fragen *im Mittelpunkt* der technisierten Pole. Dort müsse man sich (auch) damit beschäftigen und sich verantwortlich fühlen (Kunneman, 2000). Er scheint sich d en ‚gekippten Unternehmenskulturen' von Sevenhuijsen anzunähern.

Genauso wie Kunneman will *Kwartiermaken* mehr tun, als träge Fragen am Rand der technisierten Gesellschaft zu hüten. Patienten wollen Bürger werden und Mitglied der Welt sein. Mit der Einführung des Begriffs Widerstreit habe ich darauf hinweisen wollen, dass der Umgang mit dem ‚Unabgestimmten' oder dem ‚Nicht-Benennbaren' den Aufschub des Gängigen erfordert, was in den Bildern Kunnemans „die Beschleunigung verlangsamt". Kunnemans Darlegung scheint nicht direkt als ein Aufruf an die schnelle technisierte Gesellschaft beabsichtigt, Menschen mit Arbeitseinschränkungen, in diesem Fall Menschen mit psychiatrischer Problematik, in ihre Mitte aufzunehmen. Dennoch liegt dort ein Problem. Die meisten Psychiatrie-Erfahrenen möchten herzlich gern arbeiten (Swildens, 1995). Das Zentrum der technisierten Gesellschaft steht für sie jedoch nicht oder kaum offen. Sogar die sozialen Werkstätten, eigentlich speziell vorgesehen für Menschen mit Arbeitseinschränkungen, sind für Psychiatrie-Erfahrene kaum zugänglich (Van Weeghel, 1995). Erst wenn ein Mangel an Arbeitskräften herrscht, können Arbeitnehmer aus sozialen Werkstätten in geringem Maße überwechseln, und so lange dieser Magel besteht, gibt es ein klein bisschen Platz für die ‚psychiatrische Gruppe'. Trotz der von Kunne-

---

[91] Die gesellschaftliche Arbeit in der Versorgung mobilisiert Menschen für aktuelle Themen und Fragen und betreut und unterstützt ihren freiwilligen Einsatz dafür. Im Jahre 2001, dem Jahr der ehrenamtlichen Arbeit, war das wichtigste Ziel des Programms der *SOM* die Anregung der ehrenamtlichen Arbeit, die dem Ausschluss aus der Gesellschaft entgegenwirkt und Integration fördert, im Hinblick auf eine Gesellschaft, in der die Starken und die Verletzlichen solidarisch und miteinander verbunden sind. Vgl. Kunneman (2000), der in seinem Vortrag Projekte aus der so genannten humanistischen ‚Ecke' ansprach.

7 Beteiligte Bürger

man bemerkten Unterströme scheint von gastfreundlichen *Nischen* und Buddys im Zentrum der technisierten Gesellschaft keine Rede zu sein.

Es gibt auch andere Möglichkeiten, träge Fragen in den Mittelpunkt der Aufmerksamkeit der technisierten Gesellschaft zu stellen, ohne die Frage nach der Integration von Menschen mit Arbeitseinschränkungen am schnellen Arbeitsplatz umgehen zu wollen. Eine Bewegung vom Zentrum zur Peripherie ist auch denkbar. Es gibt moderne Firmen, die ein Projekt ‚des trägen Sektors' adoptieren und ihren Arbeitnehmern einen Nachmittag pro Monat freigeben, um dort ehrenamtliche Arbeit zu leisten. Das wäre in viel größerem Umfang möglich. Die Welt der bezahlten Arbeit, und zwar das Betriebsleben und der politische Sektor, könnten ‚sozialkapital-freundlicher' werden (Van Daal, 2000). Man könnte auch Geld bereitstellen, um subventionierte Arbeit für Menschen mit einer Behinderung möglich zu machen.

Im Rahmen des *Kwartiermakens* geht es immer darum, die langsamen und schnellen Personenkreise miteinander in Verbindung zu bringen und nicht ausschließlich den ‚langsamen Kreisen' ‚träge Fragen' aufzubürden.[92] Auch in dieser Hinsicht geht es um die Wiederherstellung der Gegenseitigkeit.

7.4 Arbeit – ein schwieriges Angebot

Arbeit scheint oft die einzige Möglichkeit zu sein, ein vollwertiger Bürger zu werden. Die ausgrenzende Wirkung dieser Option für Teile der Bevölkerung überschattet die integrierende Wirkung, die sie für andere hat. Es ist außerdem äußerst kompliziert, durch Arbeitsbeschaffung Randgruppen von ihrer Randposition wegzuholen. Das kann anhand von Fragen, die sich mit der *subventionierten Arbeit* beschäftigen, illustriert werden. Für *zusätzliche Stellen* ist der Markt einerseits zu klein und andererseits für einige Menschen zu anspruchsvoll.

Rob Lammerts und Hugo Swinnen (1998) vom Verwey-Jonker-Institut benennen zwei Gegensätze in der Politik im Hinblick auf zusätzliche Stellen, einen sozialen und einen ökonomischen.

---

92 Trotz der Betonung der Begegnung zwischen dem „Schnellen" und dem „Trägen" müssen klientengesteuerte Projekte in Angriff genommen werden. Außerdem brauchen solche Projekte nicht unbedingt in einem geschlossenen Kreis zu operieren.

Der soziale Gegensatz besteht darin, dass (a) Menschen sich nützlich machen wollen, es aber nicht können, während (b) zur gleichen Zeit viele gesellschaftlich nützliche Aufgaben nicht erledigt werden. Der ökonomische Gegensatz beinhaltet, dass (c) Menschen Geld bekommen, wofür sie nichts zu tun brauchen (die Sozialhilfe zum Beispiel), während (d) zugleich bestimmte gesellschaftlich nützliche Aufgaben nicht in bezahlte Arbeit umgesetzt werden, weil dafür kein Geld mehr vorhanden ist. Die vielen Initiativen auf diesem Gebiet konnten noch nicht erreichen, dass die Bemühungen, das Problem der gesellschaftlichen Ausgrenzung *arbeitsloser* Menschen anzugehen (die Menschen, die unter das Berufsunfähigkeitsgesetz fallen, sind einbezogen), zu einer befriedigenden Lösung der skizzierten Gegensätze führen.

Außer den genannten Gegensätzen spielen noch andere Probleme eine Rolle. Auch in der Arbeitsbeschaffung und der sozialen Mobilisierung wird die Perspektive von Sozialhilfeberechtigten zu wenig ernst genommen, werden die materiellen Lebensumstände tatsächlich zu wenig verbessert und wird das nicht genug erkannt und anerkannt, was Empfänger von sozialen Hilfemaßnahmen bereits tun.

Auch in Bezug auf die *ehrenamtliche Arbeit* kann man heute von einer zu instrumentellen Haltung sprechen. Es ist wunderbar, wenn ehrenamtliche Arbeit heutzutage von den Behörden gefördert wird, aber wenn ehrenamtliche Arbeit *das politische Instrument* im Kampf gegen Arbeitslosigkeit wird, verliert sie den besonderen Charakter der ehrenamtlichen Arbeit. Es ist dann keine ehrenamtliche Arbeit mehr, sondern un(ter)bezahlte Arbeit.

Die Beziehung zwischen sozialer Mobilisierung und freiwilligem Einsatz ist noch auf eine andere Weise problematisch. Wenn soziale Mobilisierung darauf ausgerichtet ist, auch die materielle Position der Langzeitarbeitslosen zu verbessern, dann sollten Menschen, die an Aktivitäten teilnehmen, zum Beispiel einen Bonus erhalten, oder man sollte sich bemühen, Stellen im Bereich der ehrenamtlichen Arbeit in zusätzliche Stellen umzuwandeln.

Dadurch könnte es passieren, dass ‚einfache' Ehrenamtliche mit ihrer ehrenamtlichen Arbeit aufhören. Warum sollte der eine bezahlt werden und der andere nicht – und das für die gleiche Arbeit (Lammerts und Swinnen, 1998)? Ein guter Grund könnte übrigens sein, dass der andere schon ein ausreichendes Einkommen aus einer bezahlten Arbeit bezieht. Jedoch erfordert die politische Unterstützung für die Ausübung von Bürgerschaft im Bereich der Arbeit für Menschen mit Arbeitseinschränkungen noch viele Anstrengungen. Dabei möchte ich nicht den Eindruck erwecken, dass nur bezahlte Arbeit Menschen zu vollwertigen Bürgern macht.[93]

7.5 Bürgerschaft und Wohnen

Die Vertreter einiger Städte argumentierten im Frühjahr 2001, dass die Grenzen der Vergesellschaftlichung schon erreicht seien und dass ‚gestörte Obdachlose' besser eingesperrt werden sollten. Ihrer Meinung nach sei der Moment einer Korrektur der Politik der Vergesellschaftlichung gekommen, oder sie müsse auf jeden Fall einen Gang zurückgeschaltet werden. Und vielleicht fänden es die Gestörten gar nicht mal so schlimm, wieder eingesperrt zu werden.

„Das Prinzip des Freiheitsentzuges erlebt ein Comeback", stellt der Forscher und Psychiatrie-Erfahrene Ad Goethals beunruhigt fest (2000). Gefühle des allgemeinen Unwillens scheinen auf die Vergesellschaftlichung projiziert zu werden. Auf der Tagesordnung steht die normative Frage, ob die Grenzen der Vergesellschaftlichung erreicht sind oder ob an diesen Grenzen gearbeitet werden muss.[94] Fragen zur Belastbarkeit, Abwehr und Belästigung haben alle mit dem Umgang mit Konflikten zu tun. Die Problematik des Wohnens spielt eine wichtige Rolle für Menschen, die an Projekten des Casemanagements, der Koordinierung der Hilfeleistungen sowie auch an Projekten der sich einmischenden Sorge teilnehmen. Diese Problematik bündelt faktisch alle anderen Probleme (Polstra, 1997).

93 Wenn man Absprachen auf diesem Gebiet treffen möchte, wird man fortwährend mit Widerständen konfrontiert. Die Bewegung der Arbeitslosen führt einen umgekehrten Kampf. Diese ‚Autonomen' arbeiten ehrenamtlich und möchten diese ehrenamtliche Arbeit fortsetzen und zugleich ihr Arbeitslosengeld behalten. Sie möchten ihre Arbeit nicht zu einer staatlich geförderten Arbeit umgeändert wissen, weil sie befürchten, dass sie durch Formulare und Prozeduren eingeschränkt werden.
94 Henkelman erinnert daran, dass Patienten lieber in der Gesellschaft als in einer Institution leben, *trotz* ihrer schwachen gesellschaftlichen Position. Im Frühjahr 2000 läutet Henkelman in Bezug auf den Prozess der Vergesellschaftlichung die Alarmglocke: „Ich hoffe, (...) dass, wenn wir uns um eine bessere Tragfläche bemühen, die Vergesellschaftlichung möglich ist. Zeige, warum es schwierig ist, sei ehrlich, dann kommst du am weitesten. (...) Die Gesundheitsbehörden müssten eine gesellschaftliche Debatte organisieren" (Schoemaker, 2000).

Um wohnen zu können, ist es nicht nur wichtig, die Finanzen in Ordnung zu halten. Wohnen ist keine isolierte Beschäftigung. Man muss auf seine Umgebung Rücksicht nehmen, und die Umgebung muss mit dem Nachbarn zurechtkommen.

Regelmäßig befinden sich Menschen dieser Gruppe – in Groningen spricht man von Knäueln von Problemen, mit denen Klienten zu kämpfen haben – mit ihrer Umgebung im Konflikt. Es handelt sich um einen bestimmten Teil einer Gruppe von Menschen, der mit einer dauerhaften psychiatrischen Problematik kämpft – ja der Teil, der von der regulären Hilfe schwer oder gar nicht erreicht wird und der selbst nicht um Hilfe bittet. Natürlich gibt es auch außerhalb dieser Casemanagement-Bevölkerung Menschen, mit oder ohne Psychiatrie-Erfahrung, denen schon geholfen oder denen nicht geholfen wird, mit Zwischenfällen im Bereich des Wohnens.

Die ‚psychiatrische Gruppe' ist relativ klein: an erster Stelle sollten die Interessen der Betroffenen berücksichtigt werden. An zweiter Stelle sind die Interessen der Nachbarn wichtig: sie sollen nicht ‚gestört' werden. Außerdem ist aus der Sicht des *Kwartiermakens* (der Sichtweise des Kollektivs von Psychiatrie-Erfahrenen) eine gute Herangehensweise von großer Bedeutung, weil damit eine Basis in den Nachbarschaften gegeben ist. Schließlich erfahren engagierte Profis von verschiedenen Einrichtungen des Arbeitskreises *Deviant Wonen*[95] die gemeinsam getragene Wohnproblematik auch als Erleichterung (Scholtens, 1999). Diese Perspektiven standen bei dem Projekt ‚Wohnen und Psychiatrie' in Zoetermeer im Mittelpunkt.

Das Projekt wird in diesem Kapitel vorgestellt, weil die Bürgerschaft beider ‚Parteien' zur Diskussion steht. Einerseits ist eine zentrale Option der Politik der Vergesellschaftlichung das Recht, als ‚normaler Bürger' wohnen zu können, beziehungsweise die Wiederherstellung des Wohnrechts für Menschen, die vorher in nicht dafür eingerichteten Krankenhäusern ‚wohnten'. Andererseits wird im Falle einer Belästigung das Wohnrecht des Durchschnittsnachbarn beeinträchtigt. Ernsthafte Belästigung wird meistens definiert als „anhaltende Belästigung, die tief in das Leben des in seiner Ruhe Gestörten eingreift, oder von der Belästigung geht eine solche Bedrohung aus, dass dem Wohlbefinden, der Gesundheit oder der Lebensumgebung der Nachbarn ernsthaft geschadet wird" (Mulder, Smeets, 2001, S. 57).

---

95 Dt.: *Abweichendes Wohnen*

7 Beteiligte Bürger

Je länger man damit wartet, die gemeldete Belästigung ernst zu nehmen, desto größer ist die Wahrscheinlichkeit, dass sich die Isolierung desjenigen, der die Belästigung verursacht, verschlimmert, wodurch die Wahrscheinlichkeit, dass alles außer Kontrolle gerät, nur noch größer wird. Es kommt sehr häufig vor, dass jemand, der Belästigung verursacht, sein Verhalten letztendlich mit der Räumung der Wohnung bezahlen muss. Übrigens sei hier betont, dass Belästigung zu einem der größten Probleme im Bereich Wohnen gehört und dass die meiste Belästigung überwiegend zwischen so genannten ‚normalen Bürgern' geschieht. Außerdem melden Menschen mit psychiatrischer Problematik ebenfalls regelmäßig Belästigung; sie sind genauso Opfer.

Das Projekt ‚Wohnen und Psychiatrie' – Die *Wegbereiterin* des *Kwartiermakens* begann damit, diejenigen zu besuchen, die an dem Projekt interessiert waren. Dies waren die Wohnungsbaugesellschaften, die Verantwortlichen des Wohnungsamtes der Gemeinde, das Gesundheitsamt, die häusliche Pflege, die Stadt(teil)polizei und das Casemanagement-Projekt der psychosozialen Institutionen. In den vorausgehenden Gesprächen mit Betroffenen und der regelmäßigen *Kaffeerunde* hatte die Wohnproblematik regelmäßig auf der Tagesordnung gestanden.[96] Aufgrund des auch in anderen Gemeinden erworbenen Wissens wurde ein Bericht angefertigt, in dem eine *Sorge(n)anlaufstelle* gefordert wurde. Diese Anlaufstelle ist letztendlich nicht zustande gekommen, aber schon die damit beabsichtigte fürsorgliche Annäherung an komplexe Situationen. Kurz gesagt: die Arbeitsweise des *Abweichenden Wohnens* wurde gestärkt, und es wurde eine ‚Politik der zweiten Chance' für Menschen organisiert, denen eine Hausräumung drohte. Da der genannte Bericht *Sorge(n)anlaufstelle* gut zeigt, worum es uns ging und geht, und weil die Zielsetzung geblieben ist – nur die Instrumente wurden verändert –, ist im Folgenden ein wichtiger Teil des Berichts übernommen.

Eine Sorge(n)anlaufstelle – Das Projekt *Kwartiermaken* arbeitet an der Schaffung von Möglichkeiten, die soziale Integration von Psychiatrie-Erfahrenen zu fördern. Für soziale Integration und gesellschaftliche Teilnahme ist gesellschaftliche Einbindung der Zielgruppe eine erste Voraus-

---

96 Das geschah auf unterschiedliche Art und Weise, z.B. anhand des Films *Mijn buurman is gek* (dt.: *Mein Nachbar ist verrückt*).

setzung. Manchmal gibt es dieses Engagement schon, aber im negativen Sinn. Vor allem in der Wohnumgebung können schlechte Erfahrungen mit der Zielgruppe zu Stigmatisierung und Ausgrenzung führen. Das Ziel einer Sorge(n)anlaufstelle ist es, eine fürsorgliche Annäherung an komplexe Situationen zu ermöglichen, bei denen es um (drohende) Belästigung geht.

Die fürsorgliche Annäherung ist durch Engagement gekennzeichnet, und zwar Engagement aller, die mit den komplexen Situationen zu tun haben. Was wir unter fürsorglicher Annäherung verstehen, wird von der amerikanischen Professorin für Politikwissenschaften und Koordinatorin für Frauenstudien Joan C. Tronto (1993) gut in Worte gefasst. Sie spricht über vier Phasen im Prozess der Sorge:

1) sich sorgen um (*caring about*): die Erkenntnis, dass Sorge notwendig ist, dass es ein Bedürfnis gibt, dem entgegengekommen werden muss, dass Aufmerksamkeit für dieses Bedürfnis existiert;
2) sorgen für (*caring for*): die Verantwortung übernehmen, um diesem Bedürfnis entgegenzukommen;
3) sich um die Sorge kümmern (*care giving*): die praktische Gewährleistung von Sorge; kompetent sein, um die richtige Sorge zu gewährleisten;
4) Sorge annehmen (*care receiving*): kontrollieren, ob die Sorge so gewährt wird, dass sie auch angenommen werden kann, und zwar auf eine solche Weise, dass sich derjenige, der die Versorgung empfängt, auch respektiert fühlt.

Wie kann eine Sorge(n)anlaufstelle diese fürsorgliche Annäherung erleichtern?

1) Die Sorge(n)anlaufstelle mobilisiert und belohnt die Aufmerksamkeit für solche Situationen; damit versucht sie, Situationen extremer Belästigung zu verhindern.
2) Die Sorge(n)anlaufstelle schafft Möglichkeiten für das gemeinsame Tragen von Verantwortung, um in komplexen Situationen Sorge zu gewährleisten.
3) Die Sorge(n)anlaufstelle koordiniert die konkrete Sorgegewährleistung in komplexen Situationen.

4) Bei der Sorge(n)anlaufstelle besteht in allen Prozessphasen (einschließlich der Evaluationsphase) Aufmerksamkeit für alle an dem Problem beteiligten Parteien.

Warum eine Sorge(n)anlaufstelle?

1) Meldungen über Belästigung treffen oft bei der Polizei ein. Die Polizei sagt, dass sie, wenn sie eine psychiatrische Problematik vermutet, oft nicht weiß, ob sie versuchen soll, jemanden psychiatrisch aufnehmen zu lassen oder eben nicht: „Kommt er nun aus der Psychiatrie oder muss er dort gerade hin?" Belästigung zu verursachen ist kein strafbarer Tatbestand, demnach ist der juristische Weg keine Lösung. Die Polizei hat deshalb einen Nutzen davon, mit anderen Institutionen zusammenzuarbeiten, um Lösungen zu finden. Dasselbe gilt für die Wohnungsbaugesellschaften. Auch für sie ist die Belästigung schwer zu handhaben.

2) Während die Polizei und die Wohnungsbaugesellschaften oft mit den Nachbarn der ‚Verursacher der Belästigung' konfrontiert werden, haben die Mitarbeiter in den psychosozialen Institutionen in erster Linie mit den ‚Verursachern' zu tun. Sie sind der Situation der zerstörten Beziehungen mit der Umgebung ebenso wenig gewachsen.

3) Die Nachbarschaft muss ihre Besorgnis und/oder ihre Klagen über die Situation in der Wohnumgebung, wenn sie mit Belästigung oder mit ‚merkwürdigem' Verhalten konfrontiert wird, irgendwo vorbringen können. Es ist wichtig, einer Situation vorzubeugen, in der die Belästigung den Nachbarn zu viel wird. Aus der Perspektive des *Kwartiermakens* ist das besonders wichtig, weil andernfalls die Tragfähigkeit von Nachbarschaft überfordert wird. Wenn Psychiatrie-Erfahrene (immer) mit Problemen assoziiert werden, die nicht lösbar sind und über die nicht kommuniziert werden kann, ist das schlecht.

4) Der ‚Verursacher der Belästigung' befindet sich in vielen Fällen in einer isolierten Situation. Am Ende der Kette scheint es mitunter die einzige Lösung zu sein, dass die Wohnung geräumt werden muss. Es ist Zweck einer Sorge(n)anlaufstelle, es nicht so weit kommen zu lassen, um einen Prozess sozialer Integration statt sozialer Ausgrenzung in Gang zu bringen bzw. in Gang zu halten.

In dieser Situation muss man sich aufeinander verlassen können; ein gemeinschaftliches Herangehen ist das Ziel.

Zusammenfassend soll eine Sorge(n)anlaufstelle
- die Möglichkeiten vergrößern, in Situationen, in denen man von Belästigung und/oder komplexer Problematik spricht, zu Lösungen zu kommen, die mit allen Beteiligten abgestimmt sind und
- die Toleranz in der Wohnumgebung für Menschen fördern, die anders sind bzw. sich anders verhalten.

Überlegungen zur Organisation einer Sorge(n)anlaufstelle – In der Art und Weise, wie eine solche Sorge(n)anlaufstelle organisiert ist, gibt es große Unterschiede. Trotz der Unterschiede haben alle Sorge(n)anlaufstellen folgende Eigenschaften:

a) eine Adresse, an die man sich bei Belästigung oder angesichts einer Besorgnis erregenden Situation wenden kann;[97]
b) Koordination der Sorgeleistungen;[98]
c) eine Signalfunktion.[99]
Die wichtigste Investition für eine Sorge(n)anlaufstelle ist die Finanzierung einer Koordinationsstelle.

Nach zwei gut besuchten Wohnkonferenzen mit allen betroffenen Parteien, einschließlich einer Vertretung der Klienten, versuchte die *Wegbereiterin* eine Vorgehensweise zu finden, die genau auf die Problembereiche in Zoetermeer zugeschnitten ist. Ihre Teilnahme am bereits bestehenden Arbeitskreis *Deviant Wonen* war von ausschlaggebender Bedeutung, um die fürsorgliche Vorgehensweise in den komplexen Situationen zu verbessern und einen neuen Impuls zu geben. Als Schlussteil der sorgebietenden Vorgehensweise funktioniert seit dem Frühjahr 2000 das ‚Programm der zweiten Chance'. Menschen, denen aufgrund psychiatrischer Problematik wegen Belästigung oder wegen Mietschulden gedroht wird, dass sie ihre Wohnung räumen müssen, bekommen dank dieses Programms – unter bestimmten Voraussetzungen – eine zweite Chance. In diesem Rahmen gibt es im *GGD*[100] und bei den Institutionen für betreutes Wohnen jeweils zwei Teilzeitangestellte, die von der Gemeinde und den Wohnungsbaugesellschaften finanziert werden.

7 Beteiligte Bürger

97 Eine Art Meldestelle: in akuten Situationen kontaktiert die Meldestelle die Polizei und den Gesundheitsdienst, die dann zusammen dorthin gehen. In Amsterdam (im Stadtteil Westerpark) besteht ein wichtiges Element des Ansatzes darin, dass eine Rückmeldung zu demjenigen, der den betreffenden Vorfall meldete, erfolgt. In Rotterdam (Sorgenetzwerk „Oude Noorden") können Bewohner nur indirekt, d.h. über eine Wohnungsbaugesellschaft, eine Belästigung melden. Eine sorgfältige Rückmeldung erscheint bei dieser Herangehensweise weniger garantiert zu sein. Wichtige Fragen, die mit der Organisation zusammenhängen, sind: „Wo sollen die Meldungen ankommen?" „Bei einer besonderen Meldestelle oder bei den Wohnungsbaugesellschaften oder bei der Polizei?" „Wie sieht die Vorgehensweise in akuten Situationen aus?" „Wie sieht die Rückkopplung zu den Umwohnenden (diejenigen, die sich gemeldet oder die geklagt haben) aus?"

98 In den Niederlanden gehören viele Organisationen und Institutionen zu einem Sorgenetzwerk. Aus diesem Grund gibt es häufig einen Unterschied zwischen einer so genannten Kerngruppe und einer Reihe von Organisationen, die in einem geringen Abstand zur Kerngruppe funktionieren. Oftmals sind die Polizei und die Gesundheitsbehörde Teil der Kerngruppe, weil diese in akuten Situationen meistens zu Hilfe gerufen werden. Casemanagementprojekte und Beratungsbüros für Alkohol und Drogen (*CAD*) gehören oft dazu, weil in vielen Fällen Psychiatrie und Abhängigkeit eine Rolle spielen. Andere Organisationen, die Bestandteil der Kerngruppe sein können, sind Wohnungsbaugesellschaften, spezialisierte Familienfürsorge und ambulante Wohnbetreuung, weil sie in komplexen Situationen für längere Zeit ein passendes Angebot machen können. In enger Zusammenarbeit mit der ‚Kerngruppe' agieren Organisationen des psychiatrischen Versorgungssystems, die Sozialämter, das Ministerium für soziale Angelegenheiten u.s.w.

Ob ein Sorge(n)netzwerk funktioniert, hängt eng mit dem Ausmaß zusammen, mit dem man sich tatsächlich aufeinander verlassen kann, oder inwieweit man Kettenvereinbarungen treffen kann. Bei Kettenvereinbarungen geht es darum, dass man sich ohne offizielle Vorgänge gegenseitig Dienste anbietet, um zu einem bestimmten Augenblick Lösungen zu finden. Bei vielen Versorgungsnetzwerken wird ein Koordinator eingestellt, der die Übersicht im Fortgang des Prozesses im Auge behält. Das kann er natürlich nur, wenn er dazu die Mittel und die Befugnisse besitzt.

Zusammenfassend handelt es sich bei einem Sorge(n)netzwerk um die folgenden Fragen: – welche Organisationen gehören zum Sorge(n)netzwerk? – welche Organisationen gehören zur Kerngruppe? – welche Organisationen agieren in enger Abstimmung damit? – welche Absprachen werden getroffen, um sich bei bestimmten Fällen wirklich aufeinander verlassen zu können? – wer übernimmt die Koordination im Sorgeprozess?

99 Wenn man die Probleme, die gemeldet werden, und die im Sorgeprozess auftretenden Schwierigkeiten systematisch notiert, bekommen Organisationen und Gemeinden eine Handreichung für eine Politik auf verschiedenen Gebieten. Immer noch werden besorgniserregende Situationen und Ärgernisse als Vorfälle behandelt. Dieses behindert die Sicht auf den Umfang und die Art der Problematik. Kümmern sich die Koordinatoren auch um entsprechende politische Initiaativen. Bei vielen Sorge(n)anlaufstellen kümmern sich die Koordinatoren auch um entsprechende politische Initiativen.

100 *Gemeentelijke Gezondheidsdienst* – dt. *Gesundheitsamt der Gemeinde*

Die Sorge(n)anlaufstelle kann als ein Beispiel einer Infrastruktur betrachtet werden, die Bürgern hilft, mit dem Widerstreit zu leben. Sie schenkt dem Anderssein des ‚Patienten als Bürger' sowie der Position der Mitbürger Anerkennung. Sie will zu Engagement einladen und das Zusammenleben unterstützen. Weniger Bürokratie führt zu mehr Bürgerinitiative, schienen viele Politiker in den achtziger Jahren zu denken. Suggeriert wird, dass sich der formelle und der informelle Sektor gegenseitig vertreten (können) sollen. Der Sozialstaat führe zu Gleichgültigkeit der Bürger. Mit dem gleichen Recht scheint eher das Gegenteil behauptet werden zu können. Aktivitäten in einem Bereich sind gerade oft mit denen in einem anderen verbunden; sie bilden eher eine gegenseitige Voraussetzung. Die ‚formelle Solidarität', die über den Staat sozusagen erzwungen wird, muss die informelle Solidarität zwischen Bürgern nicht untergraben. Im Gegenteil, eine gute Infrastruktur kann Bürger dazu anregen, sich füreinander zu öffnen und miteinander Verbindungen einzugehen. Eine zuhörende, antwortende und reagierende Behörde ermutigt den Bürger mehr, dasselbe zu tun, als eine Behörde, die ihre Bürger im Stich lässt. Das hat nicht nur damit zu tun, ein gutes Vorbild abzugeben, sondern auch mit der Erfahrung, „es nicht allein machen zu müssen" (Burgers, 2000).

Konkret ausgedrückt: Man kann als Projekt *Kwartiermaken* schlecht mit Aufrufen zu aktiver Toleranz und Engagement für Menschen, die ‚anders' sind, auftreten, wenn die Bürger sich bei Problemen von der sozialen Versorgung, von der Polizei oder von den Wohnungsbaugesellschaften im Stich gelassen fühlen. Das gilt auch für die gesellschaftlichen Organisationen untereinander: Die Wohnungsbaugesellschaft würde motivierter nach fürsorglichen Lösungen für ‚lästige' oder ‚schwierige' Mieter suchen, wenn sie wüsste, dass sie von den Organisationen unterstützt wird, und umgekehrt. Dasselbe gilt auch für die Polizei.

Ansprechende Bürgerschaft – Im Jahr 2000 veröffentlichte der *Raad voor Maatschappelijke Ontwikkeling*[101] das Gutachten *Ansprechende Bürgerschaft*. Hintergrund des Gutachtens war die Feststellung der Regierung, dass einige Gruppen von Bürgern nicht so viele Chancen sehen, sich ‚als Bürger' zu beteiligen. Wenn man das auf den Kontext dieses Kapitels überträgt, scheint die Regierung daran interessiert zu

---

101 Dt.: *Rat für gesellschaftliche Entwicklung*

7 Beteiligte Bürger

sein, Möglichkeiten der Bürgerschaft für verletzliche Gruppen zu schaffen.[102] Das Gutachten richtet sich vor allem auf die Frage, *wie individuelles Verantwortungsbewusstsein durch öffentliche Einrichtungen gefördert werden kann*. Welche Bürger hier angeregt werden sollen, Verantwortung zu übernehmen, bleibt diffus. Kurz gesagt: Der Rat kommt zu der Schlussfolgerung, dass insbesondere eine homogene Umgebung zu verantwortungsvollem Verhalten einlädt. Menschen können sich einfacher mit einer homogenen Umgebung identifizieren; dadurch werden sie verantwortungsbewusster.[103] Die Vorstellung, dass heterogene Wohngebiete die Emanzipation von unterprivilegierten Menschen fördern sollen, weist der Rat von der Hand. Menschen mit ungleichen (sprich: weniger) Möglichkeiten müssen besonders ungleiche (sprich: mehr) Chancen geboten werden. Letzteres wird durch das *Kwartiermaken* auch bezweckt, doch mit einem homogenen Wohngebiet hat dieses meiner Meinung nach nicht viel zu tun. Die Möglichkeit zur Identifikation bildet in der Tat eine einfache Bedingung zur Übernahme von Verantwortung, aber, wie ich bereits gezeigt habe, ist diese Übernahme von Verantwortung gerade dann wichtig, wenn man sich nicht so unvermittelt mit dem Anderen identifizieren kann. Wenn der Rat meint, dass gerade die weniger selbsthilfefähigen Menschen in bekannten und vertrauten Umgebungen ihre Fragen und Bedürfnisse artikulieren und den eigenen Beitrag zur Geltung kommen lassen können, lässt die Regierung sie vollkommen im Ungewissen, wo die Umgebung für *verletzliche* Menschen zu finden sein sollte. Oder meint der Rat die bekannten Gebiete am Rand? In einer homogenen Umgebung weichen Menschen nun einmal eher ab als in einer heterogenen Umgebung, in der die Normen unterschiedlich sind. Hier rächen sich der undeutliche Fokus des Rates und die vage Fragestellung der Regierung.

Die Frage ist gerechtfertigt, ob der Rat mit dem Konzept der *Ansprechenden Bürgerschaft* nicht die Interessen von bereits privilegierten Gruppen verteidigt: Ob die ‚natürliche Selektion' nicht das Recht einiger, nicht gestört zu werden, unterstützt und ob nicht die größten Lasten den weniger Leistungsfähigen aufgebürdet werden. Der Rat trifft nicht genug Unterscheidungen.

---

102 Im Vorwort wurde der Rat gebeten, Möglichkeiten zu erörtern, die „die Position des Bürgers als Konsument und gesellschaftlichen Teilnehmer" stärken.
103 „Es zeigt die Bereitschaft von Bürgern, ihre Wohnumgebung zu schützen" (*RMO*, 2000, S. 44).

Während der Rat die Vitalität in der Homogenität sucht, ist beim *Kwartiermaken* gerade die heterogene Sphäre von Bedeutung. Diese wird noch durch eine Infrastruktur ergänzt, die als Unterstützung und Sicherheitsnetz fungiert. Obwohl oft das Gegenteil behauptet wird, bleibt die direkte Lebensumgebung für den Menschen wesentlich (RMO, 2000; Burgers, 2000; Goethals, 2000). Es soll gefördert werden, dass die Anzahl und Qualität örtlicher Einrichtungen auf dem bestehenden Niveau bleibt, dass Sicherheit und Gastfreundschaft garantiert werden und der öffentliche Raum seine Zugänglichkeit beibehält. Gerade aus diesen Gründen muss für ein möglichst differenziertes Wohnmilieu gesorgt werden, auch im Hinblick auf die sozialen Hintergründe der Bewohner. Nicht, um lokale Gemeinschaften zu schaffen, sondern um mittels reichhaltiger Vielfalt die Vitalität in Nachbarschaften zu verstärken und Gefühlen der Desintegration entgegenzuwirken, gerade weil diese eine Auswirkung auf die Integrationsfähigkeiten einer Nachbarschaft haben (Burgers, 2000).

Eine gute Art und Weise, Vorurteile abzubauen, besteht darin, Menschen in einer ‚natürlichen' Umgebung miteinander in direkten Kontakt zu bringen. Integration bekommt so eine neue Chance: Die meisten Menschen neigen dazu, die meisten Verrückten für verrückter zu halten, als sie sind; durch einen direkten Kontakt wird diese Neigung zum Vorteil der Verrückten korrigiert. Zugleich muss man zugestehen, dass man den negativen Vorurteilen große Chancen einräumt, wenn man die Verrückten aus den ‚normalen' Kreisen entfernt. In Geel (Belgien) ist man davon überzeugt, dass ein Zusammenleben mit Verrückten möglich ist, ungefährlich, nicht ansteckend, und alles zusammen genommen, viel weniger schlimm, als naive unerfahrene Außenstehende denken. In Geel hat man es erfolgreich geschafft, so zusammenzuleben, dass es für die meisten, die damit zu tun haben, akzeptabel ist. Es gibt im Übrigen niemanden in Geel, der meint, dass es bei den Bewohnern keine Probleme gibt: die psychiatrische Problematik ist und bleibt erkennbar. Die Normalität in Geel schließt jedoch nicht aus, sondern sie schließt ein: sie wird geboten als Möglichkeit und als Einladung. Das funktioniert gut: viele Bewohner wollen gern ‚normale' Menschen treffen (Roosens, 1977 und 2001).

7.6 Eine beteiligte Gesellschaft

Wie kann eine Gesellschaft als eine beteiligte Gesellschaft gedeihen? Nicht als eine Gesellschaft, in der man, gequält durch das Pflichtbewusstsein und die Selbstaufopferung, die Bürgerschaft erfüllt. Eher als eine Gesellschaft, in der man Bürgerschaft als „die persönliche Suche nach dem erfährt, was im eigenen Leben zu existentieller Qualität beiträgt, durch beteiligte Formen der Verbindung mit anderen und mit den Realitäten der menschlichen Existenz" (Kunnemann, 1999, S. 122).

Wie könnte die Obrigkeit zu einer derartig beteiligten Bürgerschaft anregen und beitragen? Bovens und Hemerijk (1996) weisen darauf hin, dass die Behörden ihre normativen Bestrebungen an soziale Einbettungen knüpfen müssten. Die Moral sollte sich in konkreten Maßnahmen widerspiegeln. Wenn die Obrigkeit eine Bewegung vom Patienten zum Bürger ermöglichen will – worauf die Politik der Vergesellschaftlichung abzielt –, dann wird die Politik unterstützt werden müssen, z.B. durch soziale Vorschriften in Bezug auf die Arbeitsintegration der Menschen mit Behinderungen oder durch eine ‚fürsorgliche' Unternehmenskultur, auch bei der Obrigkeit selbst, die Raum für ‚anders Leistende' schafft; oder durch eine gute Ausstattung der Sozial- und Aufbauarbeit mit gastlichen und unterstützenden Begegnungsstätten. Die Psychiatrie könnte dazu angeleitet werden, Bilder oder Metaphern entstehen zu lassen, die den Prozess der Integration fördern; sie sollte motiviert werden, den Fokus von der reinen Machbarkeit auf die *Präsenz* zu verschieben. Der Staat sollte einem Modell der Bürgerschaft Vorrang geben, in dem nicht die bezahlte Arbeit dominiert. Er sollte Sorge und ehrenamtliche Arbeit würdigen, indem sie sichtbarer gemacht und besser ermöglicht werden. Er sollte Arbeit, nicht nur *wenn* sie bezahlt wird, nützlich nennen. Er sollte die Armutsproblematik ernst nehmen und die Reichen nicht außen vor lassen. *Een gevarieerde samenleving*[104] (Van Houten, 1999), in der ‚Nicht-Standardbürger' ebenso am gesellschaftlichen Verkehr teilnehmen dürfen, könnte auf diese Weise näher rücken.

In den letzten Jahren wurde in den Niederlanden viel über Bürgerschaft geschrieben. Es muss geschlussfolgert werden, dass in den Konzepten der Bürgerschaft für Menschen, die anders sind, nur wenig Raum ist.

---

104 Dt.: *Eine vielgestaltige Gesellschaft*

Die meisten Autoren, die über die Bürgerschaft schrieben, beeilten sich klarzustellen, dass es nicht so viele Gründe für den von anderen wahrgenommenen Kulturpessimismus gibt. Es mangele den Bürgern gar nicht so sehr an Gemeinschaftssinn und Verantwortungsgefühl; es werde noch immer viel ehrenamtliche Arbeit geleistet. Die Diskussion über Bürgerschaft spiegelt nicht die Komplexität der Entwicklung ‚vom Patienten zum Bürger' wider. Probleme hinsichtlich der Verletzlichkeit werden geleugnet oder beiseite gestellt.

Von der *Sorgeethik* wird ein entscheidender Beitrag geliefert: Dem Wert *Sorge* wird im Konzept der Bürgerschaft eine zentrale Stelle zuerkannt, und auch auf der Ebene des Staates soll der Wert verankert werden. Damit wird Raum für sowohl eine verletzliche als auch für eine sich sorgende Bürgerschaft geschaffen, und so steht nicht mehr nur die Leistung im Vordergrund. Anders gesagt: Der im Prozess vom Patienten zum Bürger gegebene Widerstreit bekommt in diesem Konzept einen Raum. Die Fürsorglichkeit betrifft überdies nicht nur die Bürger, sondern auch die Strukturen: Sorge als tägliche soziale Praxis an verschiedenen Stellen. Und das wiederum bietet der Fürsorglichkeit der Bürger untereinander eine größere Basis.

Doch damit ist noch nicht alles gesagt. Die Frage, wie Hilfsbereitschaft, wie träge Fragen innerhalb der ständig schneller werdenden Gesellschaft interpretiert werden sollen, ist nicht einfach zu beantworten. Vielleicht liegt der hauptsächliche Nutzen in der Erkennung der Probleme, der Benennung des Widerstreits und der Akzeptanz der Dringlichkeit, träge Fragen zu vergegenwärtigen, oder sie gerade in den Mittelpunkt des Schnellerwerdens zu rücken. Die Wiederherstellung der Wechselseitigkeit betrifft nicht nur die Bürger untereinander, sondern auch die verschiedenen Kreise, die langsamen und die schnellen.

Ich habe versucht, Hinweise zu geben, um den Widerstreit handhabbar zu machen und um das Arbeiten mit Misslichkeit, Belästigung und Überbelastung auf der Grenze zwischen ‚verrückt' und ‚normal' bewältigen zu können, in der Überzeugung, dass das Leben damit vor allem an existenzieller Qualität gewinnen kann.

Herr Weber leidet bei seiner Arbeit auf der Post unter paranoiden Ängsten und verspürt das Verlangen nach Sicherheit und einem Gesprächspartner, der die Angstdimension nachempfinden kann. Mit der emotionalen Dimension konnte jedoch niemand umgehen. Er sagt: „Eine normale Person oder ein Freund würde doch sagen: ‚Es sieht so aus, als hättest du Angst. Was ist denn los mit dir?' Aber so haben sie nicht reagiert. Sie verhielten sich nach wie vor sachlich. Und das tut einem in der Seele weh. Für mich ist eine gute Freundschaft eigentlich eine Voraussetzung, wieder in einem Betrieb arbeiten zu können, da ich sonst in bestimmten emotionalen Dingen nicht mehr weiterweiß. Doch das Problem ist, dass der Mensch auf irgendeine Art und Weise eindimensional geworden ist, weil er in der Arbeitswelt funktionieren muss. Und genau das Eindimensionale, das können Psychotiker nicht ertragen" (Bock, 1999, S. 226-232).

Ausblick

Seit dem Erscheinen dieses Buches und einer gut besuchten Konferenz zum *Kwartiermaken* (2001) erregten Idee und Konzept des *Kwartiermaken* in den Niederlanden viel Aufmerksamkeit, u.a. erschien bald eine zweite Auflage, es folgten viele Einladungen zu Vorträgen, Gastseminaren, Workshops und zur Publikation von Teilaspekten.

In verschiedenen Gemeinden arbeiten *Kwartiermaker* und an vielen Orten fassen Arbeitnehmer ihre Aufgabe als *Kwartiermaken* auf.

In Haarlem, Tilburg und Amsterdam wurden und werden des Öfteren *Kwartiermakersfestivals* organisiert. Das sind kulturelle Festivals, bei denen Psychiatrie-Erfahrene eine zentrale Rolle spielen.

Im Frühjahr 2005 fand eine nationale Manifestation *Kwartiermaken* mit Kunst und Symposien in Utrecht statt, an der mehr als 600 Menschen mit und ohne Psychiatrie-Erfahrung teilnahmen. Sowohl Klienten, Familienangehörige und Mitarbeiter in der Seelsorge, in Kirchengemeinden und Moscheen fühlten sich von den Ideen des *Kwartiermaken* angesprochen. Die Arbeit der gesellschaftlichen Hilfe-Systeme in den Niederlanden zugunsten einer sozialen Integration und gesellschaftlichen Partizipation kann man sich ohne *Kwartiermaken* kaum noch vorstellen.

In ihrem Bericht hat die Taskforce „Vergesellschaftlichung in der psychosozialen Versorgung" ein Plädoyer für *Kwartiermaken* gehalten, und im Zukunftsdokument der Dachorgansiation der Institutionen in der psychosozialen Versorgung in den Niederlanden (GGZ Nederland) wurde festgelegt, dass man sich verstärkt für eine Beteiligung der Patienten an der Gesellschaft einsetzen und *kwartiermaken* will.

Im Rahmen des *Kwartiermaken* und auch unabhängig davon sind seit dem ersten *Kwartiermakenprojekt* in Amsterdam Anfang der 90er Jahre ca. 60 Freundschaftsdienste entstanden, die zusammen ungefähr 2000 Menschen mit Psychiatrie-Erfahrung und Menschen ohne Psychiatrie-Erfahrung miteinander in Kontakt bringen (vgl. Kapitel 6).

An verschiedenen Orten finden *Multilog*-Treffen statt (vgl. Kapitel 4), manchmal unter einem anderen Namen.
    Einige „Krisenmeldestellen" wurden zu Sorge(n)anlaufstellen (vgl. Kapitel 7), wobei eine fürsorgliche Haltung mit dem Ziel der Integration eine ausstoßende Einstellung verdrängt.
    Die Präsenzherangehensweise (vgl. Kapitel 5 und 6) spricht auch durch das Buch von Andries Baart (2001) sehr viele Menschen an, die mit Menschen arbeiten.

All das sind ermutigende Gründe, den in diesem Buch beschriebenen Weg engagiert weiterzugehen.

Literatur

Die Literaturangaben wurden im Vergleich zur Originalausgabe gekürzt und, wenn möglich, auf ein deutschsprachiges Lesepublikum zugeschnitten.

Abma, Tineke A. (1996) Responsief evalueren. Discoursen, controversen en allianties in het postmoderne, Delft: Eburon

Amering, Michaela, H. Hofer, I. Rath (1998) Trialog. Ein Erfahrungsbericht nach zwei Jahren „Erster Wiener Trialog", sowie

Amering, Michaela, E. Denk, H. Griengl (1998) Wer braucht wann was wo? – Die Person im Zentrum der helfenden Bemühungen, beide in: Ullrich Meise, Friederike Hafner, Hartmann Hinterhuber (Hg.): Gemeindepsychiatrie in Österreich. Innsbruck: Verlag Integrative Psychiatrie

Amering, Michaela (2000) ‚Er zijn' – behoefte aan ondersteuning, in: Marius A.J. Romme (Hg.) Anders omgaan met psychose, congresverslag, Maastricht (Übersetzung Rinie Rongen) S. 53-58

Arends, Jan (1972) Keefman, Amsterdam: De bezige Bij

Baars, Jan und Doortje Kal (Hg.) (1995) Het uitzicht van Sisyphus. Maatschappelijke contexten van geestelijke (on)gezondheid, Groningen: Wolters Noordhoff

Baart, Andries (Hg.) (1996) Sociale Interventie 3. Themanummer over normatieve professionaliteit, Meppel: Boomtijdschriften

Baart, Andries (2001) Een theorie van de presentie, Utrecht: Lemma

Baart, Andries (2003) Über die präsentische Herangehensweise, www.presentie.nl/artikelen

Baart, Ingrid (1996) De strijd om het zelfbeeld, in: Agnes van Wijnen, Yolan Koster und Arko Oderwald (Hg.), Trots en treurnis. Gehandicapt in Nederland, Amsterdam: Babylon De Geus Gehandicaptenraad, S. 40-50

Barham, Peter und Robert Hayward (1991) From the mental patient to the person, Londen/New York: Tavistock/Routledge

Barham, Peter (1994) Psychosocial Predicament of the Mental Patient in Modern Society, Artikel, präsentiert auf dem Symposium Understanding of Mental Illness and dealing with the mentally ill in Western Cultures, Berlin, 4. Juni 1994

Bauduin, Dorine (2000) Respect, in: Jacques Graste und Dorine Bauduin (Hg.) Waardenvol werk. Ethiek in de geestelijke gezondheidszorg, Assen: Van Gorcum, S. 32-46

Bauman, Zygmunt (2002) Community. Seeking safety in an insecure world, Cambridge: Polity

Baycılı, Sevtap (1998) De Markov-keten, Breda: De Geus

Bennett, Douglas (1997) Epiloog. De sluiting van APZ'en in Engeland. De weg naar burgerzorg, in: Detlef Petry und Marius Nuy, De ontmaskering. De

terugkeer van het eigen gelaat van mensen met chronisch psychische beperkingen, Utrecht: SWP, S. 187-190
Betgem, Paul (2000) Werkstress en burnout bij verpleegkundigen in de psychiatrie. Een onderzoek naar de invloed van persoonlijke factoren en organisatiekenmerken, Nijmegen: University Press
Bock, Thomas (1999) Lichtjahre – Psychosen ohne Psychiatrie. Krankheitsverständnis und Lebensentwürfe von Menschen mit unbehandelten Psychosen, Bonn: Psychiatrie-Verlag
Bock, Thomas, Klaus Dörner und Dieter Naber (Hg.) (2004) Anstöße – Zu einer anthropologischen Psychiatrie, Bonn: Psychiatrie-Verlag
Boevink, Wilma (1998) Voorwoord, in: Frans Brinkman, Cliënten met een psychiatrische diagnose, Houten/Diegem: Bohn Stafleu Van Loghum
Bosman, Maryan (1999) Mensen onder de mensen, in: Ineke Glissenaar und Ina van Reijn (Hg.) Vriendschap op maat. Georganiseerde support door maatjes en buddy's, Utrecht: SWP, S. 117-124
Bovens, Mark und Anton Hemerijck (Hg.) (1996) Het verhaal van de moraal. Een empirisch onderzoek maar de sociale bedding van morele bindingen. Amsterdam/Meppel: Boom
Brink, Gabriël van den und Mia Duijnstee (2001) Een kwestie van kunnen. Moderne burgers en de staat van zorg, in: PON-jaarboek 2001. Voor elkaar. Zorgen in de moderne samenleving, Tilburg: PON, S. 18-52
Brons, Richard (1997) Lyotard: tussen openbaarheid en sprakeloosheid, Amsterdam: Eigenverlag
Burgers, Jacques (2000) Lokale vormen van solidariteit. Stad en buurt, in: Aafke E. Komter, Jack Burgers und Godfried Engbersen (Hg.) Het cement van de samenleving. Een verkennende studie naar solidariteit en cohesie, Amsterdam University Press, S. 61-72
Busschbach, Jooske van und Durk Wiersma (1999) Behoefte, zorg en rehabilitatie in de chronische psychiatrie. Een epidemiologische studie naar de chronisch-psychiatrische populatie in de regio noordoost en oost Groningen, naar de prevalentie en aard van hun zorgbehoefte, hun tevredenheid met de zorg en hun kwaliteit van leven, Stichting GGZ Groningen und Rijksuniversiteit Groningen
Callahan, Daniel (1990) What kind of life. The Limits of Medical Progress. New York: Simon & Schuster Inc.
Cate, Peter ten (1996) Wat te doen? Een onderzoek naar de behoefte aan rehabilitatie gericht op vrijetijdsbesteding, opleiding en werk bij mensen met langdurige psychiatrische problematiek in de regio Randstad Centrum, Utrecht: NcGv
Chamberlain, Judi (1978) On our own, New York: McGraw Hill Book Company
Chamberlain, Judi (2000) Gekte, geestesziekte en werkelijkheid, in: Marius A.J. Romme (Hg.) Anders omgaan met psychose, Maastricht, Kongressbericht, S. 19-24

Coleman, Ron (1999) Recovery, an Alien Concept, Dundee: P&P press
Coleman, Ron (2000) Eigen keuzen – stappen op weg naar herstel, in: Marius A.J. Romme (Hg.) Anders omgaan met psychose, Maastricht, Kongressbericht (Übers. Sandra Escher), S. 39-43
Consensusdocument (1997) Minimumvoorwaarden voor de Behandeling van Schizofrenie (1996), Tijdschrift voor Psychiatrie 1, S. 68-69
Daal, Henk Jan van (2000) Vrijwilligerswerk en overheid. Een veelbelovende relatie? in: Roelof P. Hortulanus und Anja Machielse, Wie is mijn naaste? (Het Sociaal Debatz) 's-Gravenhage: Elsevier, S. 97-110
Deegan, Patricia (1993) Recovery, The Journal of Psychosocial Nursing 31
Derrida, Jacques (1991) Gesetzeskraft. Der „mystische Grund der Autorität", Frankfurt am Main: Suhrkamp
Derrida, Jacques (2001) Von der Gastfreundschaft, Wien: Passagen-Verlag
Dongen, Els van (1994) Zwervers, knutselaars, strategen. Gesprekken met psychotische mensen, Amsterdam: Thesis Publishers
Dreier, Ole (1999) Personal trajectories of participation across contexts of social practice. Outlines 1, S. 5-32
Driessen, Annelies, Geesje Tomassen und Maryan Bosman (1999) Maatjesprojecten, Maandblad Geestelijke volksgezondheid 7/8, S. 753-758
Droës, Jos und Jaap van Weeghel (1994) Perspectieven van psychiatrische rehabilitatie, Maandblad Geestelijke volksgezondheid 8, S. 795-810
Dufourmantelle, Anne (2001) Eine Einladung, in: Jacques Derrida, Von der Gastfreundschaft, Wien: Passagen-Verlag
Duyndam, Joachim (1997) Denken, passie en compassie. Tijdreizen naar gemeenschap, Kampen: Kok Agora
Duyndam, Joachim (1999) De vriendschap van maatjes, Markant. Tijdschrift voor maatschappelijke activering 1, S. 7-17
Duyvendak, Jan Willem (1996) De constructie van de andragologie versus de waarheid van zelfkennis, Krisis. Tijdschrift voor filosofie 63, S. 38-49
Edelwich, J. und A. Brodsky (1980) Burn-out. Stages of desillusionment in the helping professions, New York: Human Services Press
Ende, Tonja van den (1999) In levende lijven. Identiteit, lichamelijkheid en verschil in het werk van Luce Irigaray, Leende: Damon
Engbersen, Godfried (2000) Solidariteit, kwetsbare groepen en verzorgingsstaat, in: Aafke Komter, Jack Burgers und Godfried Engbersen (Hg.) Het cement van de samenleving. Een verkennende studie over solidariteit en cohesie, Amsterdam University Press, S. 45-60
Escher, Sandra und Marius Romme (2003) Stimmenhören akzeptieren, Berlin: Neunplus1-Verlag
Estroff, Sue (1989) Self, Identity and subjective Experiences, Schizophrenia Bulletin, 2, S. 189-196
Fennis, Joop (1975) Het vuile schort. Bedenkingen over Zwakzinnigenzorg, Nijmegen: Dekker en Van de Vegt

Foucault, Michel (2003) Wahnsinn und Gesellschaft. Eine Geschichte des Wahns im Zeitalter der Vernunft, Frankfurt am Main: Suhrkamp

Freudenberger, Herbert J. (1974) Staff burnout. Journal of Social Issues 30, 1, S. 159-165

Gadamer, Hans-Georg (1960) Wahrheit und Methode. Grundzüge einer philosophischen Hermeneutik, Tübingen

Giel, R. (2000) Psychiatrie in sociaal perspectief. De betekenis van Trimbos, Tijdschrift voor psychiatrie 1, S. 29-33

Glissenaar, Ineke und Ina Reijn (Hg.) (1999) Vriendschap op maat. Georganiseerde support door maatjes en buddy's, Utrecht: SWP

Goethals, Ad (2000) Nimby, een keerzijde? in: Simone van de Lindt und Sonja van Rooijen (Hg.) De keerzijde van de vermaatschappelijking. Essays ter gelegenheid van het congres 'De keerzijde van de vermaatschappelijking' 10 november 2000, Landelijk Forum GGZ zus.m. GGZ-Nederland, S. 36-39

Haak, Nel van den (1999) Metafoor en filosofie. Studie naar de metaforische werking in de filosofie aan de hand van Julia Kristeva en Paul Ricoeur, Leende: Damon

Haan, Menno de, Harrie van Haaster, Eric Hoffmann, Hans van der Jagt, Jet Vesseur und Marian Vink (1997) Wat wij zoal niet doen en moeten doen. Een onderzoek naar dagbesteding van mensen met psychische of psychiatrische problemen, Amsterdam: Amsterdams Patiënten/Consumenten Platform en Instituut voor Gebruikersparticipatie en Beleid

Haaster, Harrie van (1991) Wartaal. Een onderzoek naar methoden van competentieverhoging in de geestelijke gezondheidszorg, Amsterdam: Thesis Publishers

Halsema, Annemie (1998) Dialectiek van de seksuele differentie. De filosofie van Luce Irigaray, Amsterdam: Boom

Heerikhuizen, Bart van (1997) Figuraties van zelfredzaamheid, in: Kees Schuyt (Hg.) Het sociaal tekort. Veertien sociale problemen in Nederland, Amsterdam: De Balie, S. 184-193

Herman, Judith Lewis (1993) Die Narben der Gewalt. Traumatische Erfahrungen verstehen und überwinden, München: Kindler

Hilhorst, Pieter (1996) Het ,win-win'-virus, Krisis. Tijdschrift voor filosofie 64, S. 32-34

Hoof, Frank van, Dorea Ketelaars und Jaap van Weeghel (2000) Dac in, Dac uit. Een longitudinaal onderzoek bij bezoekers van dagactiviteitencentra in de GGZ, Utrecht: Trimbos-instituut

Hoofdakker, R.H. van den (1995) De mens als speelgoed, Houten/Diegem:Bohn Stafleu Van Loghum, Utrecht/Antwerpen: Kosmos-Z&K Uitgevers

Houten, Douwe van (1999) De standaardmens voorbij. Over zorg, verzorgingsstaat en burgerschap, Maarssen: Elsevier/De Tijdstroom

Houten, Douwe van (2000) Inclusief burgerschap en sociale rechten, Tijdschrift voor Humanistiek 3, S. 7-18

Irigaray, Luce (1993) Je, tu, nous: toward a culture of difference, New York [u.a.]: Routledge
Ivens, Joris und Robert Destanque (1982) Joris Ivens ou la mémoire d'un regard
Janssen, Raf (2000) Anders omgaan met armoede. Minder armenbegeleiding, meer armoedebestrijding, in: Marius A.J. Romme (Hg.) Anders omgaan met psychose, congresverslag, Maastricht, S. 119-127
Jonge, Marlieke de (1999) VVV: Vertrouwen, Variatie en een Vangnet. Voorwaarden voor een maatschappelijke ggz, Deviant. Tijdschrift tussen psychiatrie en maatschappij 21, S. 16-18
Kal, Doortje, Dirk Jan Haitsma, Kees Onderwater, Johanne van Lelyveld und Ment Gillissen (1995) Kwartiermaken. Eindverslag van het Integratieproject (Ex)Psychiatrische patiënten, Amsterdam: Riagg centrum/oud-west
Kal, Doortje (1997) Kwetsbaarheid, instabiliteit en afhankelijkheid zijn inherent aan het menselijk bestaan. In gesprek met Selma Sevenhuijsen, Deviant. Tijdschrift tussen psychiatrie en maatschappij 12, S. 18-21
Kal, Doortje (2005) De kunst van het kwartiermaken. Verslag van een Manifestatie, in: Themenheft Passage, Tijdschrift voor Rehabilitatie, 14. Jg., Heft 3
Kal, Victor (1999) Levinas en Rosenzweig. De filosofie en de terugkeer tot de religie, Zoetermeer: Meinema
Kal, Victor (2004) Jacques Derrida and Messianity, in: Marcel Sarot und Wessel Stoker (Hg.), Religion and the good life, Assen: Van Gorcum
Komter, Aafke E., Jack Burgers und Godfried Engbersen (2000) Het cement van de samenleving. Een verkennende studie naar solidariteit en cohesie, Amsterdam University Press
Kraan, Herro (1999) Gekken kijken. Gewenste en verwenste beeldvorming over de psychiatrie. NFGV, STOOGG, Universiteit Twente
Kruiswijk, Petra, Maria Corstens und Leo Willems (1997) Een maatje op maat. Evaluatie van vrijwilligersprojecten voor mensen die met de psychiatrie in aanraking zijn geweest, Utrecht: Verwey-Jonker Instituut, Amsterdam: Vriendendienst, De Schieman
Kroon, Hans, F. van Hoof und J. Wolf, Outcomes of four years of intensive casemanagement. Lezing IIIrd ENMESH Conference, Santander, 16-5-1998
Kunneman, Harry (1993) Humanisering door individualisering, Rekenschap. Tijdschrift voor wetenschap en cultuur 2, S. 115-119
Kunneman, Harry und Hent de Vries (Hg.) (1993) Enlightenments. Encounters between critical theory and contemporary French thought, Kampen: Kok/Pharos
Kunneman, Harry (1996) Van theemutscultuur naar walkman-ego. Contouren van postmoderne individualiteit, Amsterdam: Boom
Kunneman, Harry (1998) Postmoderne moraliteit, Amsterdam: Boom
Kunneman, Harry (1999) Zelf, zorg en burgerschap. Humanisme in een nieuwe eeuw, Rekenschap. Tijdschrift voor wetenschap en cultuur, juni, S. 114-125

Kunneman, Harry (2000) Levenskunst en burgerschap in een technopolis, Socrateslezing 1999, Tijdschrift voor Humanistiek 1, S. 66-84

Laan, Geert van der (1994) Tussen cliënt en consument staat de professional, in: Laurenz Veendrick und Jacques Zeelen (Hg.) De toekomst van de sociale interventie, Groningen: Wolters-Noordhoff, S. 57-76

Lammerts, Rob und Hugo Swinnen (1998) Sociale activering en lokaal sociaal beleid - Instrumenten maar geen instrumentalisme, in: Verwey-Jonker Instituut, Dynamiek in drievoud. Onderzoek voor burgers, instellingen en overheden, Utrecht: Uitgeverij Jan van Arkel/Verwey-Jonker Instituut, S. 223-243

Lefort, Claude (1981) L'invention démocratique. Les limites de la domination totalitaire, Paris

Lessing, Doris (1984) The Diary of a Good Neighbour

Loenen, Guus van (1997) Van chronisch psychiatrische patiënt naar brave burger? Over de moraal van psychiatrische rehabilitatie. Maandblad Geestelijke volksgezondheid 7/8, S. 751-761

Lyotard, Jean-François (1989) Der Widerstreit. Übersetzt von Joseph Vogel. Mit einer Bibliographie zum Gesamtwerk Lyotards von Reinhold Clausjürgens, 2. korrig. Auflage, München: Wilhelm Fink Verlag

Mans, Inge (1995) Het gezondheidsideaal als maatschappelijke ziekte, in: Doortje Kal und Jan Baars (Hg.) Het uitzicht van Sisyphus. Maatschappelijke contexten van geestelijke (on)gezondheid, Groningen: Wolters Noordhoff, S. 85-100

Mans, Inge (1998) Zin der zotheid. Vijf eeuwen cultuurgeschiedenis van zotten, onnozelen en zwakzinnigen, Amsterdam: Bert Bakker

Mans, Inge (2000) Een zwak voor zwakzinnigen, in: Bart Lammers und Arnold Reijndorp (Hg.), Buitengewoon. Nieuwe vormen van wonen, zorg en service op IJburg, Rotterdam: Nai-uitgevers, Utrecht: NIZW, S. 28-36

Manschot, Henk (1994) Kwetsbare autonomie. Over afhankelijkheid en onafhankelijkheid in de ethiek van de zorg, in: Henk Manschot und Marian Verkerk (Hg.) Ethiek van de zorg. Een discussie, Amsterdam/Meppel: Boom

Manschot, Henk (1997) Het cement van de samenleving: een visie op zorg en sociale en onderlinge steun, 14e Wilhelmina Rouwenhorstlezing, in: B. Prinsen und A. Straathof (Hg.), Tien graden ten zuiden van de Grote Beer. Utrecht: NIZW, NVPG, UvH, S. 15-20

Meininger, Herman (1997) '...Als u zelf'. Een theologisch-ethische studie van zorg voor verstandelijk gehandicapten, Amersfoort: Vereniging 's Heeren Loo

Milders, Charles F.A. (1997) Het raadsel schizofrenie tussen tragiek en ironie, in: Jan M. Broekman, Charles F.A. Milders, Willem van Tilburg, Aart J.A. van Zoest (Hg.) Schizofrenie. Het raadsel opgelost? Leuven: Peeters, S. 29-62

Mölders, Heinz, Fijgje de Boer und Jan Teunissen (1997) Communicatie over psychisch lijden. Een intersubjectieve benadering van psychosen, Deviant. Tijdschrift tussen psychiatrie en maatschappij 15, S. 8-11

Mölders, Heinz (2001) The process of developing an improved understanding. Experiences with a communication project on mental suffering, in: Ben Boog, Harrie Coenen, Lou Keune (Hg.) Action Research: Empowerment and reflection, Tilburg: Dutch University Press, S. 149-177

Mölders, Heinz (2004) Multilog – Verständigung über (psychisches) Leiden im/am Alltagsleben, in: Jürgen Bombosch, Hartwig Hansen und Jürgen Blume (Hg.) Trialog praktisch. Psychiatrie-Erfahrene, Angehörige und Professionelle gemeinsam auf dem Weg zur demokratischen Psychiatrie. Neumünster: Paranus Verlag, S. 177-188

Mooij, Antoine (1995) Towards an anthropological psychiatry. Theoretical Medicine 16, S. 73-91

Mooij, Antoine (1998) Psychiatrie, recht en de menselijke maat. Over verantwoordelijkheid, Amsterdam Meppel: Boom

Mulder, Freek und Karianne Smeets (2001) Versterking OGGZ-beleid in gemeenten, 's-Gravenhage: Vereniging Nederlandse Gemeenten

Nijhof, Gerhard (2000) Levensverhalen. Over de methode van autobiografisch onderzoek in de sociologie, Amsterdam: Boom

Nuy, Marius (1998) De odyssee van thuislozen, Utrecht: SWP

Okri, Ben (1997) Een vorm van vrijheid. Essays, Amsterdam: Van Gennep

Oliner Samuel P. und Pearl M. Oliner (1988) The altruistic personality: rescuers of jews in Nazi Europe, New York: Free Press

Onderwater, Kees (1997) Vriendendienst: over de meerwaarde van sociale steun, in: Bert Prinsen und Anja Straathof (Hg.) Tien graden ten zuiden van de Grote Beer. Over sociale en onderlinge steun, Utrecht: NIZW, NVPG, UvH, S. 45-50

Onderwater, Kees (1998) Een goed gesprek. Een goed gesprek over beleving van een psychose. De ontwikkeling van een communicatieproject, Sociale Psychiatrie. Vakblad sociaal psychiatrische verpleegkunde 52, S. 15-23

Oorschot, Wim van (2000) Te nemen of te laten ... Over niet-gebruik van inkomens ondersteunende regelingen, in: Roelof P. Hortulanus und Anja Machielse (Hg.) In de marge. (Het Sociaal Debat 1) 's-Gravenhage: Elsevier, S. 103-114

Oudenampsen, Dick (1999) De patiënt als burger. De burger als patiënt. Burgerschap en kwaliteitsbeoordeling in de gezondheidszorg, Utrecht: Verwey-Jonker instituut

Petry, Detlef und Marius Nuy (1997) De ontmaskering. De terugkeer van het eigen gelaat van mensen met chronische psychiatrische beperkingen, Utrecht: SWP

Petry, Detlef und Hartwig Hansen (2003) Die Wanderung. Eine trialogische Biografie, Neumünster: Paranus Verlag

Polstra, Louis (1997) Tussen isolement en integratie. Een onderzoek naar zorgcoördinatie in de geestelijke gezondheidszorg, Utrecht: SWP
Pott, Heleen (1998) Onherkenbaar in de mist. Over emoties, herinneringen en de holocaust, Krisis. Tijdschrift voor filosofie 72, S. 42-58
Pott, Heleen (2000) Heimwee naar het humanisme, Tijdschrift voor Humanistiek 1, S. 84-87
Prins, Baukje (1997) The standpoint in question. Situated knowledge and the Dutch minorities discourse. Utrecht: University Press
Prins, Baukje (2000) Voorbij de onschuld. Het debat over de multiculturele samenleving, Amsterdam: Van Gennep
Ramdas, Anil (1997) De nerveuze samenleving. Een beschouwing over multiculturalisme. Socrateslezing, Rekenschap. Tijdschrift voor wetenschap en cultuur, december, S. 213-224
Reinders, Hans (1996) ‚Wat niets kan worden stelt niets voor'. Mensen met een ernstige verstandelijke handicap in het licht van de hedendaagse gezondheidsethiek. Een kritische uiteenzetting (oratie), Amersfoort: 's-Heeren Loo
Reinders, J. S. (2000) Ethiek in de zorg voor mensen met een verstandelijke handicap, Amsterdam: Boom
Richters, Annemiek (1991) De medisch antropoloog als verteller en vertaler. Met Hermes op reis in het land van de afgoden, Delft: Eburon
Richters, Annemiek (1995) Posttraumatische stress-stoornis. Een feministisch-antropologisch onderzoek, in: Jan Baars und Doortje Kal (Hg.) Het uitzicht van Sisyphus. Maatschappelijke contexten van geestelijke (on)gezondheid, Groningen: Wolters Noordhoff, S. 175-196
Richters, Annemiek Trauma as a permanent indictment of injustice. A sociocultural critique of DSM-III and DSM-IV (Internet)
Ricoeur, Paul (1990) Soi-même comme un autre, Paris: Editions du Seuil
RMO (2000) Aansprekend burgerschap. De relatie tussen de organisatie van het publieke domein en de verantwoordelijkheid van burgers. Den Haag: Raad voor Maatschappelijke Ontwikkeling (advies 10)
Romme, Marius (1997) Consensus over schizofrenie? Alternatief consensusdocument, Deviant. Tijdschrift tussen psychiatrie en maatschappij 12, S. 24-25
Roosens, Eugeen (1977) Geel, een unicum in de psychiatrie – mentale patiënten in de gemeenschap, Antwerpen/Amsterdam: De Nederlandsche Boekhandel
Roosens, Eugeen (2001) Dansen met de maan. Gezinsverpleging in Geel, Leuven: Uitgeverij Halewyck
Saharso, Sawitri und Baukje Prins (1999) Multicultureel burgerschap. Een introductie, Migrantenstudies (themanummer). Driemaandelijks tijdschrift voor onderzoek naar etnische minderheden in de Nederlandse samenleving 2, S. 62-69
Schnabel, Paul (1992) Het recht om niet gestoord te worden. Naar een nieuwe sociologie van de psychiatrie. Trimboslezing 1992, Utrecht: NcGv

Schnabel, Paul (2000) De multiculturele illusie. Een pleidooi voor aanpassing en assimilatie, Utrecht: Forum, S. 7-25

Schaufeli, Wilmar (1997) Opgebrand. Achtergronden van werkstress bij contactuele beroepen: het burnout-syndroom, Rotterdam: Campus Ad.Donker

Schoemaker, Bernadette (2000) Lourens Henkelman: 'Stop de vermaatschappelijking', Psy. Tijdschrift over de geestelijke gezondheidszorg 5, S. 29-31

Scholtens, Gerda (1998) Over gastvrijheid en betrokkenheid, Kwartiermakerskrant 3, Zoetermeer: Reakt

Scholtens, Gerda (1999) In gesprek over meldpunten, Kwartiermakerskrant 5, Zoetermeer: Reakt

Scholtens, Gerda (2000) Kwartiermaken in Zoetermeer, Tijdschrift voor Humanistiek 3, S. 27-30

Scholtens, Gerda und Geesje Tomassen (2001) De hele mens, het volle leven, Passage. Tijdschrift voor rehabilitatie 1, S. 30-33

Scholtens, Gerda und Doortje Kal (1999) 'Ik verlang ernaar lid van de wereld te worden'. Kwartiermaken in buurt- en sportverenigingen en vrijwilligersorganisaties, Zoetermeer: Reakt

Schoffelen, Marc (2000) Mijn werk als psychiater, Kwartiermakerskrant 10, Zoetermeer: Reakt

Schrameijer, Flip (1990) Sociale steun. Analyse van een paradigma, Utrecht: NcGv

Sevenhuijsen, Selma (1996) Oordelen met zorg. Feministische beschouwingen over recht, moraal en politiek, Amsterdam Meppel: Boom

Sevenhuijsen, Selma (2000) De plaats van zorg. Over de relevantie van zorgethiek voor sociaal beleid, Antrittsvorlesung Universiteit Utrecht

Silver, Guusje (1996) Onbekende huisgenoten. Verhalen over schizofrene mensen, Baarn: Callenbach

Slater, Lauren (1996) Als auf Oscars Bauch ein Raumschiff landete: normale Geschichten aus einer verrückten Welt, Reinbek: Rowohlt

Spierts, Marcel (Hg.) (2000) Werken aan openheid en samenhang, Een nadere verkenning van culturele en maatschappelijke vorming, Maarssen: Elsevier

Spierts, Marcel und N. de Boer (2000) Inleiding: reflectieve professionaliteit, in: Marcel Spierts (Hg.) Werken aan openheid en samenhang. Een nadere verkenning van culturele en maatschappelijke vorming. Maarssen: Elsevier, S. 11-29

Swildens, Wilma (1995) Zorg voor werk en dagbesteding. Een onderzoek naar een regionale aanpak voor mensen met een psychiatrische achtergrond, Groningen: Wolters-Noordhoff

Tas, L. (1993) Van 'body-gloss' naar Schaamte, Psychoanalytisch forum 11, S. 30-73

Taylor, Charles (1991) The malaise of modernity, Don Mills: Stoddart Publishing Co.Ltd

Taylor, Charles (1995) Charles Taylor u.a. Multiculturalisme, Amsterdam Meppel: Boom

Taylor, Charles (1996) De malaise van de moderniteit, Kampen: Kok Agora; Kapellen: Pelckmans
Tilburg, Willem van (1997) Schizofrenie – het raadsel opgelost? in: Jan M. Broekman, Charles F.A. Milders, Willem van Tilburg, Aart J.A. van Zoest (Hg.) Schizofrenie. Het raadsel opgelost? Leuven: Peeters, S. 1-27
Tomassen, Geesje (1998) Er zijn voor een ander, Kwartiermakerskrant 3, Zoetermeer: Reakt
Tonkens, Evelien (1999) Het zelfontplooiingsregime. De actualiteit van Dennendal en de jaren zestig, Amsterdam: Uitgeverij Bert Bakker
Trimbos, Kees (1975) Antipsychiatrie. Een overzicht. Deventer: Van Loghum Slaterus
Tronto, Joan C. (1993), Moral Boundaries. A Political Argument for an Ethic of Care. New York: Routledge
Tronto, Joan C. (1995) Caring for Democracy: A Feminist Vision. Utrecht: Universiteit voor Humanistiek.
Tronto, Joan C. (1996) Democratic Caring, Caring for Democracy: Justice, Power and Inclusiveness. New York, Unpublished paper
Vandenberghe, Frédéric (2001) Rezension von H. Kögler und K. Stueber (Hg.) Empathy and Agency. The Problem of Understanding in the Human Sciences, Westview Press, Oxford, 2000, Tijdschrift voor Humanistiek 5, S. 105-108
Vanier, Jean u.a. (1982) The challenge of l'Arche, London
Verhaar, Brant (1999) Therapeutische en toxische aspecten van empathie - over multiloog, in: Therapeutische en toxische aspecten van empathie, symposiumuitgave, 19 november 1999, Utrecht: Universiteit voor Humanistiek, S. 19
Vintges, Karen (1992) Filosofie als passie. Het denken van Simone de Beauvoir, Amsterdam: Prometheus
Vlek, Ruud (1997) Inactieven in actie. Belangenstrijd en belangenbehartiging van uitkeringsgerechtigden in de Nederlandse politiek 1974-1994, Groningen: Wolters Noordhoff
Vlek, Ruud (1999) Gevangen in het net van de verzorgingsstaat. Over de financiële positie van ggz-cliënten, Deviant. Tijdschrift tussen psychiatrie en maatschappij 22, S. 4-8
Warr, P.B. (1989) Work, unemployment and mental health, Oxford
Watzlawick, Paul, Janet Helmick Beavin und Don D. Jackson (2003) Menschliche Kommunikation. Formen, Störungen, Paradoxien, Bern u.a.: Verlag Hans Huber
Weeghel, Jaap van und Jacques Zeelen (1990) Arbeidsrehabilitatie in een vernieuwde geestelijke gezondheidszorg, Utrecht: Lemma
Weeghel, Jaap van (1995) Herstelwerkzaamheden. Arbeidsrehabilitatie van psychiatrische patiënten, Utrecht: SWP
Weeghel, Jaap van (1996) Een maatschappelijk steunsysteem: venster op de wereld? Passage. Tijdschrift voor rehabilitatie 4, S. 171-180

Weeghel, Jaap van (2000) Een plan van aanpak voor de vermaatschappelijking, in: Simone van de Lindt und Sonja van Rooijen (Hg.) De keerzijde van de vermaatschappelijking. Essays ter gelegenheid van het congres 'De keerzijde van de vermaatschappelijking' 10 november 2000, Landelijk Forum ggz in Zusammmenarbeit mit GGZ-Nederland

Widdershoven, Guy (1995) Principe of praktijk. Een hermeneutische visie op gezondheid en zorg, Antrittsvorlesung Maastricht: Rijksuniversiteit Limburg

Widdershoven, Guy A. M. (1997) Roepende in de woestijn. Hermeneutiek tussen dialoog en spiritualiteit, in: Guy A. M. Widdershoven und Antoine W. M. Mooij (Hg.) Hermeneutiek en Politiek, Delft: Eburon, S. 141-155

Widdershoven, Guy A. M. (2000) Ethiek in de kliniek. Hedendaagse benaderingen in de gezondheidsethiek, Amsterdam: Boom

Widdershoven, Guy A. M. (2002) Alternatives to principlism. Phenomenology, deconstruction, hermeneutics, in: K. W. M. Fulford, D. Dickenson und T. Murray (Hg.) Blackwell Reader in Healthcare Ethics and Human Values, Oxford: Blackwells, S. 41-48

Wijnen, Agnes van (1996) Men wordt niet gehandicapt geboren ..., in: Agnes van Wijnen, Yolan Koster-Dreese, Arko Oderwald (Hg.) Trots en treurnis, Gehandicapt in Nederland, Amsterdam: Babylon De Geus Gehandicaptenraad, S. 29-39

Wilde, Gee de (2002) Erbij horen. Taskforce geestelijke gezondheidszorg, Den Haag: Ministerie VWS

Wilken, Jan Pierre und Dirk den Hollander (1999) Psychosociale Rehabilitatie. Een integrale benadering, Utrecht: SWP

Witvliet, Theo (1999) Het geduld van de omhelzing. Kanttekeningen bij de verzoeningsethiek van Miroslav Volf, in : Alle Hoekema, Victor Kal und Hans de Vries (Hg.) De reikwijdte van het geduld. Wijsgerige en theologische opstellen, Zoetermeer: Boekencentrum, S. 149-161

Wulff, Erich (1972) Sozialer Abstieg oder soziale Eingliederung – Zur Problematik des Rehabilitationskonflikts bei Schizophrenen, in: Erich Wulff (Hg.) Psychiatrie und Klassengesellschaft, Frankfurt am Main: Athenaeum Verlag

Internetseiten

www.kwartiermaken.nl
www.kwartiermakersfestival.nl (*Kwartiermakersfestival* Haarlem und Umgebung)
www.kwartiermakersfestival-mb.nl (*Kwartiermakersfestival* Midden Brabant)
www.vriendendienstennederland.nl (Freundschaftsdienste in den Niederlanden)
www.presentie.nl (präsentische Herangehensweise)
www.tfhs.nl *Taskforce Handicap en Samenleving* (dt. Taskforce Behinderung und Gesellschaft)
www.forum.nl *Forum, Instituut voor multiculturele ontwikkeling*, Utrecht (dt. Institut für multikulturelle Entwicklung)
www.nizw.nl *Nederlands Instituut van Zorg en Welzijn* (engl. Dutch Institute for Care and Welfare)
www.uvh.nl *Universiteit voor Humanistiek*, Utrecht

Verzeichnis der Abkürzungen von Organisationen

Bovos *welzijnsorganisatie Zoetermeer*
dt. Organisation für Versorgung in Zoetermeer
www.bovos.nl

CAD *Consultatiebureau voor Alcohol en Drugs*
dt.: Beratungsbüro für Alkohol und Drogen
regionale Büros, z.B. CAD Drenthe (www.caddrenthe.nl), mit weiteren Links

GAK *Gemeenschappelijk Administratiekantoor*
dt.: Gemeinschaftliches Verwaltungsorgan für die Sozialversicherung, heute UWV: Organisation für Reintegration und zeitlich begrenztes Einkommen www.uwv.nl

GGD *Gemeentelijke Gezondheidsdienst*
dt. *Gesundheitsamt der Gemeinde*
www.ggdnederland.nl

GGZ *Geestelijke gezondsheidszorg*
dt. *(Institutionen der) psychosoziale(n) Versorgung*
www.ggznederland.nl

Organisationen

Humanistisch Verbond/Sokratesvortrag
www.maatschappelijkeactivering.nl
IGPB   Büro für Forschung und Entwicklung für psychisch kranke und/oder behinderte Menschen
www.igpb.nl
MIM   *Mensen in de Minima*
dt. *Menschen am Minimum*
http://www.dmazh.nl/projectenbank/data/2700.htm
Multiloog Gesprächsgruppe über psychisches Leiden
www.inca-pa.nl; siehe auch www.reakt.nl, unter „Projecten/Samenspraak"
RMO   *Raad voor Maatschappelijke Ontwikkeling*
dt. *Rat für gesellschaftliche Entwicklung*
http://www.adviesorgaan-rmo.nl
Reakt   Organisation für Tagesgestaltung und Arbeitsrehabilitation
www.reakt.nl
Riagg   *Regionaal Instituut Ambulante Geestelijke Gezondheidszorg*
dt. *Regionales Institut für ambulante psychische Versorgung*
Das *Riagg Haagrand* gehört seit 2002 zu *Parnassia* (psycho-medizinisches Zentrum).
SOM   *Samenwerkende Organisaties voor Maatschappelijk Activeringswerk*
dt.: *zusammenarbeitende Organisationen für gesellschaftliche Aktivierungsarbeit*
www.maatschappelijkeactivering.nl
Taskforce Vermaatschappelijking Geestelijke Gezondheidszorg
dt.: *Kommission Vergesellschaftlichung psychosoziale Versorgung*
www.minvws.nl (Ministerie voor Volksgezondheid, Welzijn en Sociale zaken = Ministerium für Volksgesundheit, Gemeinwohl und Soziales) über ‚zoeken': Taskforce etc.
Trimbos-instituut
Netherlands Institute of Mental Health and Addiction
www.trimbos.nl

Paranus *goes Wissenschaft*

Forschungsprojekt Lebenswelten

Zu Hause sein im Fragen

Ein ungewöhnlicher Forschungsbericht

Das Forschungsprojekt Lebenswelten ist ein ungewöhnliches wissenschaftliches Vorhaben.

Kurt Bader, Christian Elster und Birte Ludewig von der Universität Lüneburg wollten nicht *über* psychiatrieerfahrene Menschen forschen, sondern *zusammen mit* ihnen herausfinden, was deren Lebensqualität verbessern könnte. Wie könnten sie im gemeinsamen Handeln ihre sozialen Beziehungen stärken, wie sich selbst und gegenseitig helfen?

„Gegenstand" der Forschung war insofern die alltägliche Lebensführung der an dem Projekt beteiligten Menschen. – Forschen hieß hier auch Helfen, nämlich ein Stück des Wegs gemeinsam zu gehen und nach der Individualität, nach den besonderen persönlichen Fähigkeiten und Möglichkeiten des Einzelnen zu suchen.

Die Forscherinnen und Forscher berichten in diesem vielstimmigen und vielfarbigen Buch über ihre Erfahrungen mit Selbsthilfegruppen, mit ambulanten und stationären Angeboten der Psychiatrie. Dabei erzählen sie Lebensgeschichten – keine Krankengeschichten.

Die Frage: „Was ist ein guter Profi?" zieht sich wie ein roter Faden durch die Beiträge. Ein guter Profi, so viel sei verraten, fühlt sich im Fragen zu Hause. Weil es gemeinsames Fragen und nicht hierarchisches Antworten ist, das Offenheit und Aufbruch signalisiert.

204 Seiten · ISBN 3-926200-68-5 · viele farbige Abbildungen · 19,- €
Erhältlich im Buchhandel oder direkt beim Paranus Verlag,
Postfach 1264, 24502 Neumünster · Telefon (0 43 21) 20 04-5 00 · Fax 20 04-4 11
verlag@paranus.de · www.paranus.de